담론과 성찰

1

2009. 8

한길사

담론과 성찰 1

펴낸이 · 김언호
펴낸곳 · (주)도서출판 한길사

등록 · 1976년 12월 24일 제74호
주소 · 413-756 경기도 파주시 교하읍 문발리 520-11
   www.hangilsa.co.kr
   E-mail: hangilsa@hangilsa.co.kr
전화 · 031-955-2000~3   팩스 · 031-955-2005

상무이사 · 박관순 | 영업이사 · 곽명호
편집 · 박희진 안민재 김진구 성기승 | 전산 · 김현정
마케팅 및 제작 · 이경호 이연실 | 관리 · 이중환 문주상 장비연 김선희

출력 · 지에스테크 | 인쇄 · 현문인쇄 | 제본 · 자현제책사

제1판 제1쇄 2009년 8월 15일

값 15,000원
ISBN 978-89-356-6140-4 03300

사진 ⓒ 임영주 30쪽, 31쪽, 36쪽, 47쪽, 57쪽, 64쪽, 69쪽, 76쪽, 83쪽,
      93쪽, 108쪽, 119쪽, 128쪽, 165쪽, 170쪽

정치영역은 '새로운 시작'이 자유롭게 보장되어야 하는 공간이다. 변화의 수단을 갖지 못한 국가는 유지되기 어렵듯이, 권력 개념에 대한 새로운 이해는 정치의 내용과 방향을 정립하는 데 기여할 것이다. 예외적인 상황에서 폭력은 권력의 확장에 기여하지만, 이는 많은 희생과 비극을 야기한다. 폭력수단이 아닌 언어행위, 즉 대화·논쟁·표현·소통을 통해 권력을 창출하는 정치에 대한 열망이 어느 때보다 크다.

● 홍원표, 『권력과 폭력』에서

임진강

역사의 땅, 분단의 현장을 가다

황헌만 사진작가

임진강변 칠중성에 오르면 지금도 말발굽 소리가 들리는 듯하다.

강을 사이에 두고 벌어졌던 고대국가의 치열한 영토싸움이 어쩌면 오늘날

갈라진 남과 북을 닮아 있다. 억겁의 세월만큼이나 임진강은 통한의

아픔과 상처를 안고 흘러왔다. 그 상처들은 붉은 적벽에 피로 맺혀 있고

더 이상 갈 수 없는 사무친 그리움들이 흐르는 강물에 던져진다.

254킬로미터에 달하는 임진강 중 우리가 볼 수 있는 임진강은 절반도 되지 않는다.

북한의 마식령에서 발원한 임진강은 남으로 흘러 휴전선을 지나고

연천에서 한탄강과 만나 파주의 동서를 구비쳐 흐른다.

임진강은 남북을 소통하는 강이면서 남과 북을 갈라놓은 경계의 강이다.

그리고 다시 임진강은 교하(交河)에서 한강을 만나 서해로 나아간다.

마치 남과 북이 서로 갈라져 갈등하다 다시 대동(大同)할 역사의 흐름을 예고하는 듯하다.

임진강은 건강하다. 사계절 아름다운 풍광과 속살은 새로 잉태한 아이처럼

깨끗하고 신비롭다. 임진강 어부, 다양한 물고기, 수많은 철새, 이름 모를 들꽃.

이 모든 생명체들이 건강한 임진강을 지속가능하게 해준다.

● 이윤희 | 파주지역문화연구소장

분단의 현실과 경계가 없는 철새의 자유로운 비상

옥녀봉에서 바라본 임진강과 태풍전망대

칠중성에서 바라본 임진강. 왼쪽 솟아오른, 해 지는 오른쪽이 천마산

사행(蛇行)하는 모습이 장관인 하늘에서 본 임진강

동틀녘교가 가르쳐르는 임진강의 겨울풍경

독수리 · 참수리 · 쇠기러기 · 까마귀 · 까치 등 다양한 조류가 공존하는 겨울 임진강

정단벼드의 겨울 철새와 갈대

견지낚시를 즐기는 사람들(연천군 북삼리)

남한 대성동 마을의 태극기와 북한 기정동 마을의 인공기, 그 너머 개성 시내

성찰하는 사회, 역사는 진보한다

『담론과 성찰』 첫 호를 내면서

여름이 태양으로부터 끌고 온 열기는 이제 우리 모두가 아시아의 동남쪽으로 갑자기 집단 이주한 것 같은 착각을 불러일으킨다. 때때로 벼락같이 내려치는 빗줄기는 '도깨비 장마'라는 별난 이름으로 불리며 기상청의 장마 예보를 비웃기도 한다. 마당에 평상을 펴고 드러누워 밤하늘을 올려다보면 꼬리를 길게 늘어뜨리며 어딘가로 낙하하는 별똥별, 그 멋진 광경을 볼 수 없게 된 지도 이미 오래다. 지금 우리는 별 없는 밤하늘이 더 익숙해진 시대를 살고 있는지 모른다.

너무나 많은 것들이 빠르게 변모해간다. 이 변화가 왜 일어나고, 어떤 의미를 지니는지 생각해볼 사이도 없이 세월은 우리를 미궁 속으로 몰아붙이는 것만 같다. 출구를 알 수 없는 밀실에 갇히는 느낌. 우리는 자신도 알지 못한 채 '생각하는 힘'을 잃어가고 있다. 생각을 깊이 해봐야 현실을 바꿀 여력도, 여지도, 그리고 가능성도 보이지 않는다면 생각하는 힘이 갖는 매력은 사라져가게 될지 모르겠다. 그런 와중에 의식은 진화하지 못한 채 화석이 되고, 현실은 권력이 미리 짜놓은 각본대로 움직이지 않으면 살 수 없다고 우리를 위협한다. 알고 보면 소수의 특권을 확대 재생산할 뿐인 '욕망의 정치'가 휩쓸고 간 자리에서 인간은 스스로의 존엄성을 폐기처분해도 되는 것처럼 여기고 있으며, 빵을 얻을 수만 있다면 역사에 대한 무지와 자연에 대한 파괴행위를 당연하게 생각해도 좋다는 식의 논리가 마치 교양인 것처럼 유통되고 있다. 그런 까닭에 우리는 어느새 자신에 대한 희망을 쉽게 포기하며, 미래에 대한 비극적인 결론만을 되풀이하고 있다. 대안이 보이지 않는 현실에 많은 이들이 답답해하고 있지만 그에 대한 비판적 성찰과 담론의 조성에는 소극적이고 그런 사회적 작업은 주변으로 밀려나는 느낌이다.

가벼움과 즐거움만을 쫓는 시대에 『담론과 성찰』이라는 다소 고색창연한 제목의 무크지를 기획한다. 현실을 외면하고 어디론가 달아나 숨고 싶은 허약한 정신을 끝없이 돌려세워, 오늘의 문제를 직시하고 함께 숙의·선택해나가는 공동체의 건강한 기운을 다시 솟아나게 해보자는 노력에서다. 거창한 목표를 내거는 것은 아니다. 다만 차분하게 이야기를 나누고 우리의 일상을 진지하게 주시하며 생각을 모으다보면 해결의 가닥이 잡히지 않겠는가. 물론 이런 노력이야 도처에서 다양하게 시도해오고 있지만, 새삼 그럴 필요성을 절감한 것은 최근 노무현 전 대통령의 서거라는 충격이 준 사회적인 각성 때문일 것이다. 우리 사회의 정신적 내면이 근본적으로 달라지지 않는다면, 권력의 변화가 곧 역사의 변화로 이어질 수 없다. 이 단순한 진실이 우리로 하여금 현실을 침묵과 방관으로만 일관하지 않게 만들었는지도 모른다.

사실 한 공동체가 겪은 아무리 큰 아픔과 상처도 시간이 지나면 차츰 그 충격의 강도가 수그러들게 마련이다. 눈앞의 현실에 급급해지면서 사람들은 더이상 그에 대해 이야기하지 않을 것이며, 또 각자의 관심사는 끊임없이 변한다. 남는 것은 희미한 기억으로 재구성되는 사건의 흔적뿐, 그것의 참된 의미는 잡을 수 없는 그림자처럼 모호해진다. 따라서 기억을 끊임없이 되살리고 이야기를 새롭게 펼쳐나가는 일은 소중하다. 그것을 통해 우리는 버려야 할 것과 지켜야 할 것, 무너뜨려야 할 것과 일으켜 세워야 할 것을 지속적으로 판단하고 그에 걸맞은 현실을 힘차게 만들어나갈 수 있어야 한다.

역사의 진실을 잊고 사는 것은 역사의 변조와 왜곡을 방치·조장하는 것이다. 우리는 그동안 너무나 쉽게 역사를 망각하고, 또 그런 습관을 아무렇지 않은 듯 관대히 보아 넘겼다. 그것은 자기 정신의 성장을 스스로 가로막는 행위이며, 오늘의 시대를 제대로 성찰할 수 없을 뿐 아니라 궁극적으로 삶의 방향성을 상실하는 일이다. 『담론과 성찰』은 부족하나마 이러한 현실에 우리 정신의 좌표를 바로 세우는 훈련의 장을 마련하고자 한다. 동시에 삶의 인문학이 가꾸어온 시선으로 자연과 예술의 생명력도 함께 나누어보고자 한다. 30년 넘게 시대와 호흡하며 출판의 영역을 넓혀온 한길사가 이 일에 나선 것이 우선 반갑고 의미가 크다.

『담론과 성찰』에는 각계 인문학자들의 깊이 있는 성찰과 비판적 사유의 글들이 중심을 이룬다. 먼저 이번 호에서는 최근 우리 사회에 큰 파장을 주었던 노무현 전 대통령 서거와 관련해서 도정일 교수, 도종환 시인, 한정숙 교수 등이 참여한 기획좌담(「바보의 용기와 눈물의 힘」)을 엮었다. 스스로 생을 마감한 지도자가 밟아온 미완의 정치역정과 그 공과(功過)를 살펴보고, 유례없는 추모 열기의 사회현상에 담긴 의미를 진단해보았다.

유초하 교수의 「노무현과 우리시대」는 민주주의의 후퇴 징후를 보이는 현 정부의 정책상을 지적하고 새로운 진보의 탄생과 조직화된 시민의 힘을 만들어내는 일을 촉구하고 있다. 주명철 교수의 「매체, 소통 그리고 민주주의」는 프랑스 혁명 시기와 오늘의 한국사회를 비교하며, 매체와 권력의 메커니즘과 민주주의의 근본이 되는 소통의 문제를 함께 짚고 있다. 홍원표 교수의 「권력과 폭력」은 사회갈등의 양상으로 언제나 표출되는 폭력과 권력의 문제를 20세기의 뛰어난 정치철학자 한나 아렌트의 사상적 관점에서 우리의 지난 민주화 과정과 오늘 현실 문제를 바라본다. 권력 개념에 대한 새로운 이해가 정치의 내용과 방향을 정립한다는 점에서 중요한 논의가 아

닐 수 없다. 이정우 철학아카데미 원장의 「진보의 새로운 조건들」은 역사에
서 반복, 차이, 진보의 의미를 고찰하고 있다. 분할과 생성을 거듭하는 역사
의 반복 속에서 기존의 정착된 세계를 뒤흔드는 유목민처럼 늘 사회의 변화
를 꾀하는 소수자 운동의 새로운 구조와 문법에 주목한다. 즉 배제된 소수
자들의 현실을 담아내는 '진리의 정치'를 들여다보고 있는 것이다.

한편, 위의 현실 참여적 주제에서 조금 비켜나 예술과 문학적 은유로 우
리 삶을 응시케 하는 다음의 글들은 인문의 향기가 진하다. 먼저 문광훈 교
수의 「근대적 성찰은 어떻게 태어났나」는 벨라스케스의 「시녀들」에서 재현
의 생산(화가)·대상(모델)·감상(관찰자) 삼자의 관계를 살피고, 재현의 주
체이자 객체임을 의식하는 인간, 즉 성찰하는 근대적 주체의 탄생을 생각해
본다. 아울러 예술적 경험을 통해 윤리적 실천과 자유의 실현에 이르는 '주
체의 자기양식화' 논의로 풍부히 나아간다. 이광주 명예교수의 「여행, 편력
하는 삶의 토포스」는 문화사를 폭넓게 연구한 노학자답게 교양과 지성의 교
육 현장으로서, 인류의 수많은 지성들이 감행했던 여행 공간의 의미를 다시
읽어내며 우리 삶의 지평을 확대한다.

박태순 작가의 「풍경이 풍경을 반성하지 않는 것처럼」은 국토인문학에 몰
두해온 필자가, 우리 국토산하를 놀라울 정도의 치밀함으로 목판화에 되살
려내는 김억 화백의 '국토백경' 작업에 매료된 이야기다. 그는 국토개발 일
변도의 사고방식에 경종을 울릴 만한 '국토문예학'의 새로운 미학적 가능성
을 발견한다. 최영준 명예교수의 「홍천강변에서 20년」은 주말이면 시골로
내려가 농사를 지으며 지내온 지난 20년간의 체험을 감동적으로 들려준다.
우리가 잊고 살았던 농촌의 가치, 자연의 삶에 대한 성찰과 깨달음은 아름
다울 뿐만 아니라 부러움마저 느끼게 한다.

특별히 화보로 실은 두 작가의 예술작업은 주목할 만하다. 책을 여는 황
헌만 사진작가의 「임진강」은 유구한 고대국가의 역사성과 분단의 현실, 그

리고 자연생태 보고의 현장으로서 임진강을 생생히 탐사했다. 이태호 화백의 '억새' 연작은 목탄으로 그려낸 억새의 강렬함이 인상적이다. 무엇하나 예사로 보지 않는 작가의 따스한 예술적 심성이 야생의 풀조차도 진심으로 귀히 보게 만들었다는 점에서 마음이 뜨거워진다.

고통에는 민감하지만 거기에 담긴 의미를 깊이 성찰하지 않는 우리의 현실. 『담론과 성찰』은 이런 세태에 함께 고민하고 연대하며 희망적 담론을 만들어내는 그릇이 되었으면 한다. 현실에 쉽게 좌절하지 않는 사유의 힘을 기를 때 삶은 변화할 것이고 역사는 진보할 것이다.

2009년 8월
김민웅 『담론과 성찰』 편집주간

담론과 성찰 1 2009 8

바보의 용기와 눈물의 힘

담론과 성찰 2009년 6월 6일 씨씨김 아트밀

도정일 경희대학교 명예교수 · 영문학 | 문학평론가

도종환 시인 | 한국작가회의 사무총장

한정수 서울대학교 교수 · 서양사학

김민웅 성공회대학교 NGO 대학원 교수 · 세계정치경제학

김민웅 ┃ 노무현 전 대통령의 서거는 한국인에게 엄청난 충격을 주었습니다. 국민들의 충격, 슬픔과 반응은 참으로 놀라운 사회현상으로 진행되었습니다. 전직 대통령이 스스로 생을 마감하는 비극적 현실을 우리 모두가 체험하면서, 그 죽음과 우리 자신에 대해 새로운 성찰을 하게 되었습니다. 관계자 또는 지식인들뿐 아니라, 노무현 대통령을 지지했거나 하지 않았거나 간에 일반 국민들이 보여준 경이로운 사회현상을 오늘 한번 진지하게 짚어보고 싶습니다. 무엇보다도 국민들의 추모열기 현상이 크게 주목되었습니다. 우선 각자의 개인적인 체험으로부터 논의를 풀어갔으면 합니다.

도종환 ┃ 가수 안치환 씨가 봉하마을에 조문을 갔답니다. 유명인들은 장례를 주관하는 쪽에서 특별히 배려를 해주어 기다리지 않아도 되었지요. 그런데 안치환 씨는 다른 사람들과 똑같이 줄을 서겠다고 했답니다. 다섯 시간을 꼬박 선 채로 기다려 새벽이 훤하게 밝아올 때쯤 조문을 마칠 수 있었다고 해요. 잡혀 있던 공연도 모두 취소했다는 얘기도 들었어요. 유명인이라서 그럴까요, 아니면 운동권 출신 가수라고 그럴까요. 꼭 그런 이유만은 아닌 것 같아요.

지역마다 곳곳에 분향소를 차렸는데, 그곳을 찾아와 부모가 돌아간 것처럼 통곡하거나 실신할 정도로 우는 아주머니들도 있었고, 시청 앞 광장에서 노제를 보다가 충격으로 돌아가신 노인도 있었다고 하잖아요. 저희 아버님은 노제를 보시다가 뇌경색이 와서 병원에 입원까지 하셨지요. 그러니까 노무현을 좋아하는 일부 특정인들만이 저렇게 추모를 하는 것 아닌가, 노사모를 중심으로 저렇게 만들어지는 게 아니냐고 생각하시는 분들이 있는 것 같은데, 사실 주변 사람들의 반응을 보면 노사모와는 관계없는 누구라도 충격과 놀라움, 슬픔과 안타까움 등의 감정이 뒤엉킨 마음 상태였던 것 같아요.

저는 노제를 진행했는데, 시청 앞에는 아주머니, 노인, 상인 등 수십만 명의 평범한 소시민들로 가득했어요. 경찰 추산 18만, 신문사 추산 50만 명이었다고 합니다. 인파 속에 묻혀 앰프 소리가 광장 정도에만 들리고 나머지 거리 쪽으로는 거의 안 들렸다고 합니다. 9시 넘어서부터 사람들이 모여들었는데, 1시에 시작하기로 한 노제가 1시 30분에 시작되었고, 2시 30분이 넘어서야 끝났어요. 경복궁에서 영결식을 끝낸 운구행렬이 시청 앞 광장까지 오는 데 30분이 걸렸지요.

운구 식전행사로 가수들이 노래를 불렀어요. 김제동 씨가 사회를 보았는데, 그 역시 가수를 소개하고 무대를 내려가서는 계단 한쪽에 앉아 연신 눈물을 흘렸어요. 소속사에서는 안 나갔으면 했던가 봐요. 같은 소속사의 가수 윤도현 씨도 나간 상황에, 괜한 불이익을 받을지 모른다고 생각했던 거지요. 그런데 본인들이 나가겠다고 했던 것 같아요. 김제동 씨는 써준 대본대로 안 하고 "저는 제가 준비해온, 하고 싶은 말을 하겠습니다"라면서 노대통령의 유서를 한 줄씩 읽어 내려가면서 유언을 지킬 수 없는 자신의 생각을 말했습니다.

이 놀라운 현상은 인위적으로 만들어진 것이라기보다 다양한 계층의 많은 사람들이 자발적으로 참여한 뜨거운 추모열기였다고 해석하는 게 맞습니다. 국민 한 사람 한 사람마다 대통령의 죽음을 깊은 충격과 아픔으로 받아들였다는 것이지요.

사회를 보면서 저도 눈물을 참을 수 없었습니다. 안도현 시인이 낭송하는 추모시를 들으면서 계속 손수건으로 눈물을 닦았습니다. 아무튼 남녀노소, 서울·지방, 또 지식인·서민 할 것 없이 많은 사람들이 마음 깊이 애통해한다는 것을 눈으로 확인할 수 있었어요.

김민웅 ▎ 저는 덕수궁 대한문 분향소를 가기 위해 시청역에 내렸는데, 역사 안까지 줄을 선 사람들로 꽉 차 있는 것을 보았어요. 무슨 일인가, 나가는 출입구

좌담에 참여하고 있는 도정일 교수, 도종환 시인, 김언호 한길사 대표,
한정숙 교수, 김민웅 교수(앞줄 왼쪽부터 시계 반대방향).

가 봉쇄된 게 아닌가 생각했지요. 대한문 앞에서부터 이어지는 줄이었어요. 후텁지근한 날씨에도 그렇게 많은 사람들이 줄을 선 채 묵묵히 기다리고 있었습니다. 저는 대한문으로 이어지는 정동 길에서 거의 네 시간 넘게 기다렸는데 분향 순서가 되었을 때는 어느새 저녁이 다 되었어요.

사람들은 기다리는 그 긴 시간 동안 자연스럽게 앞뒤로 서로 얘기를 나누며, 새로운 연대와 정서적 교감이 이뤄지는 것을 경험했습니다. 또한 현장에 자신이 직접 있었다는 공동의 기억을 가지게 된 것입니다. 줄을 선 사람들 중에는, 아까 가수 안치환 씨 얘기를 했지만 유명인들도 많았어요. 그들 역시 똑같이 서서 기다렸습니다. 일반 시민들은 유명인들과 그곳에 함께 있었다는 사실만으로 정서적 동일성과 유대감을 나누어 가질 수 있었던 것이 아닌가 합니다. 그렇게 해서 다양한 관심을 가진 다양한 계층의 사람들이 함께 모이자 평소 그들 사이에 존재할 어떤 거리감이나 벽이 한 순간에 허물어지는 것이었습니다.

끊임없이 이어지는 인파로 상주 노릇을 하시는 분들은 무척 힘들었을 거예요. 그런데 나중에 분향소에서 사람들을 맞았던 분들의 얘기를 들으니, 전혀 힘들지 않았다는군요. 오히려 파도같이 밀려오는 사람들을 보면서 민심이 얼마나 무서운가 하는 것을 절감했다고 했습니다.

도종환 선생님이 시민들의 자발성에 대한 얘기를 하셨지만, 그 자발성 안에는 여러 가지 동기와 성격들이 있지요. 슬픔·분노·저항·충격 등 여러 복합적인 감정들이 하나의 큰 의미로 승화되는 과정을 밟게 되는데, 그런 걸 거치면서 이 모든 것들을 응축시켜 뭔가 억눌려 있던 것이 터져 나왔다는 생각이 들더라고요. 한 지도자의 죽음 앞에 사람들은 충격을 받았고 그 죽음이 억울하다는 느낌이 컸던 한편, 자신들이 겪고 있는 삶의 서러움까지 하나로 합쳐져 오늘의 현실을 바라보는 마음이 되고, 그것이 눈물을 통해 정리되어간 것 같습니다.

'지도자 한 사람이 죽었구나'로 끝나는 게 아니라, 우리 자신의 죽음처럼 생각을 해서, 마치 우리가 지향했던 가치들이 갑자기 몰수되어버린 것 같은 느낌도 받았기 때문에 가만히 있을 수가 없었던 거지요. 이런 심정을 표현하는 사람들의 물결이 누구도 막을 수 없는 힘이 된 게 아닌가 합니다.

박정희, 이승만 등 여러 지도자의 죽음이 있었지만 이번 경우에 특별히 느낀 것은 오늘의 시대를 살고 있는 사람들의 한 또는 아픔 이런 것들이 노무현 전 대통령의 죽음과 함께 매우 분명하게 드러난 한 주일이었다는 생각이 들어요.

도종환 ▌ 처음에는 노사모 회원들이 상주 노릇을 하면서 분향소를 지켰어요. 그러면서 오는 사람들을 선별해서 망신을 주고 싸우고 그랬거든요. 민주당 국회의원들도 처음에는 못 오게 했어요. 지역에 운동권 중에서는 좀 진보적인 노동운동을 하는 사람들, 노무현 대통령 재임 당시 비판했던 사람들을 막 내보내고 싸우고 하는 그런 분위기였어요. 그런데 하루 이틀 지나면서 거기 온 사람들이 같이 싸우는 거예요. "너희들만의 노무현이냐, 그러니까 바로 너희들이 문제다, 너희들이 얼마나 잘못하고 있는지 아느냐!" 이렇게 싸우는 과정을 거치면서 노사모 회원들과 시민들이 함께 빈소를 지켰지요. 나중에는 의경들이 경찰 복장을 입은 채로 문상을 하기도 했어요. 만약 초기에 노사모가 하는 대로 했으면 노사모만의 장례식이 되었을 거예요.

한정숙 ▌ 저는 5월 23일 아침에 동료의 전화로 서거소식을 처음 들었어요. 노대통령 수사와 언론보도 문제에 대해 비판적인 의견을 함께하는 동료였지요. 배우자가 참여정부에 아주 잠깐 몸담았다는 것 때문에 자신도 일곱 번이나 계좌조사를 당했던 분입니다. 동료와 통화를 하면서 우선 든 생각은 "올 것이 오고야 말았구나"였어요. 저는 노대통령을 개인적으로 잘 알지

덕수궁 대한문 앞에 마련된 '시민 분향소'에 끝없이 이어지는 조문 행렬.
애도 열기는 지역이나 계층을 초월한 국민적인 현상이었다.

조문 행렬이 시청역 지하도까지 길게 이어졌다.
서민들에게 심어준 대통령의 친밀한 이미지는 벽보에서도 잘 드러난다.

못하지만, 노대통령이 자살로 이 모든 굴욕을 끝내려고 하지 않을까 하는 생각은 가끔 했습니다. 누군가 노대통령 수사와 관련해, 이순신 장군의 마지막을 연상하며 그 며칠 전 인터넷에 올려놓았던 "저 바다는 나의 피도 요구할 것이다"라는 구절이 바로 생각났어요. 사실은 이 구절이 머리를 떠나지 않고 있었던 겁니다. 자존심 있는 인간의 선택은 어떤 것일까 하는 점에서 그야말로 추측을 해본 것이었는데, 막상 소식을 듣고 그 정황을 들으니까 엄청난 비극이라는 생각밖에 들지 않더군요.

다음에 든 생각은 사람들이 이 죽음을 어떻게 생각할까 하는 데 대한 걱정이었어요. 수사 국면에서 워낙 심한 비난과 혹독한 조롱이 쏟아졌기 때문에 이분의 죽음에 대해서도 비아냥거리는 발언이 나오지 않을까, 차마 인간으로서 못할 이야기가 나오지 않을까 그것이 참 걱정스럽더군요. 그리고 소수라도 좋으니 노사모나 사람사는세상 회원 말고라도 이분의 죽음을 진정으로 슬퍼해주고 애도해주는 사람이 있었으면 좋겠다고 생각했지요. 저는 열혈 지지자는 아니었지만, 이 문제는 우리 사회의 정신적 품위, 인간적 성숙도와 관계되는 것이라 생각했어요.

그런데 제 인상 깊었던 체험은 바로 얼마 안 있어서 시작합니다. 마음이 무거우면서도 개인적인 일을 확인해야 할 것이 있어서, 그날 오후 부산에 있는 옛날 제자에게 전화를 했어요. 제자의 남편이 전화를 받더군요. 그런데 남편이 제 제자가 "우느라고 아마 지금 전화를 받을 수 없을 겁니다"라고 해요. 소식 듣고 내내 울어서 얼굴이 퉁퉁 부어 있고 전화를 받을 형편도 안 된다는 것이었습니다. 그러면서 내일쯤에 통화를 다시 하자고 하더군요.

'이분이 비운에 돌아가셨는데, 진정으로 슬퍼하는 사람들이 있구나' 하는 생각이 들면서 안심이 되고 고맙다는 생각이 들었어요. 슬퍼할 줄 아는 심성에 대한 고마움이라는 말 다들 이해하실 겁니다. 모두들 가해자였지만 적어도 사람이 죽고 난 후에는 이를 애통히 여길 줄은 알아야 할 것 아닙니까.

그러고 나서 인터넷을 보니까, 시민들이 분향소를 차렸는데 경찰에 의해 파괴되었다는 얘기가 나왔어요. 분향소가 어떻게 부서져 있는지 그 현장에 가봐야 되겠다는, 적어도 목격자 혹은 증인이라도 돼야겠다는 생각으로 저녁 때 대한문 앞으로 나갔어요. 이미 굉장히 많은 사람들이 문상을 와서, 줄이 덕수궁 돌담길 따라서 죽 늘어서 있었습니다. 첫 날인데도, 두 시간을 기다려서 문상을 했습니다. 이날만 해도 다섯 명씩 줄지어서 문상을 했어요. 제 앞에 과천에서 자녀를 데리고 온 중년부인들이 있었는데, 앞뒤 사람들이 서로 모르던 사이인데도 자연스럽게 얘기를 주고받으며 공감대를 형성하더군요. 물이나 떡 같은 것을 서로 나누기도 하고.

인터넷에서는 자발적으로 모임을 만들어서 봉하마을에 문상 가는 이야기를 나누는 모습도 볼 수 있었고, 저도 며칠 후 지인들과 함께 봉하에 가서 문상했습니다. 밤에 서울에서 출발해서 새벽에 도착하겠다는 계획이었지요. 새벽이면 문상객이 거의 없을 테니까, 도착해서 10, 20분 있다가 문상만 하고 금방 올라오면 다음 날 아침 일곱 시나 여덟 시쯤 서울에 돌아올 수 있을 거라고 예상했지요. 다음날 아침에 강의가 있거나 심지어 국제심포지엄이 있는 분들도 있었으니까요. 그런데 웬걸요.

진영에 도착했을 때 저희는 임시주차장에 내리지 않고 봉하마을 입구까지 버스로 갔어요. 아마 저희들이 아주 조그만 특혜를 누린 것 같아요. 봉하마을로 다가가는데 새벽인데도 마을 입구에서 분향소까지 가는 길에 끊임없이 사람들이 오가는 것이 보이더군요. 버스 안에서 보니까 그 길이 강둑길 같았는데—논둑길이었겠지요?—불빛 아래서 보니까 사람들의 상의 색깔이 노란색처럼 보였습니다. 나중에 봤더니 노란색은 아니고 주로 옅은 흰색 옷들이었는데, 불빛 때문에 노란색처럼 보인 모양입니다. 대낮인

양 무리지어 오고가는 사람들을 보니, 이 한밤중에 도대체 이게 무슨 일인가, 어떻게 이런 일이 있을 수 있을까, 굉장히 신기했어요. 일단 버스에서 내려서 한 1킬로미터쯤 걸었는데, 거기부터 행렬이 늘어서 있었습니다. 그래서 우리 일행은 행렬의 맨 끝에 서서 기다리기 시작했어요. 언제쯤 문상할 수 있을까 물었더니 세 시간쯤 걸릴 거라고 하더라고요. 그 얘기 듣고 설마 하면서 그럴 리가 있느냐 했는데, 실제로 두 시간 반 이상이 걸렸어요. 저희가 새벽 한 시 반에 봉하에 도착했고 새벽 네 시쯤 문상을 할 수 있었는데, 그때도 계속해서 사람들이 그 시골길 위에 밀어닥치고 있었어요. 상상도 할 수 없었던 광경이었지요.

이게 무엇을 말하는 것일까, 계속해서 스스로도 놀라고 주변 사람들도 놀라고, 모두 자기 자신에게 놀라는 거예요. 한참 행렬 속에서 기다리며 밀려 가다보니 여러 개의 천막을 잇대어 쳐 놓은 대기 장소가 나오고 그 안으로 난 꼬불꼬불한 길을 지나가니까 드디어 분향소가 나오더군요. 참 조촐한 분향소였어요. 언뜻 본 느낌으로는 좀 크고 지붕이 있다 뿐이지, 다른 면에선 간이분향소나 큰 차이가 없을 정도랄까요. 저희 경우 한 번에 같이 분향을 한 사람이 서른 명쯤 될까? 조문이라고 해봐야 각자 국화꽃 한 송이씩을 영정 앞에 놓고 묵념을 잠깐 한 것이 전부였지요. 조문객들 옆쪽에 서 있던 상주들께도 간단하게 목례를 드릴 뿐이었고요. 분향소에 들어가서 나오기까지 걸린 시간은 다 합쳐 봐도 불과 1, 2분인데, 이것을 위해 한밤중에 두 시간 반을 기다렸다는 말이지요. 그런데 아무도 불평하는 사람이 없었어요. 다들 묵묵히 기다렸고 전반적으로 별 말이 없는 편이었지요.

행렬 중 옆에 서 있던 40대쯤 돼 보이는 여자분께 말을 건넸더니, 울산에서 버스를 세내어 함께 조문을 왔다고 하더군요. 희미한 불빛 속에서 올려다보이던 별빛, 민심의 강물이 이리저리 흐르는 장면, 길가 난간석 위에

줄지어 세워져 있던 촛불과 길가의 흰 국화꽃들, 이 모든 게 참 비일상적인 장면을 만들어내고 있었습니다. 삶이란 게 왜 이리도 슬프냐, 내 삶이, 우리 삶이 왜 이리 분하고 애통하고 덧없는가, 사람들은 이렇게 생각하고 있는 것 같았습니다.

또한 저랑 같이 갔던 분들은 "정말 현대사의 현장이다, 정말 여기 오길 잘했다" 이렇게 얘기하십니다. 순수한 애도의 마음과 더불어 이건 정말 현대사의 한 장면이구나 하는, 내가 지금 그 역사의 현장에 같이 있구나 하는 느낌도 사람들의 가슴에 강하게 요동쳤던 것이겠지요.

더 주목되었던 것은 문상 이후였습니다. 저희가 새벽 네 시쯤 조문을 마치고 밖으로 나오니까, 그때는 이미 기다리는 줄이 아주 짧아져 있었습니다. 물론 여전히 새로 오는 분들도 적지 않았지만 행렬 자체는 한 20미터나 되었을까, 그러니까 자정 전후 몇 시간이 가장 붐비는 시간이었어요. 무슨 말이냐 하면요, 다들 먼 곳에서 하루 일과를 끝낸 후 밤길을 찾아왔고, 한밤중에 어렵사리 문상을 하고는 가정으로, 직장으로, 일상으로 돌아가기 위해 새벽에 다시 길을 떠났다는 것이지요. 물론 아침이 밝아오면서는 새로운, 다른 사람들의 행렬이 길게 만들어졌겠지요. 어떻게 보면 조문을 하기 위해 길을 떠나고, 행렬에 서서 참을성 있게 오래 기다리고 침묵을 지키는 것 자체가 각자에게는 거대한 의미를 가지는 의례의 과정이 아니었나 싶어요.

저는 영결식 날도 시청 앞에 나가봤습니다. 그때도 물론 사람들이 많았지요. 스카프·모자·풍선 등등으로 노란 물결이 일고 있더군요. 지하철 시청역을 빠져나오니까 길가에서 사람들이 노란색 종이비행기를 접고 있었습니다. 노제 끝나고 운구차가 지나가니까 사람들이 관 위로 종이비행기를 던지면서 다들 한마디씩 하는 거예요. 처음에는 웅성웅성하는 소리만 들릴 뿐 무슨 말인지 몰랐는데, 자세히 들어보니까 한결같이 "미안해요,

미안해요"라고 하는 거였어요. "지켜주지 못해 죄송해요"라는 말이 가장 많았고, 간간이 "사랑합니다, 안녕히 가세요" 이런 말들이 들리더군요. 사람들은 품위 있게, 의젓하게 망자와 이별하면서 애끓는 한 마디 속에 마음을 담아 운구차와 함께 떠나보내고 있었어요. 참 인상적이었지요.

김민웅 ┃ 추모객이 그렇게 장사진을 이루고 분향에 시간이 엄청나게 걸리는 상황은, 처음 갔던 사람은 모르지만 나중에 간 사람들은 이미 그걸 알고 갔거든요. 사전에 각오를 하고 했던 겁니다. 이런 각오가 어렵지 않게 집단화된 요인이 주목되었습니다.

도정일 ┃ 저도 봉하에 갔지요. 5월 26일 화요일 밤이었어요. 조문 행렬이 길어 5시간씩 기다려야 한다고들 해서 새벽 시간을 맞추기로 했습니다. 마침 민주화기념사업회 버스가 간다기에 거기 껴묻혀 갔습니다. 밤 10시 반에 서울을 출발해서 다음날 새벽 3시경 봉하마을에 도착했지요. 그 시간에도 조문객들이 끊임없이 오가고 있었지만 줄을 길게 서야 할 정도는 아니었습니다. 그러나 그 새벽에 사람들이 잠도 안 자고 분향소엘 찾아오고 있다는 것이 놀라웠습니다. 우리가 분향 순서를 기다리고 있는데 어떤 젊은 사람 하나가 들으라는 듯이 "살았을 때는 하나도 도와주지 않다가 죽고 나서 절하면 뭘 해?"라며 큰 소리로 힐난하듯 말했습니다. 분향을 끝낸 아주머니들이 돌아 나오면서 오열하는 모습들이 눈에 와 박혔어요. 분향소 주변에는 수많은 천막들이 불을 켜고 늘어서 있었지요. 상가에 대고 할 소리는 아니지만 장관이었습니다. 커다란 동영상 막은 노대통령의 생시 연설 모습을 계속 보여주고 있더군요. 한 남자는 분향소에서 10미터쯤 떨어진 곳에 돗자리를 깔고 촛불을 켜놓고 절을 하고 있었어요. 천 배 이상 하는 것 같았어요.

◀ 노무현 전 대통령의 운구 행렬을 지켜보는 수십만의 인파.
추모의 마음을 담아 날린 노란 종이비행기가 운구차 위를 수놓았다.

한 교수님 말씀처럼 미안하다는 마음, 일종의 죄책감, 죄책감이라고 표현하면 너무 심한지 모르지만, 하여간 미안하다는 마음이 사람들의 공통 정서가 아니었나 싶습니다. 노대통령이 대변했던 정치적인 이상이나 가치에 대한 동조도 있었겠지만, 그가 일반 국민들 특히 서민들에게 심어준 친밀감, 서민의 대통령이라는 이미지, 전직 대통령이 농민들과 어울리고 마을 사람들과 똑같은 방식으로 살아간다는 데 대한 정서적 친밀감이 사람들을 움직이게 한 것 같습니다. 그의 서거 이전에도 많은 사람들이 봉하에 갔거든요. 정치적으로 노대통령에 불만이 있었거나 반감이 있었던 사람들조차도 퇴임 이후 그가 보인 행보, 그 삶의 방식에 누구나 친밀감을 가졌는데 그렇게 가깝게 느껴지던 존재가 사라졌을 때의 상실감은 아주 큰 것이지요. 사라져버린 어떤 정치적 가치에 대한 상실감도 있었겠지만, 일단은 마음속으로 마치 친구처럼 느껴지던 사람이 사라진 것에 대한 애도의 정서가 표출된 것일 것입니다. 봉하마을이건 대한문 앞이건 간에 어디든 가서 향 피우고 애도하지 않고서는 그를 떠나보낼 수 없다, 미안한 마음을 달랠 길 없다는 느낌, 몇 시간이 걸리든 갔다 와야지, 그러지 않고서는 이 죄책감을 떨쳐버릴 수 없다는 마음들이었을 것입니다.

애도라는 것은 슬픔의 표현이면서 떠나보내는 의식이지요. 가까웠던 사람이 아니면 애도의 정서는 나오지 않습니다. 이게 애도와 단순 조문의 차이입니다. 정서적 거리에 관계없이도 조문은 이뤄지지만, 깊은 상실감 없이는 슬퍼하고 눈물 흘리는 애도행위가 나오지 않습니다. 이번의 조문행렬이 단순 조문이 아니라 애도의 행렬이었다는 사실을 주목해야 합니다. 그런 애도는 누가 부추기거나 자극해서 되는 것이 아니지요. 또 하나, 가까운 사람이 죽으면 사람들은 누구나 "내가 잘못한 일은 없는가"라는 일종의 자책에 시달립니다. 그 자책감을 처리하는 것이 애도의식이기도 하지요. 애도가 막히면 우울증에 걸립니다.

사건이 일어난 5월 23일 토요일 아침 저는 무슨 학회 일로 대전에 가 있었어요. 10시 반쯤 뒤늦게 온 사람들이 택시 안에서 들었다면서 소식을 전하더군요. 집에 전화를 해서 아내에게 TV를 켜고 확인해보게 했는데, 잠시 후에 연락이 왔어요. KBS에서 자꾸 "노무현 사망, 노무현 사망" 그런다는 거예요. 아내는 상당히 분개한 어조였어요. 나중에 와서 들으니까 MBC에서 '서거'라는 말을 쓰기 시작하면서 KBS도 용어를 바꾸었다고 말하더군요.

KBS는 보도 책임자이든 편성 책임자이든, 데스크이든 기자이든 간에 노대통령의 죽음을 뭐라고 표현해야 할지 정리를 못하고 있었을 뿐 아니라, 권력의 눈치를 보고 있었던 것이 아닌가, 이런 생각이 들더군요. KBS가 그런 식으로 "사망, 사망" 그러니까, 그 보도 태도부터가 사람들을 화나게 한 것 같아요. 노대통령의 죽음 앞에 5백만 넘는 국민들이 단순 조문이 아닌 '애도'에 참여했다는 사실을 주목하고 기억해야 합니다.

잃어버린 가치에 대해 생각하다

김민웅 ┃ 그렇기 때문에 분향소마다 풍경이 같은 것은 아니었습니다. 시민들이 자발적으로 만든 분향소와 서울 역사박물관같이 정부가 공식 분향소를 설치했던 곳의 풍경은 달랐지요.

도정일 ┃ 어떤 지역에서는 자치단체장의 정치적 색깔에 따라서 분향소를 설치하는 방식에 큰 차이가 있었습니다. 엉성하게 대충대충 형식적으로만 해놓은 곳도 있고, 시민이 자발적으로 차려놓은 분향소를 철거하려 든 곳도 있어요. 서울 대한문 앞에서는 경찰이 분향소를 완전 포위했습니다. 이런 우둔한 짓들이 사람들의 감정을 격화시킨 부분도 있습니다.

도종환 ┃ 여권에서는 노무현을 죽이면 다 죽는다는 경험을 한 적이 있거든요. 탄핵 때 한 번 시도를 해봤잖아요. 국민들의 반발이 심해서 '노무현 죽이면 다

죽는다' 하는 경험을 한 적이 있어서, 이번의 경우도 일단 두려웠을 거라고 봐요. 예의를 갖춰야 한다는 마음도 인간이기 때문에 있었겠지만, 그 이면에는 두려움도 있었고, 또 진정성 말씀을 했습니다만 진심이라 하기에는 몇 년간을 비주류 대통령이라고 조롱해오던 그 마음이 한순간에 애도의 마음으로 바뀌었으리라고는 생각지 않습니다. 분향소마다 반응이 다르게 나타난다고 말씀하셨지만, 국민장을 진행하는 과정에서 비협조를 느꼈습니다. 적어도 전직 대통령 국민장이라면 행자부나 문화부 같은 부서에서 적극적으로 지원하고 협조해야 하는데, 실제로 일을 담당했던 사람들에 따르면 그 협조가 내용적으로는 이뤄지지 않는 거예요.

예를 들면 영결식장에서 노제를 하겠다고 하면 재정적·물질적 협조를 해야 되는데, 협의 과정에서 보면, 그냥 추모 춤 하나만 추고 지나가면 안 되느냐, 그런 식으로 말하는 겁니다. 또 국민들과의 이별의 자리이니 이러이러한 형식을 갖추어야 한다고 설명하면서 국립무용단이나 국립창극단의 필요 인원에 대해 협조를 해달라고 하면, 요구하는 대로 사람들을 보내주지 않고 그냥 시늉만 하는 거예요. 어떻게든 판을 작게 하고 싶은 것이지요. 인원도 최소한으로 지원하고, 재정 지원 같은 경우 확답을 잘 안 해주고 그랬습니다. 국민장에 모인 사람들이 소리를 들을 수 있게 앰프를 연결해줘야 하는데, 수십만 명이 모였지만 그저 광장 주변에만 들을 수 있는 정도의 앰프만 설치했을 뿐입니다. 행자부 장관이 직접 약력보고를 하는 등 행자부가 주무부처가 돼 치르는 국민장인데도, 그 내용으로 들어가서 보면 협조가 잘 이뤄지지 않았거든요. 현 정부가 진정으로 애도하는 마음으로 치른 국민장은 아니었다는 걸 확인할 수 있었지요.

도정일 ▮ 현 정권이 국민장을 치른다고 했지만, 마음속으로부터 노대통령이 대변하려고 했던 가치에 대한 최소한의 인정이라도 있었는가 하면 전혀 아닙니다. 여권 고위층의 말은 아니지만, 반 노무현 캠프 사람들이 서거 소식 앞

도정일 교수

" 정서적 거리에 관계없이도 조문은 이뤄
지지만, 깊은 상실감 없이는 슬퍼하고 눈
물 흘리는 애도행위가 나오지 않습니다.
이번의 조문행렬이 단순 조문이 아니라
애도의 행렬이었다는 사실을 주목해야
합니다. "

에서 보인 즉각적인 반응은 이런 겁니다. 두 마디로 요약됩니다. "드디어 보냈다." "빌어먹을 노무현, 드디어 뒈졌군." 이건 실제로 내가 들은 말입니다. 그 두 마디가 반 노무현 캠프의 정서를 요약합니다. 그것이 여권 정치세력들의 속마음일 겁니다. 겉으로는 조문도 표하고 정중하게 국민장도 치르고 했지만, 그 국민장을 보면 겉치레와 내면이 완전히 쪼개져 있었다고 할 수 있습니다.

김민웅 ▎ 전 국민의 추모 열기나 도처에 분향소 설치라는 현상에도 불구하고 이명박 대통령은 결국 분향을 못하고 말았어요. 본인의 의지가 얼마나 있었는지도 의문이었지만 영결식에 참여하는 것으로 끝났고, 봉하에서도 오지 않았으면 좋겠다, 안전을 자신할 수 없다, 그러는 상황이었습니다. 노무현으로 상징되는 가치와 이명박으로 대변되는 가치가 서로 충돌하면서 조문 정국에서는 후자가 수세에 몰려있던 거지요.

도정일 선생님 말씀에 이어서 추모 부분을 좀 정리해보자면, 한쪽에서는 국민들 전체가 노무현 전 대통령과 연결되는 가치의 공유가 있었기 때문에 뜨거웠던 측면이 있지만, 또 하나 우리가 놓칠 수 없는 맥락은 이명박 정부 체제를 경험하지 않았다면 이렇게까지 됐을까 하는 겁니다. 이 두 가지가 극명하게 대조되는 맥락도 존재하고 있었기 때문에 그 얘기를 좀더 했으면 좋겠어요. 노무현 대통령의 죽음과 관련해서 사람들이 왜 이렇게 애도하게 되었는가, 이 죽음을 어찌해서 억울한 죽음으로 받아들이고 있는가 하는 겁니다.

도종환 선생님도 정부의 비협조를 체험하신 것을 말씀하셨고, 도정일 선생님은 또 여권에서 나오는 얘기도 하셨습니다만, 국민들이 바라보는 시선에는 '이건 아니지' 하는 통렬한 느낌들이 크게 차지하고 있었습니다. 노무현과 이명박, 이 두 가지가 분명히 대조되면서 어느 한쪽에 국민들이 섰던 거지요. 과거에 노무현 대통령에 대해서 비판했던 사람들까지도 이명박 정부를 경험하면서 '이건 용납할 수 없다'라고 하는 것이었습니다.

이번에 주목하게 된 것 중에 하나는, 사람들이 생각이 바뀐 대목입니다. 지난 대선 이명박 후보가 당선되는 과정에서 사람들은 '그래, 비리도 있고 부패도 있지만, 현재 제일 중요한 건 경제야'라고 하는 이명박 후보에 대한 쏠림 현상이 있었지요. 그런데 이번에 역전되는 계기가 생겨났습니다. '아니, 경제도 이렇게 해서 빈부격차를 심화시키고 제대로 하지 못하면서, 인간성까지 문제야'라고 하는 쪽으로 여론이 바뀌어버린 겁니다. 분향소 설치하는 과정에서도 공권력을 앞세운 폭력적 저지 때문에 힘들었잖아요. 추모제가 끝난 다음에는 경찰에 의한 대한문 앞 분향소 파괴사건도 있었고요. 이런 모든 사태로 말미암아 현재의 기존질서, 권력, 집권세력들이 갖고 있는 일종의 폭력성과 비인간성에 민감해진 겁니다.

노무현 대통령 재임 시절, 그에 대해 비판은 했지만, 그가 나름대로 지향했던 바와 대조되면서 알고 보니 그간에 엄청난 것을 상실해버렸다는 충격도 컸습니다. 그래서 그 가치들을 어떻게 해서든지 내가 지키고 싶다는 것이 추모열기의 밑바닥에 깔려 있는 정서의 한 부분이 아니겠는가 하는 생각입니다.

눈물의 힘도 주목되었습니다. 그 눈물 속에는 충격·슬픔·억울함·미안함·설움 등 많은 정서가 담겨 있지요. 이 추모의 과정에서 사람들이 '인간의 문제'로 돌아오는 소중한 경험을 공유한 것 같아요. 그 동안에는 경제적 가치 등을 둘러싸고 우리 내부에 여러 형태의 격투들이 벌어졌는데, 결국 중요한 건 뭐냐라고 했을 때는 사람 문제, 인간의 참됨, 진정성, 소중함, 이런 것들로 돌아오는 다리를 건너오는 경험을 한 게 아닌가, 또한 이 경험은 이명박 체제가 가하는 고통과 대조되면서 인간의 문제를 제기하기 시작한 소중한 출발점이 된 것 아닌가 합니다.

도종환 시인

"그가 무너지는 모습을 보면서 나는 또 거기서 발을 빼려고 했구나, 저렇게 자기의 정당성을 지키려고 몸을 던지며 죽어가는데, 나도 그 가해자 속에 들어가는 건 아닌가 하는 생각이 들면서 눈물로 터져 나온 거지요."

도종환 ┃ 아까 말씀하신 대로 경제를 살리는 대통령이라면 조금 문제가 있다고 하더라도 눈 감고 찍어줘보자 하는 분위기가 있었지요. 그랬는데 실제로 정권을 넘겨주고 각료 구성하는 걸 보니까, 서민들의 경제를 살리는 정책을 펼치려는 것이 아니었지요. 부동산투기·탈세·논문표절·위장전입 등 몇 개씩 비리를 가진 졸부들만 골라 뽑아서 내각을 구성하는 걸 보면서, '이건 아닌데' 하는 생각을 했지요. 그 뒤에 남북관계도 경색되고 부자들을 위한 정책만을 펼치고, 서민은 죽어나가고 인권은 무시되고 민주주의는 후퇴하고, '야 이거 큰일났구나' 하고 있었지요. 그런데 '전직 대통령이 또 돈 먹었다'는 겁니다. '우리가 추구했던 가치들도 이 정도밖에 안 됐던 거야' 하면서 난감해하는 상황이 벌어졌던 거지요. 지식인들, 서민들도 참 실망스럽다는 생각을 하게 되었습니다.

그런데 몸을 던져 죽음으로써 항거하는 모습을 보며 엄청난 충격을 받았던 거지요. 이게 아닌데 하는 생각과 미안함이 눈물로 쏟아졌던 것 같아요. 저 사람이 지키고자 했던 자존심이 우리의 자존심이었고 저 사람의 굴욕이 우리의 굴욕이었던 것을 확인하게 된 것이었습니다. 사회운동을 해왔던 사람들은 "그래, 차라리 떳떳하게 감옥을 가라, 그게 낫지" 그랬거든요. 끝까지 아니라고 이야기하는 사람의 말을 우리 모두 믿지 않았지요. 나중에 문재인 전 비서실장이 얘기하는 걸 보면서 다시 한 번 확인도 했지만, 노대통령 자신도 진짜 몰랐지만, "차라리 내가 알았다고 할까, 차라리 내가 돈을 받았다고 말할까"라고 말했다지 않습니까. 도덕적인 문제와 법률적인 문제는 다른 것이라는 비서들의 얘기를 들으면서도 그렇게 말하려 했다는 것을 접하면서, 사실은 우리까지 그분을 벼랑으로 몰아붙이는 대열에 합류했구나 하는 생각을 하게 되었던 겁니다.

저 사람의 좌절은 우리의 좌절이고 저 사람의 실패는 곧 우리의 실패였는데, 그가 무너지는 모습을 보면서 나는 또 거기서 발을 빼려고 했구나,

저렇게 자기의 정당성을 지키려고 몸을 던지며 죽어가는데, 나도 그 가해자 속에 들어가는 건 아닌가 하는 생각이 들면서 눈물로 터져 나온 거지요.

김민웅 ▎ 그 말씀을 들으니 저도 마음이 힘들어지네요. 노무현 대통령 재임 당시 초기에는 지지했지만 시간이 지나면서 점차 비판하게 되었지요. 그러면서 서로 차이가 많았다고 생각했는데 이명박 체제가 들어서면서, 노무현 정부와 우리가 큰 맥락에서는 같은 배를 타고 있었고, 또 지향하는 바가 크게 다르지 않은 가치관이나 정서를 공유하는 역사를 경험했다는 생각이 들었습니다. 한편, 저는 미국에서 20여 년을 살다가 한국에 들어와 산 지 4, 5년이 흘렀습니다만, 이번에 느낀 것 중 하나가 우리나라가 '마을' 같다는 것이었습니다. 국가가 아니라 어느 작은 마을 같아요. 그래서 마을에서 일어나는 일들을 속속들이 서로 다 알고 동네사람들끼리 모여서 이거 어떻게 하지, 울고 아파하고 하는 식입니다. 미국에서는 생각할 수 없는 광경입니다. 달리 말하자면 인간의 문제와 함께, 더불어 사는 공동체 문제도 같이 제기됐던 것 같아요. 추모의 과정에서 우리 국민 전체가 그동안 잃어버렸던 마을공동체적인 경험을 했다는 부분도 소중하다고 여겨집니다. 이 나라가 생각보다 크지 않다는 걸 우린 느끼지만 이번의 일을 겪으면서 확인이 딱 되더라고요. 이런 것은 우리한테는 굉장히 소중한 부분일 수 있겠다 싶은 것입니다. 그동안에 해체되고 갈라지고 서로 거리가 있었는데, 영결식 날에도 서울광장에서 사람들이 땡볕인데 아무 소리 하지 않고 긴 시간을 기다리는 것을 보면서, 마을공동체가 하나 만들어지는 것 같은 느낌을 가졌어요.

한정숙 ▎ 노무현 대통령의 자결, 충격적인 죽음에 대해 사람들이 그렇게 애도를 하는 데는 슬픔·연민·자기동일시, 가해자로서 느끼는 자책, 지지자로서 느끼는 미안함, 분노 등등 아주 복합적인 감정이 섞여 있었던 것 같습니

국민들이 흘린 눈물에는 슬픔 · 연민 · 자책감 ·
미안함 · 분노 등 여러 감정들이 복잡하게 얽혀 있었다.

다. 또 복합적 요인들의 조합양상이 개인마다 달랐다고 봅니다. 우선 첫
번째로 연민과 자기동일시에 대해 살펴보면요, 이분이 재직 시에 가령 비
행기 사고로 서거했으면 아마 애도의 물결이 이 정도는 아니었을지도 몰
라요. 권력자가 권력의 정점에서 세상을 떠나는 것이니까. 그런데 이분이
어쨌거나 권력을 놓은 후 큰 핍박을 받다가 고통 속에서 서거했어요. 보통
사람들에겐 그게 어떻게 되겠어요? 대통령인데도 저렇게 마지막까지 아팠
구나, 불쌍하게 갔구나 하는 연민이 들 수밖에요. 자기 슬픔이 투영이 된
거지요. 일반적인 문상 때도 보면 서럽게 죽은 사람에 대해 서럽게 사는
사람들이 와서 서럽게 울어요.

그 다음 미안함의 또 다른 유형에 대해 살펴 보자면요, 제가 어제 받은 메
일 중에서는 그런 게 있었습니다. 제가 어느 매체에 조그만 글을 썼더니
그 글을 보고 어떤 모르는 교수 한 분이 메일을 보내오셨어요. 그분은 "나
도 집단폭력의 가해자가 아니었나 생각합니다" 하는 내용을 담아 보내셨
더군요. 그리고 깊이 반성을 한다고 하셨습니다. 그분은 시국선언하는 데
도 동참하셨어요. 우리 사회가 집단 가해를 했는데 그 당사자가 저렇게 비
참한 모습으로 세상을 떠났다는 데 대해 뒤늦은 미안함이 상당히 작용하
지 않았을까 하는 생각이 들어요.

또 자책은 또 비판적인 지지자였건 열성 지자자였건 모두 느끼는 감정이
었던 것 같아요. 지지자들은 '지켜주지 못해서 미안하다'고 생각했겠지
요. 제 경우는 지지 여부를 떠나 이런 입장이었습니다. 저는 노대통령에
대해 재임 중에는 비판도 많이 했지만, 귀향 이후 삶의 모습은 참 좋아하
게 되었습니다. 정치적 지지라기보다, 삶의 태도가 보기 좋다는 정도의
태도였지요. 그런데 의혹이 보도되고 사건이 처음에 터졌을 때 처음에는
실망도 하고 충격도 좀 받았지만, 전 국민이 모두 떠들썩하게 나설 일은
아닌데 심하게 한쪽으로 몰아가는 것 때문에 관찰자이면서도 정말 고통

스러웠어요. 노대통령에게 두 달 내내 그야말로 정신적으로 고문을 가하더라고요. 그것은 이분의 혐의와 의혹이 어떠한 것이었던가 하는 문제와 아무 상관없는 일입니다. 제일 놀라웠던 것은 언론매체들이 노대통령 수사와 관련해 '삼족을 멸한다'는 말들을 거리낌없이 쓰는 것이었어요. 요즘은 연쇄살인범에 대해서도, 노대통령 수사와 관련해 그에게 쏟아졌던 것 같은 혹독한 비난은 하지 않습니다. 설사 어떤 현실정치인이 기업인에게서 불법적인 돈을 받았다 하더라도 그것은 그것대로 규명돼야지, 왜 공중파에서 뉴스 시간에 앵커가 "배신감" 운운하는 표현을 쓰고 신문에서 "삼족을 멸해야" 하느니 하는 구절을 동원합니까. 그것은 언론이 그에게는 연좌제가 적용돼도 상관없다고 암암리에 동의한 것이나 마찬가지거든요. 그에게만 그런 징벌을 가한다는 것은 법의 보편성이라는 원칙을 현저히 위반하는 것이지요. 법의 보편성이야말로 민주주의의 기본원칙인 것 아닙니까?

또 이걸 가지고 모든 문제들을 다 덮어버렸잖아요. 노대통령 수사가 장자연 사건을 덮고 은폐하는 도구로 쓰였지요. 저도 공직자 또는 최고통치자의 비리 자체는 수사해야 한다고 생각했어요. 그런데 잘못이 있으면 걸맞을 정도로 벌하는 게 맞는데, 노대통령의 경우 그 징벌이라는 게 지나치게 가혹한 거예요. 고문 살해 정도가 아니고 역사적으로 완전히 단죄하려고 했던 거지요. 저는 이게 맘에 안 들었습니다. 그런데 주변사람들한테 이 말을 붙여봤을 때는 반응이 상당히 싸늘했어요.

김민웅 ▎ 서거 이전 얘기지요?

한정숙 ▎ 네, 서거 이전이었습니다. 하도 싸늘해서 여기에 대한 비판을 하기가 좀 힘들었지요. 사실은 일반인들이 노대통령 수사를 어떻게 평가했던가가 문제였다기보다, 이 사건을 보도하는 방식, 그것으로 한국사회의 여론을 조작하려는 어떤 경향성이 문제였어요.

김민웅 ▮ 정치공학적으로 접근하는 어떤 방식들 말이지요.

한정숙 ▮ 저는 정치공학적으로 접근하는 그 방식에 대해서 제일 문제를 많이 느꼈습니다. 거기에 대해서 내가 한마디도 하지 못했다는 것이 제 죄책감의 근원이었습니다. 저는 이것은 그야말로 드레퓌스 사건이라고 생각했습니다. 당시 노무현 대통령은 드레퓌스나 마찬가지였습니다. 혹은 나치가 유대인을 박해했을 때 유대인과 비슷한 존재였지요. 한편으로는 보수세력이 노무현 대통령 이야기만 나오면 '경기'를 일으킬 정도로 두려워하면서, 다른 한편으로는 노대통령을 희생양 삼아 아주 사납게 공격하면서, 그 두려움을 경멸과 조롱의 언사 속에 감추어버리는 것이었지요. 실제로는 공격자 쪽의 두려움이 엄청나게 큰 것이었어요.

거기에 대해서 지식인들도 나서서 제대로 비판을 못했다는 것이 참 안타까운 일이었습니다. 저도 이런 것을 비판하는 글을 썼다가 발표를 끝내 못하고 말았습니다. 미적거리고 있었는데 결국은 서거 상황을 맞은 것이지요.

수사에서 서거에 이르기까지 노무현 대통령 개인 홈페이지 '사람사는세상'은 상황에 수동적으로 저항하는 사람들의 중심지가 되었다고 할 수 있습니다. 저는 4월 7일의 노대통령 고백이 있은 다음에 우연히 이 사이트를 알게 되어 처음 들어가 보고 그 후 꽤 자주 들어가 보았는데, 많은 사람들이 들어와서 글을 쓰며 서로들 위로하고 있더군요. 수사 시작 후부터 새로운 방문객, 새로운 회원이 많아졌는데, 노사모를 비롯한 기존의 노대통령 열혈 지지자와는 상관없는 사람들도 많더군요. 눈앞에 전개되고 있는 일이 문제가 있다고 생각하는데 공개된 지면, 공중파와 주요 일간지 등 공식적인 통로를 통해 안타까움과 분노를 표현하지는 못하는 사람들이 바로 이 사이트에 들어와서 많은 이야기를 하고 있었습니다. 저는 회원으로 가입하지는 않은 채 그 모습을 지켜봤어요. 그 사이트에서는 심리적인 위안을 구하던 분들이 서거 후 자책감으로 애도를 표현했고요.

한정숙 교수

" 보수세력이 노무현 대통령 이야기만 나
오면 '경기'를 일으킬 정도로 두려워하면
서, 다른 한편으로는 노대통령을 희생양
삼아 아주 사납게 공격하면서, 그 두려움
을 경멸과 조롱의 언사 속에 감추어버리
는 것이었지요."

그 다음에 제가 본 것은, 강한 분노감이었습니다. 전 정권과 현 정권을 비교했을 때 그 분노감이 굉장히 강했다고 생각했습니다. 대통령도 죽는데 나는 어떨까 하는 공포에 가까운 느낌, 보통사람 같으면 얼마나 함부로 당할 수 있을까, 그런 것을 느끼는 것 같았어요.

도정일 ┃ 실제로 도처에서 당하고 있었지요.

한정숙 ┃ 네, 용산 참사라든가.

도정일 ┃ 한국예술종합학교 문제도 있고.

김민웅 ┃ 한 교수님이 중요한 점을 지적해주신 것 같아요. 노무현 전 대통령 서거까지 이르는 전체 흐름이 있었지요. 죽음으로 인한 충격에서부터 아픔이 시작된 게 아니라 그 이전부터 지속돼 나온 거지요.

한정숙 ┃ 그랬던 것 같아요.

김민웅 ┃ 그의 죽음을 어떻게 받아들이고 어떻게 평가하느냐 하는 문제와 관련해서 "나는 지금 어느 지점에 서서 이야기하는 것"이라는 점도 아울러 말씀해주셨으면 합니다. 한 교수님도 노무현 대통령 재임 당시에는 그에게 비판할 점이 있었기 때문에 문제를 제기해왔다고 하셨는데, 저도 비슷한 입장이라고 할 수 있습니다. 아까 잠깐 언급했듯이 대선 과정에서는 지지를 했지만 중간에 부딪칠 수밖에 없었던 사안들이 있었습니다. 정상회담 특검, 이라크 파병 문제, FTA 문제를 둘러싸고 노무현 정부와 격렬하게 부딪쳤던 경험이 있습니다.

검찰의 조사가 있고 나서는, 노무현 전 대통령이 이런 문제들에 대해 자기 성찰적으로 잘 정리해주셨으면 좋겠다는 마음을 가지고 있었는데, 아쉽게도 이뤄지지 못했습니다. 고강도의 정치적 폭력에 의지하는 희생제가 진행되고 있다는 게 분명한 상황이었으니 다른 여지가 있기 힘들었을 겁니다. 이명박 정권과 집권세력들이 똘똘 뭉쳐서, 노무현이라는 한 사람에게 자신들이 여러 가지로 지탄받고 문제가 되고 있는 것들을 다 묶어 만든 커다란 돌을 목에 매달고 바다에 던지려 하고 있구나 하는 느낌이었습니다. 국민들도 노무현 전 대통령의 비리 스캔들이 확인된 것은 아니었지만 검찰조사로 그에 대해 실망했지요. 하지만 국민들은 점차 검찰 조사의 궁극적 목표가 도대체 뭘까, 그리고 이걸 통해서 치르려는 희생제는 무엇을 겨냥한 것일까 하는 생각들을 했던 것 같습니다.

권력의 판단은 아마도 노무현 전 대통령을 희생제단에 올려놓고 처단할 시점만 잡으면 사람들이 박수를 치는 시나리오를 생각했는지도 모르겠어요. 그랬기 때문에 희생제의 무대를 키웠는데, 정작 희생제에서 칼을 든 건 권력이 아니라 노무현 전 대통령 스스로였단 말이지요. 시나리오의 핵심 부분이 완전히 부서져버린 거지요. 사람들은 이미 희생제에서도 권력의 폭력적 얼굴을 보아왔는데, 노무현 대통령의 삶이 마감되는 지점에서 더더욱 잔혹한 권력의 폭력성을 보게 된 겁니다. '오죽하면 죽었겠는가' 하는 그 절망감에 대한 동일시로 인해 생겨난 고통과 슬픔도 있었고, 그 죽음에서 저항의 의미도 읽어낸 것 같고요. 그러면서 더 이상의 권력이 가하는 폭력적 유린으로부터 지키고 싶은 것들에 대해서 얘기를 하기 시작한 겁니다.

노무현 전 대통령 재임 기간 중 후반기에 가면 그 당시에도 국민과의 소통의 문제로 힘든 시기가 있었어요. 이 사건 이후에 정지영 감독님과 얘기를 나눌 기회가 있었는데, 그분은 죽음 자체가 소통이 된다는 것에 대해서 굉장히 놀라워하더라고요. 중요한 관찰인 것 같아요. 살아 있었을 때도 소통하기 어려웠는데, 죽음이라는 이 사건이 도리어 살아 있는 목소리가 돼 많은 이야기를 하기 시작한 것입니다. 이것이 이제 노무현 전 대통령의 죽음을 바라보는 시선에 풍요한 의미를 제공해준다고 봅니다. 오늘의 현실을 바라보는 시선을 다르게 만드는 것이지요. 노무현 대통령 재임 당시와 이명박 체제를 비교해보면, 그래도 그때는 소통할 무대가 있었는데 지금은

김민웅 교수

"죽음이라는 이 사건이 도리어 살아 있는 목소리가 돼 많은 이야기를 하기 시작한 것입니다. 이것이 이제 노무현 전 대통령의 죽음을 바라보는 시선에 풍요한 의미를 제공해준다고 봅니다. 오늘의 현실을 바라보는 시선도 다르게 만드는 것이지요."

무대 자체를 해체시키고 파괴시키고 있다는 반감이 강해진 것 같습니다. '노무현의 죽음'은 그 무대의 부재를 다시 한 번 깨우쳐 주었지요. 노무현 대통령 자신도 소통의 무대를 전혀 마련하지 못한 상황에서 죽음으로 결론을 지으신 것이니 말이지요.

그러면서 사람들은, 이 사회가 안고 있는 고뇌나 인간적인 슬픔을 해결할 수 있는 무대는 사라졌고 권력을 쥐고 있는 저들의 무대만 있는 것이구나, 라고 깨우쳐가게 된 것이 아닌가 해요. 이러면서 노무현 전 대통령의 죽음에 대해 우리가 되찾아야 할 것이 무엇인지 각성하게 되고, 또 이 무대를 해체시킨 세력의 진상을 명확하게 보는 눈을 가지게 되지 않았나 싶습니다. 함께 흘린 눈물을 통해 정화된 눈으로 보게 된 우리 사회의 진실이라고 할 수 있겠지요.

이제 노무현 대통령 죽음에 대한 해석, 그에 대한 재평가 이야기를 나누었으면 합니다.

지도자의 운명 그리고 '오래된 생각'

도정일 ▮ 그분이 유서에 "운명이다"란 말을 썼고 "오래된 생각이다"라고 썼습니다. 운명론자나 숙명론자라서 그런 말을 한 것은 절대로 아닐 것이고, 오랜 생각과 판단 끝에 자기가 그런 식으로 죽지 않으면 안 된다는 결의를 다져왔던 것 같아요. 단순히 자신의 결백을 보여주기 위한 정도의 것이 아니고 훨씬 더 큰 의미, 의지에서 선택된 행위 같아 보입니다.

"오래된 생각이다"라는 말에도 함축이 있어 보입니다. 아침에 집을 나서면서 후다닥 유서를 만들었으리라 생각하지 않습니다. 머릿속에 수없이 굴리고 굴리면서 정리해오던 말들을 한순간 열넉 줄에 담아낸 것 같아요. 영시에 소네트라는 형식이 있습니다. 14행 시이지요. 노대통령이 소네트 형식을 생각했을 리는 없지만, 놀라울 정도의 응축과 함의를 담은 유서입니다. 유언의 절반 이상은 고도로 절제된 시 같아요. 오랫동안 죽음을 생각하고 준비한 사람이 아니고서는 이런 유서가 나오기 어려울 것 같아요.

김민웅 ▎ 소네트 형식이라고 얘기하셨는데, 사실 우리가 평상시 경험했던 노무현 전 대통령은 얘기가 많으신 분으로 알려져 있습니다. 글도 길게 쓰는 사람이고 말이지요. 그런데 마지막 유언은 아주 짧았어요. 압축된 의사전달방식을 택했습니다.

도정일 ▎ 가장 놀라운 것은 오랜 마음의 준비입니다. 마치 밥 먹으러 가듯이, 잠시 마을 산책 나갔다 돌아올 사람처럼, 이 방에서 저 방으로 건너가듯 그렇게 담담한 방식으로 그는 죽음의 길을 갔습니다. 그 전날 마당에서 정원을 가꾸었고, 당일 아침에는 경호원을 데리고 부엉이바위 쪽으로 가면서 길가의 풀을 뽑아요. 이것이 죽으러 가는 사람이 보통 취할 수 있는 행동인가? 아닙니다. 이건 고도의 정신적 결의에서만 나올 수 있는 모습입니다. 고통의 단계를 넘어선 경지지요.

김민웅 ▎ 그전에는 보지 못했던 급격한 정신적 성장도 동시에 거기서 보인다는 말씀이지요. 압축된 말 속에 담긴 깊은 생각의 흐름 같은 것이라고 할까요. 우리가 예상하지 못했던 노무현 대통령의 내면세계가 있었던 것 같습니다.

도종환 ▎ 이 "오래된 생각이다"라는 마지막 구절이 앞에 있는 "화장해 달라" "작은 비석을 세워 달라" "운명이다" 이것들만 이야기하는 것인지, 다른 어떤 것이 더 있지 않은지 확대해서 생각하게 되더라고요. 자기 죽음을 이야기하면서 이것이 "오래된 생각이다"라고 말하잖아요. 그런데 실제로 대통령을 했던 사람으로서 또는 진보의 대통합을 꿈꾸면서, 비서진들 중에도 있는 대학교수들과 계속 공부하고 토론하고 담론을 만들어가려고 노력했던 한 사람으로서 가졌던 죽음과 관련한, 자기 책임과 관련한, 이 나라와 관련한

간결하지만 많은 의미를 던지고 있는 노무현 전 대통령의 유서.

오래된 생각은 무엇이었을까를 생각합니다.

노대통령은 링컨에 대해서 관심이 많았고, 좋아했고, 얘기도 많이 했잖아요. 링컨의 죽음은 물론 타살이었지만 그 죽음을 통해서 남북전쟁 이후 미국사회가 통합되었고, 그 개인도 한쪽 편에 섰던 대통령에서 미국 전체의 대통령으로 변화·전환되었다는 이야기를 노무현 대통령이 살아 있을 때 하곤 했어요. 혹시 '오래된 생각' 속에 본인이 이야기했던 이런 것들도 포함돼 있는 건 아닐까 해요. 이분은 인터넷 공간을 통해서든 오프라인을 통해서든 많은 사람이 참여하고 떠들썩하게 대화하고 토론하는 시민 참여 민주주의 방식으로 사회의 패러다임을 바꾸고자 하는 생각을 가졌거든요. 이전의 정치지도자들과는 패러다임이 완전히 다르잖아요. 보스형·가부장형의 대통령이 아니었고, 자기를 뒷받침해주는 세력도 없는 비주류의 대통령으로서 국민들이 내 지지자들이고 이들과 함께 이야기하고 토론하면서 이들이 성숙하고 변화해야만 나라가 바뀐다고 생각했어요. 강압적인 권력을 통해서 바꾸려하기보다 권력을 되돌려주려고만 했습니다. 그렇게 바보 소리 들어가면서 어떤 게 과연 내 운명일까, 마지막까지 궁지에 몰리면서 내가 가야 할 마지막 내 운명은 무엇이었을까, 이런 고민도 했을 거라 봐요.

'운명'이란 말은 '내가 죽을 수밖에 없는 운명이다'라는 작은 차원이 아니라, 지금까지 상고 출신의 지방변호사에서 대통령이 된 과정까지, 퇴임 이후에 진보의 대통합이나 진보의 새로운 방향을 고민했던 내 운명, 그 내 운명은 무엇일까, 이렇게 스스로를 던짐으로 인해 다시 많은 사람들로 하여금 우리 사회의 문제를 되돌아보게 하는 그런 죽음이어야 하지 않을까, 내 운명은 그런 운명이 아닐까, 이런 의미가 그 말 속에 들어있는 게 아닐까 생각합니다. "화장해라"라고 할 때 전 국민이 모두 볼 거라고 생각했을 거예요. 늘 자기는 다 노출돼 있어서 마당을 걸을 자유까지도 박탈당하고, 일거수일투족이 온 국민의 관심사이고, 작은 잘못도 큰 잘못으로 침소봉대되고, 내가 한 실수가 온 국민의 조롱거리가 되는 상황에서, '좋다, 그러면 내가 내 몸 불태우는 걸 온 국민이 한번 봐라.' 명진 스님이 영결식장에서 "이건 소신공양"이라고 했거든요. 어떤 점에서 꿰뚫어보는 측면이 있는 발언이었다고 생각해요. 자신이 온 국민이 보는 앞에서 불타 한줌의 재가 돼 나오고, 그것이 다시 시골 마을로 와서 조그만 비석 하나로 생이 정리되는, 이런 것이 국민에게 어떤 영향을 줄 것인가, 이런 것까지도 '오래된 생각' 속에 포함돼 있진 않을까 하는 생각이 들더라고요.

김민웅 ▎ 아까도 말씀드렸지만 역설적인 게 평소에는 얘기를 많이 하고 글도 길게 썼는데, 막상 죽음을 대하는 자리에서는 화초를 뽑기도 하고 평상의 모습을 유지했어요. 이 점이 주목됩니다. 이에 대해 오래 생각을 하지 않은 사람은 불가능하다는 말씀을 하셨는데, 사실 유서를 보면 국가와 사회에 관한 이야기가 전혀 없습니다. 그걸 아쉽게, 또는 비판적으로 지적하는 경우도 있었지만 그건 다르게 이해해보면 나의 얘기가 더 이상 먹히지 않는다, 자존심의 마지막 부분까지 무너졌다는 심정이 담긴 느낌이었습니다. 말 자체가 갖는 힘에 대해서 평소 믿고 살아왔던 분인데, 그 이후부터는 말이 아니라 몸으로 얘기하는 단계로 넘어간 게 아닌가 싶은 생각이 들더라고요.

또 하나는 소신공양이라는 얘기를 하셨지만 방식은 자살이고 자결이지요. 서양역사 속에서는 패장이 자결을 했고 아시아에서는 수치나 모욕 앞에서 자결을 했습니다. 개인마다 차이가 있겠지만 문화적으로는 그렇게 크게 대비할 수 있다고들 보지요. 노무현 대통령의 경우, 그 첫 단계는 수치나 모욕감이 작용을 할 수 있을 것 같은데, 그것을 뛰어넘는 소신공양이라고 하셨지요. 하지만 자살한다는 게 종교적인 입장에서 볼 때 문제를 제기하는 사람들이 있습니다. 이런 입장들은 누군가를 자살로 몰고 간 자들에 대해서는 문제를 삼으려 하지 않지요. 노무현 대통령의 죽음에서 사람들이 봤던 것은, 방식은 자살이지만 맥락은 타살이었습니다. 그 의미가 점점 더 심화돼서 그 안에서 분노와 저항까지 보게 되고 그 다음 더 크게 나아가서 명진 스님이 얘기했던 것과 같이 소신공양, 몸으로 얘기하기 시작한 지점까지 갔던 것이 아닌가 합니다.

또 하나 주목되는 바는, 사람들이 이번 추모의 과정에서 놀라운 경험을 했다고 봅니다. 불교는 소신공양이라는 말을 했는데 동시에 영생이라는 말도 불교의식에서 나왔어요. 기독교도 마찬가지거든요. 부활의 사회적 의미가 체험되었던 겁니다. 노무현은 죽었지만 그의 정신이 되살아나 사람들을 움직인 겁니다. 적지 않은 기독교인들은 예수의 부활을 떠올리게 되었지요. 기독교에서는 예수의 실존적 부활 자체가 있었다는 차원에서 부활을 바라보기 때문에 물론 우리가 지금 말하는 부활과는 차이가 있지요. 그러나 저는 노무현 대통령의 서거가 사람들로 하여금 사회적 부활의 의미에 대해서 생생하게 느끼게 했다고 생각해요.

예수가 죽었을 때 제자들이 "나 때문에 죽었지" "지켜주지 못했지" 통회하고 회개합니다. 그러면서 아파했는데 3, 4일이 지나면서 예수의 음성이 들리기 시작합니다. 예수 살아생전에 제자들은 예수의 말을 한마디도 제대로 이해하지 못했어요. 죽고 난 다음에야 이해를 하기 시작하거든요. 똑같은 일인 것 같아요. 노무현 대통령이 돌아가시고 난 다음에 그분의 말을 이해하고 그 안에서 메시지가 살아 움직여서 그 메시지 하나하나를 점검하고 재해석해나가는 사회적 경험을 놀랍게도 하고 있는 것입니다.

'부활'이라는 말이 기독교의 전유물은 아닙니다. '부활'이라는 말 자체는 그리스어에도 있는데, 『신약』에 나오는 부활을 뜻하는 '아나스타시'라는 말은 '봉기·저항'을 의미하기도 합니다. 노무현 전 대통령의 죽음에 대해 주류에 의한 비주류의 타살이라고 사람들은 느끼잖아요. 변방에 처해서 비주류로 밀려 있던 존재의 육성이 이젠 희생제의에 의해서 죽었다고 생각했는데 그 지점에서 다시 살아나는 것을 경험하고 있습니다. 살아나는 것이 한 존재의 실존적 차원에서 끝나는 것이 아니라 사회적 공유로 확산이 돼서, 모두에게 처음에는 아팠지만 그런 과정에서 시들었던 가치관들, 사회적 쟁투에 참여할 수 있는 용기가 되살아나고 사람들을 힘 있게 만들어주는 소중한 과정이 이뤄지고 있습니다.

처음에는 아프고 슬퍼했지만 분향소의 분위기도 차츰 달라지는 것을 보았습니다. 애초의 슬픔과 충격에서부터, 그 다음에는 새로운 얘기를 하려는 의지를 보이는 것 같았습니다. '아, 우리가 잊고 있었던 가치를 자기의 힘으로 삼으려고 하는구나. 이 죽음이 그런 것들을 만들어내고 있구나'라는 걸 경험하게 되더라고요. 뿐만 아니라 이런 재해석의 과정을 거치면서 도처에서 노무현 현상에서 비켜 있거나 빠져 있었던 사람들도 엄청난 용기를 가지게 된 것 같아요. 예를 들어 지식인 사회에서도, '우리가 얘기는 하고 거리에 나서기도 하지만 몸으로 행동하는 차원에서는 이 양반을 따라가지 못했구나'라는 각성도 함께 생긴 게 아닌가 합니다. 몸으로 부딪쳐 관철해나가는 실천의 차원에 대해 다시 성찰하게 된 셈이지요.

도종환 ▌ 동시에 노무현 전 대통령의 죽음이 우상화·신격화되는 건 경계해야 한다고 생각합니다.

예수도 갈릴래아 변방 출신이었고, 늘 핍박받고 소외당했으면서도 옳은 길을 갔습니다. 이런 것들은 공통점이 될 수 있습니다. 인간은 누구나 유한하며 순간적인 삶을 살다 가는 존재인데 순간이 영원으로 전환되는 것을 결국 부활이라고 할 수 있겠지요. 저도 주위에서 목사님들이 이건 부활의 의미가 뭔지를 가르쳐주는 것이라고 하는 얘기를 들으면서, 그가 추구하고자 했던 가치가 살아 있을 때와는 달리 죽음 이후에 소중하게 오래오래 이야기되고 있다고 생각했습니다. 우리가 슬픔 속에서, 그 뜻을 지켜가

자고 같이 이야기하면서, 아까 눈물의 힘이라는 말씀도 하셨지만, 그 눈물의 힘이 오래 기억될 것이 분명해요. 노무현 전 대통령을 애도하는 이 자리에서 우리 사회가 어디로 가야 하느냐 이야기하게끔 만들어주는 힘은 부활이 가진 힘과 맥락이 통합니다.

한정숙 ▌ 저도 이분의 유서가 참 간명하다고 생각을 했습니다. 4월 7일에 "저희 집에서 돈을 빌렸다고 합니다"라는 고백을 이분이 홈페이지에 올렸는데 그때부터 세상이 정말 시끄러워졌잖아요. 그 이전에 형 노건평 씨 문제가 나왔을 때만 해도 "말수가 적어졌다" "입을 닫았다" 이런 보도가 나오긴 했지만 4월 7일부터는 정말 말이 적어졌습니다.

사람들은 노무현 대통령이 검찰에 출두하는 날 전두환, 노태우 전 대통령처럼 집 앞에서 성명서를 읽는다든지 하는 투쟁을 하지 않을까 생각했었어요. 또 재임 시절 그 당시의 야당세력에 관한 정보를 수집했을 터이니 분명 그쪽의 비리를 크게 터트릴 것이다, 정치공학적으로 반격을 할 것이다, 하고 예상을 했습니다. 지지자들은 적어도 그렇게 기대를 하기도 했습니다. 하지만 그게 전혀 없었어요. 자기 측에 어쨌든 실책이 있었다는 것을 알게 되자 이것을 그 자체로 처리하고자 했을 뿐, 상대방에 대한 공격으로 덮어버리려는 시도는 결단코 하지 않았던 것이지요. 범인(凡人)으로서는 쉽게 택할 수 있는 태도가 아닙니다.

검찰에 출두하는 날도 말이 정말 간명했습니다. "면목 없습니다" "다음에 하십시다"라고 했고, 박연차 씨와 대질했을 때에는 "내가 대질하지 말자고 했어요" "다음에 자유로워졌을 때 만납시다" 이런 정도로 아주 말이 간단해졌습니다. 4월 7일 이후에는 홈페이지에도 글이 네 차례밖에 올라오지 않았습니다. 사람들이 자기변명으로 여기던 긴 글이 하나 있긴 했지만 제게는 변명으로 여겨지지 않더라고요. 솔직한 심경표현에 가까웠습니다.

이렇듯 사람이 결기가 있어지고 아주 과묵해졌어요. 그 연장선상에서 유서도 간명한 문장들로 이뤄져 있는 겁니다. 저는 마지막 문장 "오래된 생각이다"에 대해서는 "화장해라" "작은 비석 하나만 남겨라" 여기까지만 해당하는 것으로 받아들였습니다. "화장해라" "작은 비석 하나만 남겨라" 이 부분에 대해서는 이분이 세상에 대한 미련을 끊는구나, 그리고 정치적인 것을 포함해서 '모든 것을 버렸구나' 그렇게 생각한다고 느꼈어요. 저는 그렇게 받아들였습니다. '나는 이 세상에 더 이상 욕된 육신을 남겨놓을 것도 없고, 영광스럽건 욕되건 이름을 남겨놓을 것도 없고, 큰 봉분을 남겨놓을 것도 없다, 더 이상 남겨놓고 가지 않겠다.' 개인으로서는 모든 것을 비우는 심정에서 오는 구절이라고 받아들였어요.

그야말로 벼랑 끝으로 몰려서 속죄하는 심정 내지는 모든 것을 청산하는 심정으로 몸을 던졌습니다. 이것이 다른 사람에게 받아들여질 때는 엄청난 감동을 포함해서 굉장한 상징적인 의미를 가지게 되었다고 생각합니다. 이것은 이분이 흔히 얘기하는 정치공학적 수를 한 번도 쓰지 않았기 때문에 가능했다고 봅니다. 대통령 재직 당시부터 일관되게 그랬던 것 같은데, 자기 가족이 깨끗하지 못한 돈을 받았다고 하는 사실이 밝혀진 이후에도 끝까지 수를 전혀 쓰지 않았습니다. 그냥 그 이후로 점점 침묵하고는 그 다음에 사실대로 얘기하고, 그런 다음에는 자신의 소멸로 나아갔을 뿐이었지요.

도종환 ▌ 가령 홈페이지에 쓴 "나를 버려 주십시오"라는 글도 그런 맥락이었던 거지요.

한정숙 ▌ 네, 그게 수가 아니었지요.

도종환 ▌ 그걸 갖다가 평생 꼼수를 쓰면서 살았던 사람들은 이분이 무슨 수를 꾸미고 있다고 생각을 한 거지요. 『조선일보』는 '김대중 칼럼'을 통해 "이제는 진짜로 노무현을 버리자"고 했거든요.

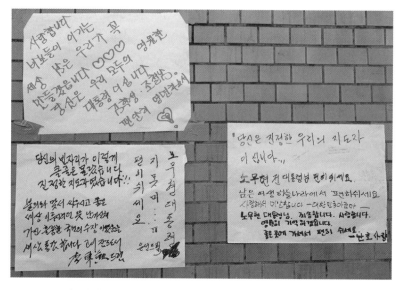

국민들이 기억하는 대통령 노무현.

한정숙 ┃ 막판에 몰렸을 때에도 BBK 사건이니 여러 가지 일에 대해서 전혀 아무런 언급도 하지 않았잖아요? 굉장히 과묵했어요.

도정일 ┃ 재임 시절에 노무현 전 대통령을 저평가했던 상당수 사람들의 의견은 학벌 시원치 않다, 말이 거칠다, 아무 소리나 펑펑 내뱉는다, 품위 없다, 천박하다 이런 것이었어요. 그런데 이번 사태를 겪으면서 많은 국민들이 알게 된 것은 이분이 굉장한 정신적 고결성을 가진 사람이었구나, 정직성의 수준이 상당히 높은 사람이었구나 하는 점이에요. 이런 점을 새롭게 알게 돼 재평가의 기회를 가질 수 있었습니다. 몇 달 동안 이분을 핍박했던 세력의 행동방식은 너무도 저열하고 잔인해서 극명한 대조를 보였어요. 서거 소식이 전해졌을 때 어떤 기자의 반응이 재밌습니다. '또 거사하셨구면.' 늘 꼼수를 쓰는 사람들의 관점에서 보면 이것이 그의 자살도 또 하나의 거사, 꼼수처럼 보였을 것입니다. 그런데 절대로 아니지요. 그럴 수는 없습니다.

한정숙 ┃ 그럴 수가 없어요. 그렇게 말하는 사람 중에 자결해본 사람 있습니까? 그건 아니지요.

김민웅 ┃ 그 앞에선 다른 어떤 말도 할 수 없는 거지요. 이렇게 얘기하다보면서 느끼는 건 노무현 전 대통령이 처음부터 그런 건 아니었는데, 진화의 과정이 꾸준히 있었던 것이 아닌가 싶습니다. 실지로 중요한 지점마다 기득권을 버리고 몸을 던지곤 했잖아요. 그러면서 그 몸을 던지는 수준 자체가 점점 높아졌지요.

그런 한편으로는, 본인이 나중에 술회하기를, 대통령 되고 나서는 말을 품위 있게 정제해서 했어야 하는데 그러지 못했다는 고백도 하고 있단 말이지요. 그런 부분에 대해서는 본인도 자성했던 부분이 있었던 것 같아요.

도정일 ┃ 자기 언어에 대해서 반성을 가장 많이 했던 것 같아요.

김민웅 ┃ 정신적 고결성도 저는 처음부터 만들어졌다고 생각하지 않고 일련의 과정을 거치며 엄청난 정신적 고투를 겪으면서 하나하나 정제돼갔던 것 같습니다. 퇴임 이후에 마을공동체 속에서 새로운 삶을 살겠다는 결단을 했던 것이고, 점차 새로운 방식의 인간과 지도자형으로 정화되는 과정이 있었습니다. 핍박과 고난을 겪으면서 급격하게 정치적 성장을 했던 것도 우리가 잘 알고 있는 사실이고요.

이 지점에서 반드시 짚고 넘어가야 할 것은, 아까 도종환 선생님도 말씀하셨습니다만, 이러다보면 자칫 한 개인을 과도하게 재평가하는 우를 또 범할 수 있다는 점입니다. 우리가 경험하고 비판했던 노무현과 서거 이후의 노무현, 이 두 사람은 긴장과 대립 관계에 있다고도 볼 수 있거든요. 이 점을 정리하는 것도 필요하다고 생각합니다.

노무현 전 대통령의 성과와 한계

한정숙 ❙ 제가 이 자리에 오기를 주저한 이유 중 하나도 서거하신 지 며칠 되지 않은 분을 두고 객관적으로 평가한다는 게 참 어렵지 않겠나 하는 생각 때문이었습니다. 열혈 지지자들은 따로 할 이야기가 있을 테고, 언론인들의 입장도 따로 있겠지만, 공부하는 사람으로서는 재임 시 정책에 대해 진지하게 성찰할 필요가 있다고 생각합니다.

김민웅 ❙ 서거 이후를 긍정적 차원에서 평가하는 얘기가 많이 나왔습니다만, 그것만 놓고 노무현 전 대통령 전체를 평가하는 것은 무리가 있을 수 있을 겁니다. 재임시절의 노무현과 그 이후의 노무현에 대한 이미지의 차이도 있는 것 같고요. 실제로 이명박 체제가 등장하게 되는 구조적인 연관관계를 보면 신자유주의 문제에 대한 자세라든가 이런 것들이 일정하게 연속성을 가지는 부분이 있다는 비판들도 있지요. 그가 재임 시에 만들었던 정책이 현재 고통의 원인이 된 부분도 없지 않다는 이야기도 나옵니다. 이런 것들도 좀 짚어나갈 필요가 있습니다.

2001년에 노무현 돌풍이라는 현상이 있었어요. 갑자기 부상한 정치인 노무현과 관련해서 '노무현 돌풍'이라는 글을 제가 『한겨레신문』에 쓴 적이 있었는데, 그때 기존의 특권 질서 타파와 서민들의 삶을 지켜나가는 것, 한반도 평화의 문제 등이 중요한 담론이 되었던 것 같아요. 그러한 기대가 취임 이후 일정하게 동력으로 작용을 했습니다만, 안타깝게도 그 이후에는 초심이라든가 진정성에 대한 문제도 제기되었고 그와는 별도로, 강고한 기득권 세력의 힘 또는 권력 자체가 갖고 있는 힘으로 해서 민중과의 소통에서의 약한 고리들이 생겨나면서 우리가 본래 기대했던 만큼의 모습을 재임시절에 보지 못했다는 아쉬움과 비판이 있었습니다.

그런 논란에 대해서 짚어야 할 부분을 짚어야만, 노무현 전 대통령 서거 이후에 나왔던 사람들의 마음속에 담겨져 있는 열망을 제대로 보고 끌어낼 수 있지 않을까 싶습니다. 또 하나는, 노무현 전 대통령 자신도 가치관의 입장에서 지키고 싶은 것이 있었겠지만 현실의 역부족으로 타협해버린 부분도 있었을 것 같습니다. 권력을 잡기 이전에 생각했던 것과는 달리 스스로 교정해버린 부분도 좀 있지 않았던가 싶고요. 그러다가 퇴임 이후에 마을공동체로 들어가서 자신의 구상을 새롭게 정비하는 시간을 가졌습니다. 노무현 전 대통령의 일종의 진화 과정에는 단계가 있었던 게 아닌가 하는 생각도 들어요.

도정일 ▮ 그분의 젊어서의 생각이나 행동 방식이 정치에 투신하고 대통령을 지내고 하는 사이에 서서히 진화과정을 밟아온 것은 사실이겠지요. 놀라운 것은, 그가 인권변호사로 몸을 던졌을 때부터 마지막 순간까지 평생 지키려고 했던 원칙과 가치를 우리 역사상 어떤 대통령보다도 강하게 가지고 있었다는 겁니다. 그 원칙과 가치, 노무현이 대변하고 있던 그것이 무엇인가 하는 문제, 우리 사회가 여전히 계승해야 할 어떠한 유산이고 자산인가 하는 문제를 짚어보는 작업이 필요합니다. 그건 재임기간의 업적 또는 정책적 실수 이런 것을 현실적으로 평가하는 작업과는 나누어서 해야 할 것 같아요. 다 잘한 것은 아니지만, 실수의 과정에도 불구하고 그가 일관되게 가진 비전이 있었고, 원칙과 신념과 가치를 가지고 있었다고 생각됩니다. 한국에서 어떻게 이런 정치인이 나올 수 있었을까 하는 놀라움마저 있습니다.

김민웅 ▎ 민주·진보·개혁 세력들, 서민들, 지지자들이 재임 초중반을 지나면서 이탈하기 시작했습니다. 그런데 서거 이후에 그 모든 세력을 통합하는 역전현상이 일어났습니다.

도종환 ▎ 이탈하게 된 대표적인 계기로 이라크 파병이 있었지요.

김민웅 ▎ 남북정상회담 특검부터 시작했던 것 같아요. 한반도 평화문제 해결에 노무현 대통령의 생각이 좀 달라진 것이 아닌가 하는 의문이 일었기 때문이었습니다. 한-미 FTA는 특히 논란이 치열했고요. 특검에 의한 분당, 파병, 이런 중요한 고비들이 있었습니다.

도종환 ▎ 진보진영에서는 아무리 우리가 뽑은 대통령이라도 야만적인 전쟁에 우리 젊은이들을 보낼 수는 없다, 용인할 수 없다 그랬지요. 지금도 저는 이라크 전쟁을 반대했던 제 입장이 잘못이라고 생각하지 않습니다. 앞으로도 그런 일이 또 있으면 반대해야 된다고 생각하고요. 문제는 그런 와중에, 비판적 지지를 하면서 반대했던 사람, 지지자들이 이탈하는 현상이 일어났습니다. 물론 그중에는 처음부터 싫었던 사람들도 있었겠지요. 내용적으로 좀 다른데, 그것이 혼재된 상황에서 이라크 파병이든 한-미 FTA든 반대 입장과 비판 기류가 훨씬 더 커지면서, 노무현이라면 무조건 욕해버리고, 어떤 안 좋은 일이 생기면 거기다 노무현을 덧붙이는 식의 일방적인 매도의 흐름도 있었어요. 그러다가 노무현을 좌파 신자유주의자로 낙인찍게 됩니다.

김민웅 ▎ "좌파 신자유주의"라는 말이 노무현 전 대통령 본인이 만든 말인가 아닌가

대형 현수막에 빼곡히 적혀있는 국민들의 마음.

에 대해 논란도 있었지요?

도종환 ┃ 그렇습니다만, 그 내용에는 오해의 소지가 있습니다. "내가 좌파 신자유주의다"라고 말한 것이 아니라, 좌우 양쪽으로부터 공격을 받으니까, 이쪽에서는 나를 좌파라 하고 저쪽에서는 신자유주의자라고 하니까 "그러면 내가 좌파 신자유주의라는 말이냐?"라고 반문한 것인데, 그 다음날부터 언론은 이 말을 "나는 좌파 신자유주의자라고 말했다"고 퍼뜨려나갔던 겁니다. 이 말이 갖고 있는 모순어법이 노무현의 모순 그 자체를 반영하는 것처럼 되었고, 그 뒤부터 "노무현은 좌파 신자유주의자"라는 낙인이 찍혔지요.

김민웅 ┃ 그 낙인 이전에도 노무현 전 대통령의 정책 내용 자체에서 모순된 부분이 있었던 것 아닌가요. 서민을 위한 정책, 남북화해의 적극성 이런 부분을 기대했지만, 실제로 남북관계를 풀어나가면서 특검과정에서 상처가 되는 부분이 있었습니다. 서민경제에서도 아파트값이 폭등하면서 좌절했던 부분이 있었지요. 또 한-미 FTA문제도 세계화를 이해하는 방식에서 신자유주의적 사고를 했던 것도 분명 있었고요. 스스로를 좌파 신자유주의자로 규정하지는 않았지만, 말로 내세우는 수사는 좌파적인데 정책 내용은 신자유주의화 되어버린 것 아닌가 싶은 정치적인 혼돈을 우리 사회가 경험했다고 봅니다.

도종환 ┃ 정치적으로나 사회 민주화와 관련해서는 좌파적인 생각, 좌파라고 규정할 수 있는 부분이 있었지만, 경제 면에서는 충분한 준비가 안 된 채 신자유주의의 흐름을 그대로 끌고 갈 수밖에 없는 책임자의 위치에 있었습니다. 그런 모순점이 분명 있지요. 그건 그것대로 평가가 돼야 한다고 생각하지만, 그 당시 "내가 좌파 신자유주의자란 말이냐?"라고 발언한 것을 두고 무조건 몰아붙이는 식이었습니다. 어떤 발언을 하거나 정책을 내놓았을 때 "그럼 같이 이야기해보자" 하는 것이 아니고, 대통령이 많은 사람들과 논쟁하고 토론하면서 하나의 방향을 잡아나가고자 하면서 뭘 던지면 비난이 돼 돌아오고 계속 좌절시키는 것이었지요. 그러다가 우군을 거의 잃어버렸고, 같은 편에 있었던 사람들조차 비판하고, "왼쪽 깜빡이 켜고 우회전하네"라고 비아냥거렸지요.

이라크 파병 문제에서 노무현 전 대통령이 보여준 한계는 그 개인의 한계인 동시에 우리나라의 한계, 우리들의 한계였습니다. 그런 점까지는 그 동안 누구도 인정하지 않았다고 봐요. 노무현 개인한테만 비난의 화살과 책임을 던져놓고 "우리는 아니다"라고 했지만, 그의 죽음 이후에 보니까 그의 한계에는 미국과의 관계와 분단된 국가로서의 우리의 한계도 있었습니다. 우리들의 현실적인 능력이라든가 여러 면에서 한계가 있었던 겁니다. 그걸 인정하지 않고 다 그의 탓으로만 돌렸던 것을 반성하게 되는 계기가 된 것이지요.

도정일 ┃ 노무현만이 아니라 역대 대통령들은 한국이, 한반도가, 한국사회가 처한 현실적 조건 속에서 움직였습니다. 어쩔 도리가 없습니다. 개인의 원칙이나 정신이 없어서가 아니라, 때로는 굽히고 타협하고 수정하지 않을 수 없는 조건이 강했지요. 한-미 FTA도 그런 것이었다고 생각합니다. 이라크 파병도 하고 싶어서 했다고는 생각되지 않습니다. 개인이었다면 취할 수 있었을 행동방식과, 대통령으로서 하지 않으면 안 되었던 명령 사이에서 굉장한 번민이 있었을 것입니다. 그러나 비판자들, 특히 그를 지지했던 진보진영 사람들로서는 이해하기 어려웠겠지요.

김민웅 ┃ 그러나 아쉬운 부분은 분명 있었던 것 같습니다. 국가적 한계로만 납득되지 않는 부분 말이지요. 예를 들어 부시의 이라크 침략전쟁에 동조해버린 결과라 할 파병 문제와 관련된 김선일 씨 납치사건은 충격을 주는 사건이었지요. 이 사건에 대한 정부의 반응이라든가, 또 한-미 FTA 같은 경우는 저쪽이 강요하는 선택이라기보다는 우리가 먼저 선택해버린 측면이 있었습니다. 이런 점들이 정책에 대한 해석을 둘러싸고 진보개혁진영과 노무현 전 대통령 사이에 틈이 벌어진 부분이었던 것 같아요.

한정숙 ▎ 저도 한-미 FTA를 시한을 정해놓고 급하게 체결하려 하는 데 반대했습니다만, 한-미 FTA를 둘러싸고서도 해석이 분분했지요. 노무현 전 대통령의 진보적인 정치인으로서의 진정성을 믿어주고자 했던 사람들 사이에서는, FTA를 개성공단과 맞바꾸고자 했던 것 아니냐는 의견이 있었습니다. 미국이 개성공단을 인정해주는 데 대한 대가로 FTA를 적극 추진한 것 아니냐는 추측이었지요.

김민웅 ▎ 향후에 한-미 FTA를 하는 것 자체는 혹시 필연적이라 할지라도, 순서와 절차에서 문제가 있었던 것 같습니다. 우리 자체적인 방어 시스템을 토대 위에 놓고 한다면 모르겠거니와 그것이 없는 상태에서는 위험했다고 봅니다. 동아시아지역 블록경제라는 토대가 형성되지 않았을 경우, 불리해질 수도 있고요. 또한 신자유주의 자본이 주도권을 갖는 장을 그대로 만들어주는 것이 문제가 된다는 논란이 있었습니다. FTA에 대한 무조건 반대가 아니라, 그것을 했을 때 내부경제가 엄청난 충격에 시달릴 텐데, 이 부분에 대한 정비를 하지 않는다면 나라 장래가 어렵지 않겠느냐 하는 것이었습니다. 그러나 이런 논란은 중심에 없었습니다.

한-미 FTA의 경우에는 기존의 경험과 현실이 있기 때문에 더더욱 그랬을 겁니다. 미국과 멕시코, 캐나다 사이에 이뤄진 NAFTA라든가, 라틴아메리카와의 관계에서처럼 미국보다 역량이 부족한 나라가 미국과 FTA를 맺었을 때 겪었던 일들은 가상이 아니라 진행 중인 현실이었습니다. 그 현실을 토대로 봤을 때 우려되는 부분이 있었지요. 당시 참여정부는 이 문제와 관련해서 소통의 폭을 심화시키거나 확대시키는 데 소극적이었고, 진보진영은 이 점을 비판했습니다.

아까 도종환 선생님께서 우리의 한계도 있었다고 하셨는데, "공유하는 책임"의 부분에는 동의할 수 있지만 노무현 전 대통령 자신의 책임과 그 한 계도 동시에 생각해봐야 하는 것이 아닌가 합니다. 노무현 전 대통령은 예를 들어 검사들과의 대화 등을 통해 사람들과 소통 기회나 무대를 넓히려 했지만, 권력 자체가 만들어버리는 소통에서의 한계나 자기도 모르게 생기는 독선의 문제도 시간이 지나면서 다소 있지 않았나 싶습니다. 이런 것들이 민주적 장치에 의해서 끊임없이 견제 받고 충격 받고 도전받고 하는 절차는 너무도 당연했던 것 아닐까요. 노무현 전 대통령도 완벽할 수는 없으니까, 그런 차원에서는 우리가 나중을 생각하더라도 중요한 교훈으로 남는 것 아닌가 싶어요.

도종환 ┃ 저는 지난 참여정부가 경제 부분에서는 준비가 덜 된 채 집권을 한 측면이 있었다고 봐요. 사회 민주화 문제에 대한 역량과 인적자원은 있었지만, 어떻게 경제를 민주화하고 신자유주의 흐름을 막아내면서 끌고 갈 것인가에 대한 준비는 부족했습니다. 경제 부분을 보수적인 관료들에 맡기고 자유화의 흐름으로 가게 만들었습니다. 자유화가 민주화인 것으로 생각할 정도로 준비가 없었고, 인적자원이 부족했다고 생각해요.

대통령의 입에서 "이제 권력은 시장으로 넘어갔다" 이런 말이 나올 정도였지요. 권력을 시장에게 넘겨주라고 우리가 대통령한테 권력을 위임한 건 아니었거든요. 적절히 조절하고 통제하면서 서민경제를 제대로 끌고 가라고 권력을 준 건데. 퇴임 이후 그런 점에 대해 생각하고 고민하고 다시 공부하신다는 얘길 들었습니다.

김민웅 ┃ 준비 부족도 있었지만, 인식의 문제는 없었던가 하는 생각도 좀 듭니다. 인식이 달라졌거나 판단에 오류가 있었던 부분은 없었을까요. 향후 노무현이라는 정치적 상징이 만들어낸 가치를 실현할 때에, 노무현 재임 당시의 실패가 되풀이되지 않고, 이 가치가 그런 능력이나 인식에서의 차이 때문에 훼손되지 않게 하기 위해서라도, 이 부분을 보완해서 새로운 시대를 만드는 데 중요한 힘으로 삼아야 하지 않겠습니까. 그런 차원에서 말씀드리고 싶은 겁니다.

한정숙 ▮ 정치인으로서의 노무현에 대한 평가와 관련해서 말씀드리자면, 이분이 퇴임 직후 고향에 내려가서 운동장에서 주민 환영대회를 열었습니다. 그때 자신의 가장 큰 업적은 "대통령에 당선된 것"이라고 얘기하더군요. 일리 있는 말이었어요. 사회의 비주류로서, 고졸자로서 한국에서 대통령에 당선된 것 자체가 역사적인 사건이었다는 뜻이지요. 인간 노무현은 사람들에게 감동을 주었기 때문에 대통령직에 올라갈 수 있었고, 그 자체가 업적이었습니다. 그리고 무사히 임기를 마치고 퇴임을 하고 귀향을 했다는 것도 두 번째 큰 업적이었지요. 그것도 참 좋은 모습이었어요.

공을 몇 가지 얘기하자면, 노대통령은 민주주의자이고 역사의식이 있는 분이었습니다. 인권과 민주주의의 신장에 큰 기여를 했다고 봅니다. 과거사 정리를 할 수 있게끔 제도적으로 보장해주었던 것도 굉장히 큰 업적이었다고 생각합니다. 이 작업을 통해 묻혀 있던 진실들이 밝혀지고, 현대사의 과정 속에서 거대한 권력에 의해 부당한 대우를 받았던 분들이 그 개인적 삶의 의미를 바로잡을 수 있는 기회를 가지는 것, 그래서 자기 삶에 대해 떳떳한 태도를 가질 수 있게 되는 것은 정말 필요한 일이었다고 봅니다. 그것은 정치공동체가 구성원들을 포용한다고 하는 원칙과도 결부돼 있었다고 생각합니다.

정책상의 과오와는 전혀 별개로, 이분에 대한 일반인들의 이미지를 좌우한 요소 가운데 하나가 재임 중에 독특한 어법을 구사했다는 점인데, 저는 사실 이분의 어법을 이해할 수 있습니다. 그런데 사람에 따라서 그런 것을 수용하는 방식은 참 다릅니다. 대학시절 강의시간에 국문과 교수 한 분이 김수영 시인의 시에 쓰인 저항적 표현이나 비속어 등을 신랄히 비판하는 것을 들은 적이 있어요. 지금까지 기억에 남아 있는 것을 보면 그 비판이 제 마음에 참 충격적이었나 봐요. 하지만 괴테의 『파우스트』 같은 작품에도 비속어가 많이 쓰이고 있지요. 그러고 보면 노대통령이 시인이나 문인이었으면 문제가 없었을 구절도 대통령이었기에 문제가 된 경우도 있는 것 같네요. 반대자들이 노무현 대통령의 어법을 문제삼은 것 자체가 대단히 정치적인 성격을 가진 것이지요. 노대통령 자신도 반대세력에게서 너무 심한 공격을 받으니까 과민해지는 모습을 보일 때도 있었는데, 그러고 보면 대통령이란 자리 자체가 그런 것 같기도 합니다.

또 다른 하나는, 역시 이분의 마지막과도 연결이 되는 겁니다. 친형을 비롯해서 주변 사람들의 도덕성 문제를 규제하고 엄정하게 통제하는 일이 참 뜻대로 되지 않았던 것 같아요. 취임 초기부터 불거졌던 문제였잖아요. 그런데 그걸 개인이 책임지는 걸로, 내가 대통령직 버리겠다는 식으로 대처했는데, 과도하게 방어적이었다고도 볼 수가 있습니다. 안타까운 일이지요.

바보의 숭고함과 위대함

김민웅 ┃ 재임시절에 특히 공격받았던 것 중 하나가 품위, 품격 문제였던 것 같아요. 주류가 비주류를 공격할 때 사용하는 언어이기도 했지만, 지지하는 비주류 내부에서도 논란이 없었던 게 아니에요.

도정일 ┃ 스타일이라면 스타일이고 개성이라면 개성인데, 아까 말씀하신 것처럼 큰 문제도 아닌데 과도한 공격을 하고 나선다는 것은 율사의 버릇, 변호사의 버릇이지요. 율사들에게는 법정에서처럼 내가 상대방을 논리적으로 이론적으로 제압할 수 있어야 한다는 일종의 강박이 있는 것 같아요. 어떤 직업이 만들어놓은 태도나 습관 같은 것과 정책을 혼동하면 안 됩니다. 다만 그 스타일이 좀 과도하게 공격적 성향으로 비춰질 수도 있었던 것 같습니다. 품격을 중시하는 사람들, 특히 보수진영 사람들의 심경을 감각적으로

우직하게 자기 원칙에 충실했던 그를 사람들은 '바보'라고 했다.

감성적으로 건드려서 저 사람은 아주 천박한 인간이다, 이렇게 손가락질 하는 데 기여한 부분이 있는 것 같아요.

게다가 부산, 김해, 마산 일대의 독특한 말버릇도 좀 고려할 필요가 있습니다. 노대통령은 김해 출신이고, 부산에서 고등학교를 나왔지요. 저도 부산 출신이지만, 과거 그의 언동 스타일을 보면 부산 촌놈 티를 저렇게 잘 낼 수 있을까 싶었어요. 예를 들면 작전통제권 문제를 가지고 이분이 한번 격분해서 작통권 이관 반대를 한 퇴역장성들을 몰아붙인 장면이 있습니다. 우리가 언제까지 자주국방 포기하고, 언제까지 미국 사람들 바짓가랑이 잡고 형님, 형님 이렇게 매달릴 거냐, 이랬단 말이지요. 술자리에서 할 법한 직설적 표현을 거리낌없이 하니까, 우파나 보수 정치인들은 뭐 저런 사람이 있나 싶었겠지요.

그런데 그런 어투나 표현은 부산 사람들이 보면 전혀 이상하지 않거든요. 부산은 속마음을 확 쏟아놓는 욕 동네거든요. 아주 시원하고 솔직합니다. 꼬불꼬불 돌려서 말하고 완곡하게 표현하는 게 아니라 직선적이고 직설적으로 표현합니다. 물론 지역적인 퍼스낼러티라고만 말하는 것은 틀림없이 오류일 테지만, 그러나 대구 경북 쪽 퍼스낼러티와는 참 다른 데가 있어요. 감추거나 모호하게 돌리지 않아요. 그는 하고 싶은 말을 있는 대로 쏟아내 버렸지요. 상당히 과격한 언사도 있었고요.

김민웅 ▎ 지역적, 직업적 특성이라 하더라도, 사람들은 "대통령인데"라는 단서를 앞에 붙입니다. 이 부분에서 품격 논란이 있었던 것 같아요.

도정일 ▎ 아까 '역전'이라는 말을 쓰셨습니다만, 보수계 인사들이 노무현 전 대통령은 천박하다, 품위 없다, 천골이다 이렇게 몰아붙였습니다. 그런데 우리가 지금 재평가해야 할 중요한 항목이 뭔가 하면, 그가 외관상 보인 것과는 반대로 우리 정치지도자들 가운데 어느 쪽이 정신적인 고결성이나 진정성, 진솔함, 정직함 같은 높은 도덕성과 정신의 높은 능력을 더 가지고 있었는가 하는 점입니다. 이렇게 보면 지금 형국이 반전돼버렸어요. 점잖게 말하던 자들이 오히려 가짜 품격이고 비열한 자들처럼 비치고, 비천하게 말하는 것 같았던 노무현 전 대통령 쪽의 어투와 태도는 오히려 정직하고 솔직했던 것으로 자리가 뒤바뀝니다. 많은 국민들이 노무현 전 대통령의 죽음에 애도를 표한 것도 그가 겉보기와는 다르게 갖고 속으로 간직하고 있었던 높은 미덕에 대한 그리움 때문입니다.

김민웅 ▎ 자연스럽게 논의가 '바보론' 얘기로 이어지겠네요. 품격에 대한 고정 기준이 있었던 것 같습니다. 스타일은 이래야 한다고 생각을 했는데, 사는 모습이나 행태에서는 뒤에서, 말하자면 호박씨 까는 형태로 문제를 푸는 자들이 있었지요.

도정일 ▎ 그렇지요. 악취 풍기는 품격.

김민웅 ▎ 노무현 전 대통령의 경우, 스타일 자체는 거칠지만 실제로 진행했던 내용은 그렇지 않았다고 하는, 역전의 관계를 보여줬습니다. 그런데 재임 시절에 공격당한 부분인 품격 부분과 함께 '바보론'이 서거 이후 등장했습니다. 본인도 제일 좋아하는 별명이라고 하시던데, 이 사회에서 주류로부터 비주류가 당했던 고통이 한으로만 남지 않고, 주류는 도저히 생각할 수 없는 방식을 언제나 선택해왔던 것이 주류의 세계에서는 바보처럼 보이지만, 그리고 비주류 사람들도 저렇게까지 해서 될까 생각해서 선뜻 선택하지 못했던 것이 결과적으로 옳았다는, '바보론'에 대한 새로운 평가가 있는 것 같습니다.

도정일 ▎ 문학에서는 '바보'가 아주 위대한 존재입니다. 문학은 바보에 대한 말할 수 없는 그리움을 곧잘 표현합니다. 사람들이 저 바보, 저 멍청이 하고 늘 손가락질하던 그 동네 바보가 알고 보니 가장 인간적이었고, 멍청해보이면서 고결했고 순수한 영혼이었다는 것을 보여주는 그런 경우지요. 바보의 숭고성입니다. 그래서 문학에는 이른바 '성스러운 바보'(holy fool)라는 캐릭터가 있습니다.

김민웅 ㅣ 김수환 추기경도 바보라는 별명을 가졌지요. 우리는 최근 두 사람의 바보를 경험한 시대를 산 셈이 되었습니다.

도정일 ㅣ 영악하고 영리하게 타산적으로 잘 처신한다거나 이익을 잘 챙긴다거나 이러지 못하는 사람은 바보 취급을 받지요. 자기 아이들이 그런 바보로 자랄까봐 두려워하는 게 지금 사회거든요. 바보의 인간적인 의미가 한참 평가 절하된 시대인데, 그런 아주 드물디 드문, 바보만이 가질 수 있는 우직함과 원칙에 대한 헌신을 유지했던 것이 노무현 캐릭터의 독특한 점입니다.

이건 사실 초기부터 사람들이 인정했던 부분입니다. 부산에 가면 떨어질 게 뻔한데, 한 번 나오고 또 두 번 세 번 나가서 계속 떨어지면서도 자기 원칙을 지켜내기 위해 도전했던 그 바보스러움, 그 우직함에 대한 평가가 있었습니다. 거기에 더해 바보만이 가질 수 있는 순수함과 고결함에 대한 뒤늦은 인정이 이뤄지고 있습니다.

김민웅 ㅣ 이명박 체제의 등장 과정에서 가장 강력한 동인이 되었던 것은 사회과학자들이 말하는 이른바 '욕망의 정치'였습니다. 역사의 정의나 올바른 길도 다 좋겠지만, 그것만으로는 못 먹고 산다, 그래서 욕망의 정치라는 형태로 이 시스템, 이 권력을 선택했다는 말이지요. 그런데 그의 죽음 이후에 '바보'라고 집약되는 일련의 문제에 대해 눈뜨게 됩니다.

도정일 ㅣ 노무현이라는 정치인의 발견보다는 인간의 발견이었던 셈이지요.

도종환 ㅣ 노무현 전 대통령 앞에 바보, 김수환 추기경님 앞에 바보, 그렇지만 원조 바보는 온달입니다. 역사 속에서 '바보'라고 불렸던 삶의 공통점은 나에게 이익이 되느냐 안 되느냐의 관점으로 삶의 방향을 정하지 않는다는 거지요. 어떤 것이 옳고 바른 길이냐가 더 중요해요. 그래서 어려움이 따르고 고난이 따르지만 그 길을 간다는 겁니다. 떨어질 줄 알지만 지역정치를 깨

야 하니 또 그곳에서 선거에 나가는 거지요. 추기경님도 존경받으며 가만
계셔도 되지만 불의에 저항하셨지요. 참으로 어려운 그 길을 마다하지 않
고 택하는 분들을 우리는 바보라고 부릅니다. 온달도 왕의 사위이니 궁 안
에서 권력투쟁이나 자리다툼이나 하면 되지요. 그런데 거길 버리고 늘 최
전선으로 가 있었고, 결국 거기서 싸우다 죽었어요.

'바보' 소리 듣는 사람들은 자기 생애를 다 던져 옳다고 믿는 것들을 추구
하는 특성이 있지요. 그런데 이 땅의 똑똑하다는 주류들은 항상 나한테 이
익이 되느냐 안 되느냐의 관점에서 삶의 방향을 결정하고, 늘 이로움이 되
는 편을 선택했어요. 나라가 식민지가 되든지, 분단이 되든 간에 나한테
이로움이 되면 그쪽을 택하는 거지요. 『맹자』의 맨 처음에 보면, "선생께
서 나한테 오셨으니까 어떤 이로움이 있겠습니까" 하고 왕이 맹자에게 묻
자, "어찌 이로움을 먼저 따지느냐. 나는 당신에게 이로움을 주려고 온 것
이 아니다. 옳음에 대해 이야기하러 왔다"(孟子對曰, 王何必曰利, 亦有仁義
而已矣)고 맹자가 답하지요. 우리가 전통적으로 가지고 있는 선비정신에
이것이 들어 있습니다. 이것이 삶의 원칙이 돼야 합니다. 이 정부는 '욕망
의 정치'를 하려는 것이고, 너희들에게 이로움을 주겠다면서 표를 얻어갔
지요. 이것이 사회의 토대가 되게 하려고 했던 건데, 그 허상들이 다 드러
나서 분명하게 대비가 되는 겁니다. 바보 속에 삶의 중요한 가치들이 있었
고 우리가 지향해야 할 삶의 방향들이 들어있었다는 것을 확인하게 되는
겁니다.

김민웅 ❚ 톨스토이의 '바보 이반' 이야기도 나오잖아요. 한 교수님, 서양역사 속
에서의 바보론을 우리가 지금 경험하는 바보론과 정리해볼 고리가 있을
까요.

한정숙 ❚ 이 자리에서 통사적으로 살펴보기는 어렵지만, 문학 쪽에서는 그러한 캐
릭터들이 분명 있습니다. 성스럽고 현명한 바보 말씀이지요. 『리어 왕』 속

에서 어릿광대는 거리낌없이 왕후장상을 조롱하고 그들의 위선을 꾸짖지만, 광야를 헤매는 미친 리어 왕을 끝까지 수행해준 유일한 사람이었지요. 바보 취급 받았던 그 어릿광대가 말입니다. 이 사람은 사회 상층에 대한 공격의 요소도 가지고 있지만, 일신상의 위험과 불편함을 무릅쓰고 끝까지 신의를 지키는 존재였습니다. 그렇게 원칙을 지키고 신의를 지키는 존재로서의 바보에 대한 존경은 문학에는 참 많았던 것 같습니다.

러시아에서는 '바보 성인'이라는 존재가 역사상에서 따로 유형화되어 있습니다. 러시아정교에서 보이는 특징적인 현상입니다. 이들은 문자 그대로 바보, 백치 취급을 받지만, 가장 고결한 정신적인 가치를 내면에 지니고 있다고 여겨집니다. 겉으로는 바보 같고 거지 생활을 하지만, 그 내면에는 신의 목소리를 들을 정도의 영적인 능력을 가지고 있습니다. 그래서 거지 성인, 백치 성인들을 통치자들도 두려워했어요.

김민웅 ┃ 통치자들이 두려워한다는 것은 민중들이 그 바보 성인들을 존경했다는 말씀이군요. 특이한 일인데, 살아있을 때도 그런 존경을 받았습니까?

한정숙 ┃ 바보 성일들은 살아 있을 때도 특수한 의미에서 존경받는 존재였지요. 바보 성인들은 통치자를 향해 꾸짖는 역할도 했습니다. 일종의 예언자적 전통을 보여주는데, 러시아에서는 그런 인물들에 대한 존경의 전통이 있어요. '바보 이반'에서처럼 문학작품 속에 형상화돼 있는 바보의 모습도 있습니다. 도스토예프스키의 『백치』도 마찬가지 경우고요. 세상의 이익에 대해서 영혼의 고귀함을 지키는 존재, 이런 인물이 있는 겁니다. 이처럼 정신사적으로 보면 바보가 상징하는 내면의 진실성과 진실의 힘에 대한 갈망이 늘 있는 것 같습니다.

김민웅 ┃ 노무현 대통령의 서거는 우리 사회에서 바로 그런 감동을 만들어준 굉장히 중요한 계기였던 것 같아요. 우리가 어떻게 살아갈 것인가 하는 가치관의 문제에 대해 새롭게 성찰하도록 했고 말입니다.

도정일 ┃ 우리만의 문화적 특성은 아니고, 러시아 얘기를 하셨지만, 유대 전통, 서
유럽 전통에도 그런 게 있습니다. 문학의 큰 작가들에게는 보이지 않게 야
심 비슷한 것이 있습니다. 내가 죽기 전에 바보 이야기는 꼭 하나 써야 하
는데, 그런 소망 같은 게 있습니다. 작가들이 마음에 담아두고 있다가 언
젠가 소설로 꼭 창조하고 싶은 인물은 궁극적으로 바보일 것이라고 저는
생각합니다. 바보는 가장 인간적인 것의 귀결점이니까. 그래서 바보 소설
을 실제로 썼든 못 썼든 간에, 쓰려고 마음먹었다가도 결국 못 쓴 사람들
도 있습니다만, 그런 사람들은 평소 작중 인물들 속에 바보의 모습을 집어
넣습니다.

노무현은 소설 속 캐릭터는 아니지만, 우리가 문화적으로 한 단계, 두 단
계 높아지는 상승의 경험을 하게 했다는 점에서, 정치적 이유를 떠나 저는
문화적으로 이 사람의 그 바보성을 높이 평가하고 싶습니다.

도종환 ┃ 바보적인 천성을 가지고 있지만 국민들이 그를 따르고 있으면 권력은 두
려워하거든요. 아까 말씀하셨듯이 어느 시대에나 똑같습니다. 바보 같은
짓을 하고 있어도 국민들이 그를 따르고 추앙한다면, 예수를 비롯해서 권
력이 그것을 그대로 둔 적이 없습니다.

노무현 전 대통령은 퇴임 이후에 도리어 더 많은 사람들이 찾아가고, 봉하
마을이 관광지화되는 것처럼 비쳐지기도 했습니다. 어린 손녀딸을 자전거
뒤에 태우고 논길을 달리는 모습도 보았지요. 옛날 신동엽 시인이 「산문시
1」이라는 시에서 이상적인 사회를 그려보았는데, 그 마지막 구절에 대통
령이 자전거 뒤에 막걸리 병을 싣고 시인의 집에 놀러가는 장면이 나오거
든요. 다 기억하시잖아요?

그렇게 꿈꾸던 것, 현실에서는 불가능하지만 문학적으로 꿈꾸던 것이 현
실의 어느 부분에서 드러나 보이는 것이 권력의 눈에는 아주 못마땅하게
비쳤을 거예요. 그냥 둘 수 없다 생각했을 것이고, 그래서 국세청도 동원

밀짚모자에 웃는 얼굴, 어린 손녀딸을 자전거 뒤에 태우고 논길을 달리는 모습.
역대 어떤 대통령도 보여주지 못한 것을 노무현은 보여주었다.

하고, 검찰도 동원하고, 또 언론도 동원하고 해서 완전히 파국으로 몰아갔습니다. 진보라든가 너희들이 좋아하는 사람의 삶도 우리와 별 차이 없이 이렇게 부패하고 타락한 것임을 만천하에 드러내 보이고 싶어 했지요. 어느 정도 선까지는 달성하고 있다고 생각을 했겠지요. 자기들 내부에서도 너무 심한 것 아니냐 하는 발언이 나올 정도까지 계속 몰아붙였는데, 결국은 벼랑까지 갔지요. 당사자가 몸을 벼랑에서 던짐으로써 극적 반전이 이뤄졌고 이것이 많은 사람들로 하여금 다시 성찰하게 하는 계기를 만들었습니다.

김민웅 ▎ 자기들이 현명하다고 생각했는데 진짜 바보가 돼버렸지요. 바보라고 생각했던 존재가 사실은 역사의 진실에 가장 충실했던 존재로 바뀌는 현상이 일어났고요. 이런 점들을 더 얘기해보고 싶습니다. 문화적인 현상으로 나타났다고도 얘기할 수도 있겠지만, 사실은 우리 사회에서 지향하는 가치에 대한 논란이 새롭게 시작될 수 있을 것 같아요. 신자유주의 체제, 자본주의 체제에서 아주 명민하게 길러지는 세대가 있고, 이런 가치관을 지닌 지도자들이 있지요. 시민들 자체가 그렇게 삶을 선택해버립니다.

우리 사회에서 위기나 어려움을 생각할 때는 근본적인 성찰이 부족하다는 얘기를 늘 하잖아요. 그러나 이 사건을 통해서 지난 역사 속에서 또 다양한 문화 속에서 나타났던 바보의 진실에 대해 눈을 뜨게 되고, 교육·철학·문학·문화·정치 모든 영역에서 근본적인 잣대의 변화를 보게 되는 것 같습니다. 그럼에도 다른 한편으로는 추모 기간이 지나고 난 다음에 이 죽음의 의미를 폄하하고 훼손하려는 움직임도 분명히 존재하고 있어요. 숨죽여 있던 목소리도 나타나요. 그 의미를 심화시키는 작업 자체를 해체시키고 무너뜨리고 공격하려는 움직임이 있다고 저는 봅니다. 일종의 기억의 투쟁 같은 일들이 벌어질 것 같아요. 한국사회에서 근본적인 성찰로 가는 길목이 열렸다고 한다면, 이 지점에서 찾아야 하고 정리해야 할 가치들을 엮어서 이야기해봤으면 합니다.

노무현이 남긴 유산

도정일 ▌노무현 전 대통령은, 그 이전에 김대중 대통령도 그랬지만, 우리 사회를 민주주의 원칙과 가치에 봉헌된 사회로 만들고자 했습니다. 그는 확고한 정치 플랜을 가지고 있었던 사람이었어요. 우리가 그에 대해서 재평가하고 우리 사회가 계승할 것을 찾아내야 한다면, 그건 바로 민주주의에 대한 그의 헌신일 것입니다. 좌든 우든 누구도 거부할 수 없는 어떤 공통의 가치를 대표한다는 점에서 그렇습니다. 좌파 사람들이기 때문에, 진보이기 때문에 그렇게 생각한다고 밀어붙이는 건 잘못입니다. 그는 근대국가를 수립한 이후 5, 60년의 정치사 가운데서 우리 사회가 배출할 수 있었던, 민주주의에 대한 높은 헌신을 가졌던 정치지도자였어요. 우리가 다시 평가하고 계승할 것은 바로 그 점일 것입니다.

여기 좀더 보태야 할 것이 있다면, 민주주의 원칙에 투철한 사회, 다시 말하면 시민사회라고 부르는 그런 사회만으로는 노무현 전 대통령이 퇴임 후에 내세운 '사람 사는 세상'을 만들기 어렵다고 저는 생각합니다. 민주주의 사회는 고도의 이성적이고 합리적인 사회, 그러니까 이성과 합리성이 가장 중요한 시민의 덕목으로 챙겨져 있어야 하는 그런 사회입니다. 그런데 사회는 그런 덕목만으로 잘 움직여질 수 있는 것은 아니거든요. 무엇이 필요하냐면, 사람들이 함께 만나서 오순도순 따스하게 살 수 있는 마을이나 공동체 같은 것, 이웃 같은 사회를 만드는 일이 필요하다는 겁니다.

그래서 저는 근대 서구의 발전경로가 보여주듯이 민주적 시민사회를 실현하는 것은 우리에게 분명 중요한 과제이고 목표여야 하지만, 그것만으로는 안 될 것이라고 봅니다. 공동체적인 성격을 가진 사회, 이웃들로 만들어지는 그런 인간적인 따스함이 없이는, 돌봄과 배려, 신뢰가 높은 사회를

" 공동체적인 성격을 가진 사회, 이웃들로 만들어지는 인간적인 따스함이 없이는, 돌봄과 배려, 신뢰가 높은 사회를 동시에 지향하지 않고서는 노무현 전 대통령이 퇴임 후에 내세운 좋은 사회, '사람 사는 사회'를 만들기 어려울 것입니다. "

" 노무현 전 대통령의 죽음 앞에 눈물 흘린 사람들이 용
산참사의 희생자들을 비롯해서 무수한 노동자들의 아
픔까지도 우리의 문제로 껴안게 될 때, 자본의 논리,
권력의 행패를 막아내면서 사람다운 삶을 지켜낼 수
있는 힘이 솟아나오지 않겠는가 합니다. "

동시에 지향하지 않고서는, 시민사회의 정립만으로 좋은 사회, 사람 사는 사회를 만들기는 어려울 것이다, 그런 생각을 하고 있습니다. 노무현 전 대통령은 재임시절에 민주주의 사회를 만들기 위해 열심히 노력했고, 퇴임 후에는 이 공동체 마을 같은 세상을 만들고자 하는 꿈을 펼치려 했던 게 아닌가 생각해봅니다.

김민웅 ┃ 그 말씀을 받아서 생각을 해보면, 아까 제가 추모의 장면과 풍경을 보며 우리나라가 마을과 같다, 인간에 대한 회복, 마을공동체의 회복에 대한 주제를 생각했습니다만, 지금 얘기하신 것과 마찬가지로 이번에 눈물을 쏟고 했던 우리의 공동 체험은 또 하나 중요한 가치를 복구시키는 과정이 된 것 같습니다.

도정일 ┃ 지금 말씀하진 인간과 공동체 회복, 이 두 가지가 계승해야 할 유산이다 그렇게 생각합니다.

김민웅 ┃ 이념지향의 가치관에 대한 이야기가 많이 나올 수 있을 것 같은데, 특히 그 동안 도시화, 산업화 과정에서 우리 사회가 제거당한 게 있는 것 같아요. 남들의 아픔에 같이 울고 아파하고 껴안고 하는 일종의 정서적 유대감을 제거당해 왔던 것 같아요.

도정일 ┃ 공감의 사회, 공감의 국가를 잃어버렸지요.

김민웅 ┃ 이전에 1960년대만 해도, 기억나시겠지만, 인정이 많다는 말이 쓰이곤 했는데 그 말이 없어졌거든요. 같이 아파하고 눈물 흘리고 끌어안고 도와주고 하는 이런 정서적 유대를 복구시키는 교육과 훈련과 철학이 훨씬 중심에 있어야 되는 것 아닐까 합니다. 아프고 힘들어 하는 이들을 서로 품고 살아가는, 그런 정서를 같이 나눌 수 있는 경험들을 보다 많이 가져야 할 것 같습니다. 교육도 그렇고 문화도 그렇고. 상대방이 아프면 나도 같이 아파진다. 그래서 하나 추가해서 언급하고 싶은 것은, 노무현 전 대통령의 죽음 앞에 눈물 흘린 사람들이 용산참사의 희생자들을 비롯해서 무수한 노동자들의 아픔까지도 우리의 문제로 껴안게 될 때, 자본의 논리라든가 권력의 행패라든가 이런 걸 막아내면서 사람다운 삶을 지켜내고 함께 갈 수 있는 힘이 안에서 솟아나오지 않겠는가 합니다. 눈물을 흘렸던 이 부분은 그래서 소중한 의미를 갖는 것 같아요. 함께 슬퍼할 수 있는 능력을 잃어버렸다가 되찾은 느낌입니다. 이젠 그걸 우리가 겪고 있는 보다 절박한 문제들 모두와 만나게 하는 힘으로 승화시켜나갈 수 있었으면 합니다.

도종환 ▌ 투신으로 몸이 바위에 부딪치면서 뼈가 조각조각 났잖아요. 이 모습을 지켜보면서 노무현이라는 이름을 통해 추구하고자 했던 그 가치들이 산산조각 나고 있다는 것을 상징적으로 보여준다는 생각을 했어요. 어떤 형태로든 후퇴할 수 없는 중요한 가치 중의 하나인 민주주의가 저렇게 박살나고 있구나, 조각조각 나고 있구나, 평화로운 나라를 이룩하고자 하는 간절한 소망도, 한반도의 평화도 금이 가고 있구나 하는 생각을 했어요. 또 지역에 사는 사람들은 지역균형발전을 참 소중하게 생각하는데, 이런 것들이 현 정부 들어서면서 다 거꾸로 갔잖아요. 민주주의, 한반도 평화, 지역균형발전 이런 것들이 다 원위치가 되면서 역주행하고 있어요. 불의에 타협하지 않아도 성공할 수 있다는 증거를 보여주는 삶을 살고 싶다고 했고, 실제로 노무현이라는 한 개인의 삶은 그런 삶이었는데, 정의로운 역사를 함께 만들어나가는 삶, 그러한 가치가 저렇게 부서지고 말았구나, 저렇게 피 흘리며 죽어가게 만들었구나, 이건 상징적인 것에 더해 현실이지요. 그 생각을 하며 시를 쓰는데 눈물이 나더군요.

우리는 이 소중한 걸 잃어버리고 있었고, 놓치고 있었어요. 선거 전에 진보진영에서 이런 이야기를 했거든요. 설령 정권이 바뀌더라도 10년 동안 해온 게 있으니 쉽게 무너지거나 흔들리지 않을 거라고. 1년 반 사이에 이렇게 다 무너지는 것을 눈으로 확인하면서, 우리가 그때 얼마나 안이했던가 하고 반성하게 되었지요. 눈물 속에 그런 것들이 들어가 있습니다. 이걸 지켰어야 했는데 우리는 노무현에게 모두 던져놓고 물러서서 관전평이나 하고 있었구나, 그러다 잃어버렸구나, 이런 생각들을 하면서 정말 이 가치들이 소중하다는 것을 다시 한 번 생각하게 되었던 것 같습니다.

한정숙 ┃ 앞에서 노대통령 재임 시 정치적 노선에 대한 제 생각을 다 말씀드리지는 못했는데, 이분은 확고한 민주주의자임이 분명하고 인권의 옹호자이며 그것을 신장시켰지만, 경제적인 면에서 봤을 때 유럽적인 기준에서는 오히려 자유주의자에 가까운 면도 있었어요. 어떤 부분에서는 시민혁명기에 절대권력과 맞서던 자유주의자를 연상시킨다고 할까. 그래서 사상의 자유, 양심의 자유, 집회와 결사의 자유, 이런 모든 자유를 보장해주는 동시에 시장의 자유도 보장해주는 쪽으로 나아갔던 것 같아요. 부동산 문제에서도 아파트 분양가 원가 공개에 반대했잖아요. 그랬는데도 그는 자유주의자였지만, 한국적인 정치지형에서 좌파로 몰렸던 겁니다.

한–미 FTA를 추진했던 것도, 어떤 면에서 보면 본인이 경제적인 면에서는 전문가가 아니기도 했고, 또 주변의 조언자가 한–미 FTA의 여러 장점에 대해 강력하게 조언하는 것을 보고 완전히 확신을 가지게 돼 임기 내에 추진하겠다고 생각하고 끝까지 밀고 나아가려 했던 면이 있는 것 같습니다. 하지만 사회정책에서는 사회복지의 확대에 신경을 쓰고자 했던 것도 사실이지요. 여하튼 노무현 대통령은 한국사회에서는 민주주의 신장이라는 측면에서 큰 역할을 했습니다. 그 민주주의를 신장하기 위해서 이분이 다른 사회성원들을 극우 세력의 공격으로부터 막아주었던 것 같습니다. 자기의 온몸으로 모든 공격을 받아내면서 이 사회를 지켜주었지요. 그 공격은 끝까지 가해졌고 결국은 죽음으로 이어졌습니다. 그런 면에서 본다면 정치적인 노선에 대한 평가가 아주 다양할 수 있으리라고 생각됩니다.

저는 이분이 민족화해 정책을 일관성 있게 밀고 나아가려고 했던 것도 높게 평가합니다. 이것은 북한 정권을 어떻게 생각하는가, 북한 인권을 어떻게 생각하는가 하는 것과는 별개의 문제입니다. 지금 북한에 대해 대립, 봉쇄정책을 쓰고 있지만 그렇다고 해서 북한 인권이 개선되고 있습니까? 오히려 외부와의 교류가 줄어들고 북한 사회가 더 경직되면서 인권상황이 악화되고 있는지도 모르지 않습니까? 여하간 북한에 대해 알 기회도 줄어들고 있는 것이지요.

이런저런 것을 볼 때, 어떤 구체적인 정책 혹은 분야에 초점을 맞추는가에 따라 노무현 대통령의 정치적 공과에 대한 평가가 아주 다양할 수 있으리라고 생각됩니다. 그렇지만 여하간 노무현 대통령이 극우 세력의 공격을 온몸으로 막아주었다는 것, 그것이 그의 가장 중요한 업적이었다고 봅니다.

서거 이후에 사람들이 드러내는 반응을 관찰했을 때, 애도를 통한 자기정화 현상을 많이 볼 수 있습니다. 영결식 날 시민들의 반응이 궁금해 거리에 좀 늦게까지 머물렀는데, 시청 앞 광장은 전경들과의 소소한 충돌을 겪고 난 후, 오후 늦게 다시 추모의 광장이 되었어요. 그런데 거기 모인 어린 여학생들이 쓰레기를 줍고 종이컵에 담긴 초를 거두어서 한 군데 모아놓고 하는 것을, 누가 시키지 않았는데도 자발적으로 돌아다니면서 하더군요.

그날 저는 거기서 후배들을 우연히 만나 몇 시간을 같이 있었어요. 한 후배가 서울광장에 모인 사람들을 한참 바라보더니, "이 광장에서 지금 시민교육이 일어나고 있다, 학교에서는 절대로 가르쳐주지 않는 것을 여기 나온 학생들이 서로 배우면서 공화국 시민으로서의 교육을 하고 있다, 공화국 시민으로서 성장해가고 있다" 이런 말을 하더군요. 이게 참 의미심장한 이야기라는 생각이 들었어요. 학교에서는 누구도 시민적 인간적 덕성을 가르쳐주지 않고 경쟁만을 가르치는데, 이 영결식과 애도국면을 거치면서 젊은이들이 시민으로서 또 인간으로서 성장하는 경험을 하고 있었습니다.

그것도 아주 구체적인 모습으로 말입니다. 다른 사람의 슬픔에 공감한다 거나 저항한다거나 이런 것만이 아니고 이 사회구성원으로서 어떻게 바르게 살아갈 것인가, 공화국 시민으로서 어떻게 시민의식을 가지고 연대하며 살아갈 것인가 하는 점들을, 아주 사소한 것부터, 쓰레기 줍기라든지 질서 지키기라든지 이런 걸 통해서 배우고 구현하더라고요. 공화국 시민으로서 성장하기 혹은 공화국 시민 되기의 모습이었던 것 같아요. 저는 의미심장하게 받아들였습니다.

또 한 가지 중요한 점을 지적하자면, 제가 아홉 시 정도까지 서울광장에서 집회하는 것을 지켜봤습니다. 여러 사람들이 발언대에 나와서 자유발언을 했어요. 한쪽에는 용산참사 희생자들을 위한 분향소도 있었습니다. 노동자들도 나오고 용산참사 유족들도 나와 발언하고 그랬는데, 노동자가 나와 최저임금 문제 같은 걸 이야기하니까 사람들이 그리 좋아하지 않더군요. 어떤 아픔을 나누는 데 일정한 한계가 있었어요. 대통령의 고통과 자기의 고통을 동일시하는 데까지는 나아가지만, 여전히 사회 기층의 문제, 노동자 문제가 거론되니 다른 반응이 나왔습니다. 모든 슬픔을 다 짜내고 싶은데, 난데없이 거기에 다른 주제가 끼어드는 데서 오는 거부감 이런 것일 수는 있지요. 그렇지만 조문객들이 한 사람의 고통에 대한 공감을 통해 용산참사든지 비정규직 문제든지 고통 받는 또 다른 존재에 대한 관심과 배려로까지 나아갈 수 있었던가, 이 부분에서도 확고하게 진전이 있었던가, 아니면 이것은 아직 더 노력해야 할 과제인가 이 점은 좀 두고 봐야 할 것 같습니다.

생각하는 사회, 사람 사는 세상을 향해

김민웅 ▎ 이제 정리를 하겠습니다. 그렇지 않아도 어떤 분이 그런 얘기를 하시더라고요. 추모의 현장에서 일종의 코뮌이 형성되더라, 마을공동체 얘길 했지

그의 좌절과 국민들이 흘린 눈물을 '사람 사는 세상' 만드는 힘으로.

만, 자발적 공동체가 만들어져서 그 안에서 시민들이 권력 없이도 움직이는 모습이 아주 아름다웠다는 얘길 하더군요. 이러한 일련의 과정들은 사람들을 주체로 각성시킨 중요한 경험이 되었습니다. 어떻게 이걸 서로 결합해서 새로운 시대를 만들어낼 것이냐 하는 숙제가 남았습니다.

지금도 우리는 현존하는 권력의 폭력과 횡포를 일상적으로 경험하는 현실 속에 살고 있습니다. 1960년대에 최인훈의 『광장』이 나왔다면, 지금 우리는 역사가 열어놓은 광장을 다시 밀실로 봉쇄시키는 현실을 경험하고 있습니다. 광장을 확보해내지 못하면, 마을공동체를 만들어낼 수 있는 역사의 광장을 만들어내지 못하면, 모든 것이 무산되지요. 이제 또다시 열릴 가능성을 보이고 있는 광장의 문제, 이 안에서 분출되는 에너지를 새로운 시대를 만들기 위해 어떤 방식으로 풀어가야 할 것인가에 대한 고민, 방안 또는 희망에 대해 이야기하는 것으로 오늘 토론을 마치겠습니다.

도종환 ▮ 노무현 전 대통령이 돌아가시기 전까지 집필 준비를 했었다고 해요. 참모들하고 끝없이 몇 시간씩 토론을 하고, 학습을 받으면서 공부를 계속 하고, 진보의 재구성에 대해서도 고민을 하고, 국가 영역에서 복지 문제, 시장의 영역에서 성장의 문제, 시민사회 영역에서 공존 공생의 문제를 어떻게 풀어나갈 것인가, 국가란 도대체 무엇인가 이런 고민들을 하면서 저서 준비를 하고 있었다고 해요. 그전에는 실패하지 않을 거라고 생각했지만, 권력을 내놓고 나서 진행되는 사회현상을 볼 때, 분명히 우리는 실패한 것이다 그런 얘기를 퇴임 이후에 했다고 합니다. 그러면서 우리가 어떤 사회로 가야 할 것인가 고민들을 하다가 돌아가신 겁니다.

현 정부는 말로는 선진화를 내세우고, 전 세계 7위 안에 들어가는 선진국이 되겠다고 하고, 경제소득도 4만 불까지 끌어올리겠다고 하고 있지요. 이 사회의 그러한 모습 속에는 여전히 하이예크의 제자들을 데리고서 어떻게든 경제적으로만 잘사는 사회를 만들면 목표하는 것을 다 이루고 권력도 계속 유지할 수 있을 것이라는 생각이 있을 텐데, 그런 것들이 이제 한계에 부닥치고 있습니다. 금융자본을 가지고 끌고 가려 했던 경제성장의 거품이 드러나는 동시에, 노동자 농민이 중심이 돼 사회를 혁명적으로 바꿔나가자고 했던 것의 한계가 드러나는 측면도 있다고 생각합니다. 특히 하이예크의 제자들, 관료나 시장을 가지고 끌고 가려고 하는 사회는 한계에 부닥칠 것이라고 하지요.

말하자면 칼 폴라니가 얘기하는 대로 시민사회가 중심이 돼 이끌어가는 민주주의 공동체를 회복해야 하고, 신협, 생협 같은 작은 공동체, 사회적 기업 등에 대한 관심을 가져야 합니다. 화폐까지 파는 사회가 돼서는 안 된다, 경계하라고 얘기했는데 그걸 팔다가 파산이 되는 금융자본주의 정책을 끝까지 밀고 나가서는 안 되겠지요. 협력의 원리가 사회 구성의 원리가 되고, 동물이건 식물이건 사람이건 생명을 가진 모든 것들에게는 공존공생이 생존의 첫째 원리가 돼야 한다는 점을 회복하는 계기가 돼야 한다고 생각합니다. 그런 방향으로 나아가기 위해 다시 지혜를 모아야 하고, 분열되었던 진보들이 다시 하나가 돼야 합니다. 작은 차이를 대단한 차이로 생각하기 때문에 크게 분열하는 것이 진보의 특성인데, 원수하고는 밥을 먹어도 동지였다가 조금 의견이 달라진 사람하고는 절대 밥을 같이 안 먹는, 그런 정도의 편협성은 극복해야지요. 다시 올바른 사회, 우리가 꿈꾸던 가치가 실현되는 사회로 가기 위해서는 힘을 합쳐야 된다는 겁니다.

이번에 이러한 자리가 마련되었다고 생각합니다. 헤어졌던 386들이, 나뉘었던 진보들이 오랜만에 문상객이 돼 만나서 같이 술 마시고 울고, 또 협소했던 점을 인정하고 털어놓는 계기가 되었지요. 그러한 힘들이 또 조금 지나서 원위치 되는 것이 아니라, 제대로 된 성찰과 각성을 통해 동이불화(同而不和)하지 말고 화이부동(和而不同)해야 합니다. 최근에는 선거에서도 드러나잖아요. 조금이라도 협력하고 양보하면 표를 주고 국민들이 지지해주지만, 작은 차이를 갖고 화합하지 못하고 계속 분열한다면 끝내 지지를 받지 못합니다. 그러면 우리들이 실현하고자 했던 사회, 실현하고자 했던 가치들이 영원히 농락당하는 사회로 계속 갈 것이 빤하지 않습니까. '사람 사는 세상'이라고 하는 명제가 무엇인가, 그것을 어떻게 구체화할 것인가에 대해 다시 한 번 지혜와 힘과 역량을 모으는 자리가 돼주길 바랍니다.

한정숙 ▮ 도종환 선생님께서 말씀을 다 하셨으니 제가 덧붙일 말이 없을 것 같습니다.

학교에서 젊은 학생들과 지내다 보니, 이 얼마 동안 우리 사회가 젊은 사람들로 하여금 가치의 문제 또는 사회 전체의 지향, 이런 것에 대해 관심을 기울일 겨를이 없게 만들었다는 것을 느끼게 되더군요. 너무나 각박한 경쟁 체제 속에서 살아야 했던 것이지요. 작년에 대운하 문제가 나왔을 때, 어떤 학생이 자신은 대운하를 찬성한다고 종이에 써서 벽에 붙이려는 것을 보고 거의 논쟁 수준으로 이야기를 나눈 적이 있었어요. 그 학생에게 대운하에 대해 찬성하는 근거가 뭐냐, 이렇게 물은 게 발단이 되었는데, 그 학생은 철저하게 경제논리에 입각해서 대운하를 지지하더군요.

이런 상황이 된 것은 사실은 기성세대의 책임입니다. 그런데, 비극을 통해서만 새로운 전기가 마련되는가 싶어서 안타깝기는 하지만, 이번에 노대통령의 서거라는 큰일을 겪으면서 젊은 사람들이 사회에 대해, 가치에 대해 생각하기 시작하고, 공동체에 대해 생각하기 시작한다는 느낌을 받았습니다. '사람사는세상'이나 아고라 같은 데는 이런 글들이 가끔 올라옵니다. "저는 아무것도 모르는 스물한 살 대학생이에요. 앞으로는 사회문제에 대해 관심을 가지고 공부를 하려고 합니다." 그러면 그 뒤에 4~50대 나이든 회원들이 격려의 댓글을 많이 달아요. "보기 드문 젊은이로군요. 요즘

대학생치고 생각이 참 바르네요" 이런 식으로 말이지요.

사회적인 경험을 통해 의식이 형성되는 면이 많잖아요. 젊은 사람들이 큰일을 겪으면서, 사회적인 의식이 많이 각성되었으리라 생각되고, 인간적인 가치에 대해 많이 생각을 했으리라 생각합니다. 먹고 사는 것이 물론 중요하지만, 더불어 먹고 사는 것도 필요하구나, 뭐 이런 인식이 생기기 시작했다고 할까요. 젊은 세대의 문제가 참 중요하다고 봅니다. 그런 면에서 이번 경험이 좋은 전기가 될 수 있지 않은가 하는 생각이 들고요. 물론 이 사회가 갑자기 완전히 인간적인 사회가 되고 한꺼번에 모든 문제가 해결되고 그러는 것이야 가능하지 않겠지요. 사회는 항상 전진과 부분적인 후퇴가 늘 혼재하는 상황 속에서 존재한다고 보는데, 지금 국면은 많은 면에서 인간적인 가치를 일깨우는 방향으로 진전이 이뤄지는 단계가 아닌가 싶습니다. 이걸 잘 살릴 수 있으면 좋겠다는 생각이 들어요. 그 자체가 사람의 일이지요.

도정일 선생님께서 그야말로 문학전공자다운 표현으로 숭고함, 정신적인 고결성에 대해 말씀하셨는데, 이런 말씀을 들으면서 노 전 대통령이 이럴 정도로 다른 사람을 감동시켰구나 하는 점을 새삼 확인했습니다. 한국 현대사에서, 어떤 사람이 이렇게 많은 사람을 감동시킬 수 있었던가요. 그 힘이 긍정적인 방향으로 많이 미쳤으면 좋겠다는 생각이 듭니다.

도정일 ▎ 긍정적으로 갔으면 참 좋겠지만 현실적인 전망 비슷한 걸 내놓자면, 사실 1980년대에도 장기간의 민주화투쟁이 있었고 그 성과는 문민정부의 출현이라는 성취로 나타나기도 했지요. 사회 민주화를 향한 한국사회의 움직임은 한편으로는 상당한 업적을 냈지만, 그 업적과 결의를 유지하지 못하고 비틀거리다가 자빠지고 퇴보하는 과정을 반복해왔습니다. 그러한 후퇴의 가장 큰 요인은, 보수 쪽이 늘 주장하는 경제 번영, 성장을 통한 행복사회의 번영이라는 비전에 사회 전체가 심하게 경도되었기 때문이 아닌가 생각됩니다.

지난 번 대선 때 유권자들이 이명박 대통령 쪽으로 50퍼센트 이상의 지지표를 준 것은 바로 그 번영사회에 대한 집단적 욕망 때문이었다고 저는 생각합니다. 지금 한국사회에서 거의 80퍼센트 이상의 국민들이 그 집단적 욕망에 빠져들어 있습니다. '성장과 번영을 통한 행복의 실현'이라고 하는 욕망, '잘사는 사회'라고 하는 비전이지요. '민주주의 사회의 공동체적 삶'이라는 부분은 그 집단 욕망 앞에서는 무기력해집니다. 인간으로서 살아가는 데 훨씬 더 중요한 본질적이고 근본적인 가치들이 번영의 환상과 서로 맞닥뜨렸을 때, 그 본질적 가치 부분이 과연 살아남을 수 있겠는가 하는 것에 대한 우려를 우리는 지금 가져야 합니다. 지금까지도 그랬지만 정치세력은 국민을 상대로 계속 행복 이데올로기를 팔아먹을 텐데, 유권자들은 그 허상을 잘 보지 못합니다. 그래서 일이 쉽지 않아요. 이번에는 전직 대통령의 죽음이라는 사건이 준 충격 때문에 우리 사회가 중요한 가치를 재발견하는 사회로 번쩍 정신이 든 것같이 보이지만, 얼마나 갈 수 있을지는 모를 일입니다. 꼭 비관할 필요는 없지만 낙관할 바도 아니다, 이런 생각을 합니다.

중요한 것은, 어떤 충격적인 사건을 치르지 않고도 모든 시민이, 대학생이면 대학생, 젊은 사람 늙은 사람 할 것 없이 우리가 도대체 어떤 사회를 만들고자 하는가에 대한 생각이 좀 있어야 한다는 점입니다. 그런 질문이 늘 시민의 머릿속에 있고, 교육으로 훈련되게 하는 문화적, 교육적 장치를 더 많이 만들어야 할 것입니다.

지금의 젊은 세대 사람들은 현실적 어려움이 많습니다. 88만원 세대는 생존의 압박에 너무나 심하게 내몰려 있어요. 가치·원칙·민주주의를 누가 반대합니까, 좋지요, 그런데 나는 이쪽이 더 바쁩니다, 이렇게 돼버리는 거지요. 그러는 사이에 우리는 민주주의의 소중함을 잊어버리고 있었던 겁니다. 그래서 우리 사회에서 각각의 사회 단위들과 조직들은 젊은 세대가 어떠한 정신과 원칙과 가치에 대해 헌신의 자세를 계승할 수 있게 해야 할 것인가라는 문제를 늘 생각해봤으면 좋겠습니다.

그것이 제가 보기론 '생각하는 사회'입니다. 우리는 생각하는 사회를 못 만들었습니다. 그러니까 민주주의도 안 되고, 쉽사리 허상에 쫓기는 사회로 남게 된 거지요. 노무현 전 대통령도 이런 부분에 큰 절망감을 느꼈을 것이라 생각합니다. 실제로 그런 실망을 표현한 적도 있었고. 개인적 의지나 정치적 원칙과 사회의 집단적 욕망 사이에 너무 큰 괴리가 있어서 이 두 개가 부딪쳤을 때 자기 쪽 것은 형편없이 짜부라져 인정받지도 못하고 부서지고 변호 받지도 못한다는 점에 대해 깊은 절망이 있었을 것이라고 생각합니다. 이것도 그가 죽음을 생각하면서 "오래된 생각이다"라고 한 것에 포함된 한 측면이 아니었을까, 그렇게 생각합니다.

김민웅 ┃ 노무현 전 대통령이 서거 전까지 붙잡고 있던 책이 『유러피언 드림』이라는 책이라고 합니다. 2004년에 나온 제러미 리프킨이 쓴 책이지요. 만약 미국이 최근에 겪었던 것과 같은, 자본의 모든 주도권을 행사했던 신자유주의 시스템이 동요하고 충격 받는 역사를 미리 경험했다면, 노무현 전 대통령도 한-미 FTA를 아마 선택하지 않았겠지요. 또한 한편으로 미국에 대한 인식이나 성찰에서도 내용이 상당히 많이 달라지지 않았을까 하는 안타까움이 있어요. 『유러피언 드림』이라는 책에서는 신자유주의 체제를 근간으로 하는 세계 자본주의체제를 유지해온 미국의 미래에 대해서 '이건 아니다'라고 얘기합니다. 진보진영이 오랫동안 투쟁하면서 쌓아 올린 유럽 사회공동체의 미래에 대한 전망을 정리한 책이지요. 그가 퇴임 이후 그 책을 집어 들었다는 것은, 이걸 읽으면서 새로운 진보에 대한 재구상의 기초를 나름대로 정리하고 있던 과정이 아니었을까 하는 생각이 들어요.

아까 도종환 선생님이 칼 폴라니 얘기를 하셨습니다만, 자본주의 시장 자체가 사회를 모두 빨아들이는 과정은 그것만으로 끝나는 게 아닙니다. 그것을 반격하는 새로운 운동이 일어나서 공동체가 복구되고 그 안에서 연대가 만들어지는데, 칼 폴라니가 그러한 과정을 '이중운동'이라는 개념을 가지고 『거대한 전환』에서 주장했습니다. 그런 논의들이 세계사 전체에서 볼 때 매우 중요하게 벌어지고 있습니다. 미국도 오바마 당선 이후에 시장 내부에서의 공공성에 대한 얘기를 하면서 이걸 교정하는 방법에 대해 고민하고 있고, 유럽도 좀더 나은 진보적인 대안을 찾기 위해 몸부림치고 있지요. 이번 노무현 전 대통령의 죽음과 그 이후의 사회적 성찰의 변화는 우리가 그런 역사의 큰 흐름 속에서 고민하고 있는 와중에 겪은 사건인 것 같아요. 그런 점에서 우리의 논의와 성찰이나 담론은 한반도 남쪽에 국한된 얘기가 아니고, 인류 전체와 공유할 수 있는 굉장히 중요한 가치를 담아내고 실현하는 중요한 계기가 되었다는 생각이 듭니다.

인권이나 평화 또는 생명이나 정의 이런 것들을 마을공동체 안에서 사람 얼굴을 대하고 서로 품어나가면서 껴안고 만들어나갈 수 있는, 생명공동체를 만들어나가려는 지향점이 새롭게 각성되었다는 점도 분명한 것 같아요. 도정일 교수님 말씀대로 이런 비극적 방식으로 충격을 받아야 비로소 시작되는 게 아니라 일상 속에서 우리가 새로운 신선한 충격을 계속 주려는 노력을 해야 한다고 봅니다. 그렇게 일상적으로 이뤄지는 '생각하는 사회'를 만들어내야겠지요. 제가 늘 생각하고 있는 것 중 하나에 이런 것이 있습니다.

도 교수님은 도서관 운동 하시고, 도종환 선생님은 시 배달하시고, 한 교수님도 나가서 인문학 강연하시지요. 저도 학교에서는 세계체제론을 가르치지만, 밖에서 인문학 강의를 합니다. 몇 년 전 제도권 내에서 인문학 위기가 논란이 되었지만, 비제도권 영역에서는 인문학에 대한 요구가 엄청나게 높아진 현실을 보고 있습니다. 욕망의 정치라는 것이 사람들의 삶을 휘두르고 있지만, 진짜 필요한 인간적 가치가 구현되는 공동체적 가치에 대한 갈망이 분명히 존재합니다. 그런 상황에서 교육의 혁신이 중요하다고 생각을 해요. 대학도 지금 학과로 나뉘어 있는데, 정말 진보적인 사회인문학적 교양을 통합적으로 가르칠 수 있는 프로그램으로 정리하고 개편하는 것이 저는 교육철학과 프로그램 창출에서 핵심이라고 생각합니다.

요즈음 보면 30대 이후의 사람들이 대학을 나오고 직장에 취직을 한 다음에 정말 제대로 된 공부를 하고 싶어 해요. 사실 그때 공부하면 진짜 몸이 되는 공부가 되는 거지요. 역사부터 철학에 이르기까지, 문학에서 정치에 이르기까지 정말 다양하게 공부하고 싶어 합니다. 현재 비제도권에서 만들어지고 제공되는 사회인문학 프로그램은 이전에 비해 상당히 발전했고 도움이 되는 것이 사실이지만 다소 백화점식이 돼 있지요. 이것을 하나로 묶어서 통합적인 교양과 소통의 장을 만들어주는 데까지는 아직 가지 못한 것 같아요. 제도권이든 비제도권이든 일상 속에서 사회인문학적 교양과 지식의 폭을 확대하고 통합적으로 심화시키려는 노력이 함께 진행된다면, 우리가 꿈꾸는 가치들이 정말 선택할 수밖에 없는 가치로, 선택해야 하는 가치로 인식되지 않을까 싶어요. 이런 과정을 거쳐서 일상을 변화시키는 것들이 있어야 되는 것이 아닌가 합니다.

이러한 충격에 대해 이 사회의 주류에 속하는 기득권 세력들이 기다리는 것이 있다고 봐요. 우리의 아주 오래된 사회생리학적 습관, 우리 사회에서 하나의 고질병인 '망각'이 오기를 기다리는 것입니다. 엄청난 사건을 두고도 좀 있으면 잊어버리곤 하니까 이번에도 그럴 수 있다고 보거든요. 그것을 막기 위해서라도, 단지 노무현이라는 하나의 역사적 상징을 재조명하는 것으로 그치는 것이 아니라 그 안에 담겨 있는 가치와 의미를 도처의 영역에서 여러 형태로 계속 심화시키고 확대해야 합니다. 그것을 일상적인 것을 변형시켜 새로운 가치로 만들어내는 사회인문학적 운동에까지 연결시킨다고 한다면, 정치적 논란으로 그치는 것이 아니라 우리 사회 전체의 정신영역을, 아까 도 교수님 말씀하신 대로, 가치 있고 고결하게 만들어내는 돌파구를 발견할 수 있지 않을까 생각해봅니다.

도정일 ┃ 지금까지 가치 얘기를 많이 했습니다. 그런데 우파다 보수다 이렇게 부를 자격이 있는 세력이 이 사회에 있다면, 그 보수진영의 자기 교육이 그들에게 매우 중요하지 않은가 싶어요. 우리 사회는 이 화두를 보수 우파를 자칭하는 사람들에게 던져주어야 합니다. 한국 보수는 담론이 없는 보수입니다. 그야말로 천박한 감정적 감각적 보수이고 자기 성찰과 논리적 성숙이 없는 보수입니다. 교수들이 시국선언 한다고 하니까 가서 고함이나 지르고, 자유라고 하면 반공자유 그럴 때의 그 자유인 줄 아는 수준의 보수거든요. 그런데 보수가 형편없으면 사회도 형편없어집니다. 보수 담론이 스스로 수준을 높이고 진보 좌파와 대화하고 토론하는, 그래서 욕설 아닌 수준급의 담론이 오갈 수 있는 풍토를 만들어야 합니다.

그게 안 되니까 욕설밖에 오가는 것이 없고, 보수 자체가 철학적으로 빈곤하기 때문에 이들이 집권했을 때 사회가 집단적으로 받아야 하는 고통이 엄청나게 큰 겁니다. 보수를 어떻게 키울 것인가, 보수 담론의 수준을 높이는 일도 아주 중요합니다.

김민웅 ┃ 일본의 경우도 근대 이후 그리고 태평양전쟁 당시 기타 이키(北一輝)라든가 오가와 슈메이(大川周明) 등 과거에 일본 사회의 우파진영을 형성했던 이론가들, 사상가들의 논리와 치열하게 대결하면서 사회의 새로운 담론이 형성되었던 경험이 있는데, 우리 사회는 그런 게 없는 것 같습니다.

보수 세력도 공부 좀 해서 수준 있는 담론의 장이 펼쳐졌으면 좋겠다는 이야기를 하는 분들도 적지 않습니다. 그걸 위해서라도 이 사회 서민대중들을 위한 사회인문학적 논의의 지적풍토를 만들어나가려는 노력이 새로운 출판, 새로운 지적 담론, 새로운 소통으로 확장되었으면 합니다. 그래서 노무현 대통령 서거 이후의 상황이 단지 추모로 끝나는 게 아니라, 애초에 얘기했듯이 죽음의 의미를 사회적으로 성찰할 수 있는 소중한 계기가 되고, 그것이 우리를 새로운 역사의 주체로 일으켜 세우는 창조적 진화의 동력으로 추가되었으면 좋겠습니다. 시간이 흐르고 나면 2009년이 우리에게 무척 중요한 역사의 한 대목이 되리라는 예감이 드는 바입니다. 긴 시간 고맙습니다.

노무현과 우리시대

눈물에 엉긴 분노를 세상 바꾸는 힘으로

유초하 충북대학교 교수 · 철학

" 우리가 흘리는 눈물은 그냥 흘려버리고 흘러가버리는
액체가 아닙니다. 하늘로 증발하여 거대한 구름으로 다시
치고, 대지를 흠뻑 적시는 힘찬 강물로 콸콸 넘쳐흐를 것입니다.
우리의 눈물은 분노의 눈물이고 결의의 눈물이며
각오의 눈물입니다. 국민주권을 부정하는 턱없는 독선과
오만에 대한 분노, 가난하고 힘없는 사람들을 부당하게
짓누르는 권력을 두고 볼 수 없다는 결의, 억압과 협박에
맞서는 정의의 힘을 모아내야 한다는 각오가 함께
응어리져 터져 나오는 눈물입니다. "

한 달 넘게 밤잠을 제대로 이루지 못하고 하루 한 끼 밥을 제대로 넘기지 못합니다. 몇 주일째 잠들기가 어려워 저녁이면 술 마시는 시간이 늘어갑니다. 술은 우선 심장을 적셔줍니다. 우울과 울화를 무디게 해주고 분노와 설움을 달래줍니다. 아버지, 어머니를 떠나 보낼 때 흘린 눈물보다 많은 눈물을 한 달 동안 흘렸습니다. 쉰셋 젊은 나이의 둘째 형을 떠나보냈을 때 몇 날 동안 한 바가지는 눈물이 났었지요. 그때보다 많은 눈물이 납니다.

눈물이란 슬픔의 표현이겠지요. 하지만 요즘의 눈물은 슬픔 때문만은 아닙니다. 나만이 아닙니다. 천만이 넘는 사람들이 비슷한 눈물을 흘리고 있습니다. 제16대 대통령 노무현의 서거로 대한민국이 앓고 있습니다. 많은 이들이 "지켜주지 못해 미안하다"고 고개를 떨어뜨립니다. 김대중 전 대통령도 노무현을 잃은 슬픔은 국민 대중의 실천운동이 미흡했음에 기인하는 점이 있음을 지적했습니다.

노무현의 죽음은 물론 자존심 강한 그의 인격적 특성이 검찰의 먼지털기식 수사와 피의사실 연속공표가 야기한 고강도의 모욕감을 견뎌내지 못한 결과라 하겠지요. 전직 대통령이 아니라 평균 시민의 경우라도 결코 있을 수 없는 비열하고 치사한 몰이식 수사가 가속화되는 것을 우리는 보았습니다. 업계 순위 50위도 아니고 500위에도 못 미치는 지방기업인 태광실업과 그 회장 박연차에 대해 지방검찰이 아닌 대검찰청 중앙수사부가 직접 캐들어가는 행태는 원천적으로 표적수사임을 보여주는 일이었지요. 박연차 게이트의 원천이자 핵심인 전 국세청장 한상률을 미국에 숨겨놓고 노무현 한 사람에게만 집중하는 정치보복 수사가 막바지로 치달을 때 노무현의 고뇌 또한 막바지를 향했지요. 주의 깊은 관찰자라면 우려 속에 예견할 수 있는 사태였고, 혹 다른 쪽에서는 비열하게도 기대 속에 예견하고 있었는지도 모르지요.

지난 5월 23일 이른 아침 사랑과 평화를 주제로 한 학술회의를 준비하고 있던 중 "노무현 대통령이 돌아가셨대"라는 소식을 휴대전화 문자로 처음 접했을 때, 내 머리에는 곧바로 장준하가 떠올랐습니다. 시신의 상태와 전반 정황으로 보아 박정희가 충복들을 시켜 직접 살해한 것이 틀림없는 사건이었지요. 두 시간 뒤 다시 "자살했다나 봐"라는 문자가 전달됐을 때도 나는 곧이곧대로 믿을 수가 없었습니다. 지금도 마찬가집니다. 하지만 일단은 그냥 넘기려 합니다. 장준하의 경우처럼 직접 죽임을 당한 게 아니더라도 권력이 죽인 것임에는 틀림없기 때문입니다.

직접 죽였거나 포괄적 살인이거나 별반 차이가 있는 건 아니지요. 그리고 언젠가는 밝혀지겠지요. 지금 시점에도 이미, 노무현을 죽음에 이르게 한 자들에 대한 국민적 판단은 논리를 뛰어넘어 직감의 수준에서 확연히 내려져 있을 것입니다. 억울하고 분해서 천만 국민이 날마다 원통해하고 밤마다 꿈에서까지 소스라치며 분통이 터집니다. 그 분통을 삼키거나 터뜨리거나 입장에 따라 약간씩의 차이는 있겠지만, 그리고 각 개인의 입장에서 미안함을 수반하는 슬픔이거나 되갚음을 향한 다짐이거나의 차이도 있겠지만, 죽임을 획책한 자들에 대한 분노가 공유되어 있을 것임에는 틀림없습니다. 천만이 넘는 공분(公憤)의 대상을 하늘이 용서할 리는 없다고 확신합니다. 야비한 권력을 국민대중이 그냥 용서할 리 만무합니다.

노무현 죽이기에 담긴 기득권 세력의 속내

노무현에 대한 수사는 과거에 대한 복수라는 수준의 단순한 정치보복이 아닙니다. 수구세력이 노무현 죽이기의 공작에 착수한 것은 좀더 멀리 내다보는 정치적 의도의 산물이라 판단됩니다. 2월 중순에 발표된 국민여론조사에 따르면 이명박 정부의 국정운영에 대한 긍정평가는 27.5퍼센트였고 부정평가는 58.8퍼센트였습니다. 그 며칠 후 미국 CNN방송이 보도한 바로는 이명박 대통령의 지지율이 2월 들어 10퍼센트대로 추락했으며 일본 아소 다로 총리와 함께 한자릿수 지지율을 기록할지 모른다고 했습니다. 용산 참사의 진상이 인터넷 언론을 통해 많은 부분 밝혀지고, 그 이후 경찰·검찰·청와대가 보여온 '빤한 진실 억지로 덮기'와 사이코패스형 막무가내식 행태 탓일 테지요. 그런 상황에서 야권이 민주성을 회복하고 대동단결하여 양심적이고 능력 있는 대통령감을 키워간다면 다음 대선에서 승리할 수 있다는 것을 수구보수 쪽에서도 충분히 인지했을 것입니다. 다시 말해 그들은 다음 대선에서 정권을 유지할 수 있다는 자신감을 가질 수 없게 된 것입니다. 그들은 상대편 힘 빼기를 위해 민주진보세력에게 다시 일어나기 힘들 정도의 상처를 주기로 한 것이지요.

지난 1년을 보내면서 민주진보세력은 앞으로 4년 동안 반민주적 책동에 최대한 맞서면서 버티어내고 다음 대선에서는 결코 패배하지 않아야 한다는 것을 절감했지요. 여러 가지 연대와 통합과 변화의 그림을 그려가는 가운데 하나의 대안으로 "노무현을 한 번 더 내세우자" 하는 아이디어가 제기된 적이 있습니다. 이명박 정권을 통해 유권자들은 참여정부의 정책들이 일부 결과적으로는 실패했지만 그 목표와 의도의 진정성은 인정할 수 있는 것임을 알게 됐지요. 노무현은 직접 대선주자로 나서지 않더라도 특유의 탁월한 정치 감각으로 김대중과 머리를 맞대고 민주진보진영의 새로운 판짜기와 새로운 대권주자 만들기에서 중심축 역할을 수행할 수 있는 대표적 인물이었습니다. 이런 맥락에서 노무현의 도덕적 먹칠을 통해 정치적 식물인간으로 만드는 일은 수구세력에게 매우 긴절한 일이었습니다. 노무현을 약간의 과장을 통해 '진보좌파'로 규정함으로써 민주진보 세력 전반에게 '수구보수 집단과 별로 다를 게 없는 부패집단'이라는 감투를 덧씌우는 효과를 노린 것이지요. 그에 대해 노무현은 정치적 식물인간으로 살아남기를 거부하고 민주진보세력의 정당성을 지키고 활력을 살려내는 결단을 내린 것입니다.

물론 노무현은 완벽한 인물이 아닙니다. 보수언론과의 싸움에서 서툴렀

전직 대통령을 향한 검찰의 강도 높은 수사가 강행된 과정에는
'노무현 죽이기'라는 정치적 의도가 있었다. 늦은 시각까지 모여 있는 추모인파.

고, 권위를 벗어던지고 법적으로 보장된 권한까지도 과감히 포기하거나 위임했지요. 집권 초기 국정원과 검찰 등 권력기관을 장악하고 활용하여 부패집단의 대표급 인사 몇 명만 구속 처벌했더라도 이처럼 어이없는 보복을 당하지는 않았을 것입니다. 국정원의 정치사찰 결과인 정세 브리핑을 받지 않는 일에서 시작된 그의 권위 벗어던지기는 국정원·검찰·경찰·국세청 등 권력기관의 자율성을 존중하는 쪽으로 나아갔지요. 그러나 노무현이 권좌에서 내려오자 저들 기관은 박정희─전두환 시대의 암흑 속으로 돌아갔고, 급기야 노무현을 옥죄는 사슬로 돌변하고 말았지요.

소박하고 직선적인 그의 말투, 그리고 원칙과 상식을 지켜가는 그의 실천적 태도는 기존 경제권력과 정치권력 주류집단을 당혹하게 만들었습니다. 지금껏 통용되어온 정경유착과 권언공조의 연결망, 부패와 부정의 어둡고 더러운 관행이 사라질 '위기'에 처한 그들은 대통령이 권위를 풀어준 것을 기화로 심지어 군사쿠데타를 부추길 정도로 노무현 해코지하기에 여념이 없었습니다. 바보 노무현은 혁신권력을 구사하여 잡아넣고 억압해야 할 상대들에게 자율권을 줌으로써 결국 자신이 거꾸로 당해버린 것이지요.

이 땅에서 '주류'라 함은 해방 후 분단과 전쟁을 겪으면서 형성된 외세 프렌들리 세력을 의미합니다. 저들 세력이 역사의 흐름을 거슬러 설칠 수 있게 된 것은 원천적으로, 1948년 이후 1950년까지 친일반민족행위자 처벌을 위한 일련의 입법과정과 특위활동이 이승만의 책동에 의해 좌초됨으로써 친일파가 한국사회의 정치·경제적 주류세력으로 정착한 데에 그 뿌리가 있습니다. 일본제국주의에 빌붙은 친일파의 후예들은 6·25와 5·16을 거치는 동안 적색공포를 퍼뜨리면서 더욱 성장합니다. 민주화와 평화통일을 지향하는 세력에게 친북좌파라는 이데올로기 공세를 가함으로써 침묵과 행동 중지를 강요합니다.

노무현을 밀어뜨린 수구세력에게 이념적 논리를 제공하는 대표적 집단이 친일파의 후예인 '뉴라이트'입니다. 2004년 자유주의연대로 출범한 뉴라이트는 2007년 이후 뉴라이트 전국연합이라는 이름으로 활동을 벌이고 있습니다. 그들은 이명박에 대한 무조건적 지지를 보내면서 북한 죽이기와 민중운동 해코지하기, 친일식민사관 두둔하기에 열을 올리고 있습니다. 그들은 명목상 '신보수'를 내세우지만 실상 극우 수구집단입니다. 5·16은 거룩한 혁명이고, 5·18은 친북좌파 빨갱이들의 폭동이라고 규정합니다. 종군위안부는 강제적인 것이 아닌 자발적인 매춘부였고, 안중근 의사는 테러리스트라는 식의 역사 모독성 주장을 펼치기도 합니다. 광복절을 건국절로 불러야 한다고 주장함으로써 해방·독립운동의 정신을 훼손하고 조선시대까지의 민족역사를 사실상 말살하는 논리를 펼치기도 합니다. 이런 주장에 발맞춰 정부는 '진실과 화해를 위한 과거사위원회' 등 역사바로잡기 기구를 대폭 줄이거나 없애고 있으며, '국가인권위원회'의 기능을 축소하고 그 성격을 변질시키려 하고 있습니다.

진보를 키워가는 법을 고민해야

오마이뉴스가 전하는 대로 최근 『한국진보세력연구』라는 책을 펴낸 보수 논객 남시욱의 말에 두 가지 점에서 동의합니다. 우선 "좌파운동 하는 사람은 주사파처럼 맨날 백두산에서 누가 났다고 할 게 아니라 여운형과 조봉암을 공부해야 한다"는 것, "특히 민주노동당과 진보신당이 통합하기 위해서는 민주노동당이 종북주의에서 탈피해야 한다"는 주장이 그것입니다. 다음으로, 그는 "현재 한국의 진보세력은 기로에 서 있다"면서 "더 이상 사회주의 사회의 도래를 꿈꾸는 낡은 진보사관이나 '어떤 통일도 좋다'는 식의 맹목적 민족지상주의에서 벗어나 새로운 시대 조류에 적응할 수 있도록 거듭나지 않으면 안 된다"고 진보진영에 충고합니다.

여기서 나는 민주노동당에 충고합니다. 현재의 북한체제는 사회주의가 아닙니다. 진보적이라기보다는 보수적인 정권입니다. 화해 협력은 물론 적극적으로 추진해야겠지요. 하지만 협력한다는 것과 추종한다는 것은 다릅니다. 특히 남한 사회에서는 진보적=사회주의적 지향보다 친북적 성향을 더욱 싫어하는 경향이 있다는 명백한 진실을 존중해야 합니다. 진보신당이 민주노동당보다 진보적이지만 북쪽 체제에 대해 비판적이라는 점 때문에 대중 정서에서나 제도권 권력에서나 간에 보수 편의 평가에서 민주노동당보다 상대적으로 호의를 받는다는 사실을 인정해야 합니다.

진정한 주체성은 고유명사로서의 주체사상에 경도되지 않는 데서 성립합니다. 이를테면 사회역사적 인식의 원리 틀과 한국사회 현실분석을 직접 접맥시킬 수 있을 때에만 주체적 사회변혁의 기획은 가능한 것이지요. 남시욱의 말대로 "죽을 때까지 '진보'를 고민했던 노무현을 제대로 평가해야 합니다." 그의 고민을 이어받아 현실에서 진보가 살아남고 커갈 수 있는 방도를 찾아야 합니다.

노무현이 소탈한 인물이었음은 세상에 드러난 그대로입니다. 1992년 총선 때 당선하지 못할 줄을 뻔히 알면서도 연세대 교수 오세철은 서울 노원구에 민중당 공천으로 출마했지요. 적어도 정당득표율은 올려야 한다는 책임감에서였지요. 백기완과 김진균을 포함하여 수백 명이 참석한 출범식에 보수정당 소속 노무현이 응원-축하 인사를 왔었지요. "당위적으로 보자면 저도 여러분과 함께해야 하는데 그러지 못해 죄송합니다." 나는 그가 그 자리에 온 만큼 호의를 가졌고, 함께하지 않은 만큼 덜 좋아했지요.

노무현의 정책이 모두 훌륭했던 것도 물론 아닙니다. 내 기억은 대충 이렇습니다. 면세점을 낮춤으로써 서민가계의 고통을 증대시키기도 했고, 경기침체·구조조정으로 인한 실업 증가와 더불어 소매업·요식업·운송업 등 자영업자가 600만 명에 육박할 정도로 증가하기도 했지요. 더욱이 김대중 정부의 카드사용 장려정책 계승강화와 자영업자·요식업소 부가가치세

철저 발굴 등으로 경제투명성 강화정책을 펴자 카드로 인한 적자업소와 폐업업소가 대량 속출했습니다. 서민경제 살리기와 복지정책 확대를 통한 사회안전망 확충에 실패함으로써 자영업자를 중심으로 한 중산층 자의식을 지닌 다수 국민들이 노무현 정부에 등을 돌리게 됩니다. 이라크 파병, 한미 자유무역협정이나 한나라당과의 연정 제의 등 미묘한 문제를 안고 있으나 전적으로 옳았다고만 할 수 없는 정치적 선택도 있었습니다.

지난 두 번의 선거에서 한나라당이 압승을 거둔 것은 이명박의 능력과 한나라당 정책의 우수성에 기인한 것이 아닙니다. 노무현과 그 동반 정당의 행태와 정책에 대한 염증의 반사효과인 것이지요. 물론 거기에는 노무현 정부를 아마추어 정권으로 윤색해 날마다 국민 대중을 몽매케 만든 조·중·동의 역선전이 크게 작용했지요. 그러나 민주진보 진영은 반성해야 합니다. 노무현이 죽을 때까지 고민했던 진보의 현실적 가능성에 대한 진지한 성찰이 공유되어야 합니다.

진보와 보수가 함께 성장하는 것임은 상식에 속합니다. 우리 정치의 비극은 건전한 보수와 합리적 진보가 힘을 쓰지 못하는 데 있습니다. 집권세력과 그 옹위집단은 극우 수구세력이고, 진보세력은 중도개혁파에 비해 초라한 지지밖에 받지 못하고 있습니다. 적어도 사상·표현의 자유가 보장될 정도의 자유민주주의가 안착되도록 하는 일에 진보세력은 범민주 세력과 손을 맞잡아야 합니다. 이런 지긋지긋한 정권이 연장되도록 허용하면서 진보를 자임하는 것은 어리석은 일일 것입니다.

사상과 표현의 자유는 기본권 중의 기본권

(아래의 몇 문단은 내가 최근에 어느 토론회에서 발표한 글을 옮겨온 것임을 밝혀둡니다.)

사상과 표현의 자유에 대한 억압의 대표적 사례가 지난 5월 30일에 있었

" 우리 정치의 비극은 건전한 보수와 합리적 진보가 힘을 쓰지 못하는 데 있습니다. 적어도 사상·표현의 자유가 보장될 정도의 자유민주주의가 안착되도록 진보세력은 범민주 세력과 손을 맞잡아야 합니다. 노무현이 죽을 때까지 고민했던 진보의 현실적 가능성에 대한 진지한 성찰이 공유되어야 합니다."

던 한국예술종합학교(이하 한예종) 총장 황지우에 대한 정부의 사표 수리 및 교수직 박탈 기도입니다. 한예종에 대한 밀도 높은 인적·물적 구조조정의 강행이 예고되는 정황은 이명박 정부 들어 지속되어온 퇴행적 문화정책의 어두운 모습을 고백하고 있습니다. 이번 사태는 문화체육관광부가 40여 일간 지속한 저인망식 표적감사에서 계획적으로 시작되었습니다. 노무현에 대한 검찰의 먼지털이식 수사를 닮은 것이었지요.

이번 사태는 이명박 정부 들어 집요하게 추진해온 비판적 지식인에 대한 공직축출 작업의 매듭짓기에 해당하는 것으로 보입니다. 2008년 집권 초기부터 정부는 학술진흥재단과 경제인문사회연구회 및 산하 23개 정부출연연구기관의 이사장·원장·위원회 위원 등으로 일해오던 비판적·진보적 지식인들에 대한 밀어내기 작업을 계속해왔지요. 황지우 총장의 사퇴와 교수직 박탈 기도는 이런 조치들의 연속선상에 있는 것으로 파악됩니다. 그것은 또한 대학과 연구기관들에 대한 포괄적·지속적 경고조치로 해석되기도 합니다. 교육과학기술부와 문화체육관광부뿐 아니라 정부 각 부처 관련 연구·개발 기관들에 대해서도 정부의 정책과 방침에 순응하고 협조하라는 메시지를 계속 보내고자 하는 것이지요.

대학에 대한 정부의 억압적 조치들은 실상 헌법과 법률에 위배됩니다. 헌법이 규정하는 것으로만 보더라도 국립대학 교수와 총장은 공무원으로서 그 신분과 정치적 중립성은 법률이 정하는 바에 의하여 보장됩니다(제8조). 또한 교육의 자주성·전문성·정치적 중립성 및 대학의 자율성은 법률이 정하는 바에 의하여 보장됩니다(제31조). 대학은 학문의 연구와 학습이 이루어지는 장으로서 국가사회 문화발전의 터전입니다. 따라서 대학의 자율성을 침해하는 것은 문화의 창달 발전에 노력해야 할 의무를 지고 있는 국가기관으로서 배임행위에 해당하는 것이지요(제9조).

이번 사태는 이명박 정부가 들어선 이후 국가기관들의 공조로 집행되어온 공안정국 조성의 흐름에 합류하는 움직임으로 판단됩니다. 각종 현안에서 대북관계를 경색시켜온 정부는 북핵문제의 부각과 한반도 안보불안의 조장을 통해 최근의 민심이반과 정국교착의 돌파구를 만들고자 한다는 비판을 받고 있습니다. 최근 한국진보연대 등 진보단체와 인터넷 언론 등에서는 군사독재 시기 역대정권이 국민대중의 민주화 요구로 정권유지의 위기를 맞을 때 국면전환의 돌파구로 안보불안을 이용하는 경우가 많았다는 점을 환기하면서 최근 정부의 대북긴장 조성 기운을 비판하고 있습니다. 특히, 범민련 남측본부 이규재 의장 등 간부 6인의 구속과 구속적부심 기각 등의 사태는 대북관계의 긴장과 함께 남한사회 통일운동 탄압을 동시에 초래하는 현상입니다.

이제 노무현을 보내고 난 국민대중의 국가보안법 철폐 요구와 민주화 요구는 더욱 거세질 전망입니다. 또한 90노객 평화운동가 강희남 목사의 자살과 투쟁적 유서로 반이명박 민중투쟁은 더욱 격렬해질 것입니다.

악법 중의 악법 국가보안법에 대해 우리 교수·연구자들은 20여 년간 끊임없이 그 폐지를 강력히 주장해왔습니다. 국가보안법은 헌법(제19조)이 보장하는 양심의 자유를 뒤흔드는 법이며, 헌법 이전의 자연법이 보장하는 사상의 자유를 위협하는 법입니다. 사상의 자유는 기본권 중의 기본권에 속합니다. 헌법 조문에 없다는 사실이 이를 웅변합니다.

인간은 생각과 느낌과 의욕을 지닌 존재입니다. 사유·감정·의지는 전제권력이나 종교적 도그마로도 막거나 통제할 수 없는 원초적 자유의 영역입니다. 그런 까닭에 사상의 자유는 당위의 관점에서 어떤 명분으로도 제한해서는 안 되는 원천적 인권이며, 현실적으로도 어떤 이유로든 제한될 수 없는 기본적 인권입니다. 의식 활동은 자아의 뿌리이자 인간됨의 근거입니다. 의식 활동의 자유, 사상의 자유를 제한한다는 것은 인간이기를 멈추라는 어거지에 해당합니다. 헌법 제37조는 말합니다. "국민의 자유와 권리는 헌법에 열거되지 아니한 이유로 경시되지 아니한다."

사상의 자유는 표현의 자유를 동반합니다. 표현의 자유도 사상의 자유와 마찬가지 이유로 헌법 조문에는 없습니다. 표현의 자유는 언론 · 출판 · 집회 · 결사 등 특정 방식에 제한되지 않는 포괄적 자유입니다. 언어 · 소리 · 색채 · 몸짓 등 특정 매체에 제한되지 않는 개방적 자유인 것입니다. 표현의 자유를 대표하는 것은 학문과 예술의 자유입니다. 학문과 예술의 자유는 인간의 문화적 자기형성의 자유입니다.

인간문화의 기반은 윤리와 형평

넓은 의미에서 문화는 인간이 자연을 소재로 만들거나 자연과 어울려 이루는 일체의 형성물입니다. 문화는 인간적 삶의 방식이자 그 방식을 형성하고 변화시켜가는 과정입니다. 좁혀 말할 때 한 사회의 문화는 윤리 · 도덕을 주춧돌과 대들보로 하며, 학문 · 예술을 기둥으로 삼습니다. 문화를 일구는 토양은 윤리 · 도덕이며, 문화의 양대 축은 학문과 예술입니다. 학문과 예술은 다양한 사회적 가치를 포괄하는 문화의 지속적인 산출 기반입니다.

인간이 다른 동물과 달리 사회를 이루고 살아가는 것은 남들을 나와 똑같은 생명으로 받아들이고 남의 일을 내 일처럼 생각할 수 있기 때문입니다. 남의 행복에 기뻐하고 남의 불행에 슬퍼하며 모두에게 이로운 것을 찾을 수 있기 때문이지요. 학문과 예술을 통해 올바름과 아름다움을 추구하고 빚어내며, 서로 사랑하고 위해주는 윤리 · 도덕을 세움으로써 문화는 생성되고 발전하는 것입니다.

인간은 문화를 이룸으로써 동물의 영역을 벗어났습니다. 문화의 기본은 윤리입니다. 피부를 보호할 털도 없고 사나운 짐승과 맞닥뜨렸을 때 공격할 강인한 손 · 발톱도 없는 동물인 인간이 3백만 년 넘게 살아남은 것은 분업에 기초한 질서를 지켜왔기 때문입니다. 그 질서의 바탕은 윤리입니다. 벼룩은 순간운동에서 빼어난 능력을 지녔지요. "뛰어봤자 벼룩이지"라는 말은 인간 종족의 우상을 드러내는 말입니다. 어떤 인간도 비행매체의 도움 없이 맨몸으로 제 몸의 70배 높이, 100배 거리를 한번에 뛸 수는 없지요. 개미는 제 몸무게의 8배 되는 짐을 지고 제 몸길이의 50배 되는 거리를 10초 안에 갑니다. 가장 빠른 인간이 짐 없이 10초 동안 할 수 있는 일을 개미는 그런 속도로 여러 시간 계속할 수 있지요.

생리적으로 가장 연약한 개체들인 인간종이 살아남은 괴력은 사회성에 있습니다. 공평성과 공생의 원리에 기초한 윤리야말로 인간을 지구상에서 가장 우월한 동물로 살아남게 한 원동력입니다. 노동하지 않는 지배계급이 노동하는 백성보다 더 많이 먹고 더 많이 누리는 것도 생태계 전체를 놓고 보면 효율적 공생을 위한 방편입니다. 다만, 맹자가 말한 대로 하위직 벼슬아치가 받는 봉록은 농부 한 사람이 노동으로 일구어내는 소출만큼을 기준으로 책정돼야 합니다.

자연계의 운동은 기본적으로 형평을 지향합니다. 열역학의 법칙들도 더욱 높은 관점에서 보면 결국 전체로서의 코스모스에 형평을 이루는 현상을 해명하는 것이라고 나는 해석합니다. 어떤 운동도 한 방향으로 무한히 지속될 수는 없지요. 일정한 한도에 도달하면 튕기거나 폭발합니다. 닫힌 용기에 담긴 물을 뜨겁게 하기 위해 계속 끓이면 용기가 터져 흘러넘칩니다. 아무리 강고한 용기에 담은 물이나 공기도 계속 열을 가하면 용기가 터져 밖으로 나오게 됩니다. 강고한 강철 그릇이 연약한 물이나 공기의 팽창에 밀려 터지는 겁니다. 인간사회의 경우도 그러합니다. 끝 간 데 없이 억누르다 보면 결국은 되튕김의 운동이 터져 나옵니다. 다수 국민을 일방적으로 억누르는 권력이나 체제는 오래 가지 못하여 무너지고 맙니다.

억압과 착취는 스스로를 부정하는 경향이 있지요. 10퍼센트 인구가 90퍼센트의 부를 소유한 사회에서, 가진 자가 더 많이 갖고자 계속 빼앗아가면 나중에는 빼앗을 것이 없게 됩니다. 1퍼센트 인구가 99퍼센트의 부를 소유하는 데 이르면, 가진 자들이 스스로의 몫을 키우기 위해서도 99퍼센트 인구에게 부를 나누어주지 않을 수 없게 됩니다. 이는 자본주의적 이윤추구가 정상적으로 이루어질 경우를 가정한 것이고, 그 지점에 도달하기 전에 변화가 일어나게 마련입니다. 부유한 소수 계급이 자신들의 지위를 유효하게 유지하기 위해 빈곤한 다수 계급에게 경제적 가치를 나누어주는 데 동의함으로써 경제체제를 바꿀 수도 있습니다. 유럽형 복지국가가 이에 해당할 테지요. 아니면 빈곤한 다수자 계급이 더 이상 기존질서에 복종하기를 거부함으로써 새로운 체제를 도입하거나, 적어도 기존 지배집단을 축출할 수도 있습니다. 동유럽이나 중남미의 여러 경우가 이에 해당하겠지요.

역사의 시계를 거꾸로 돌리는 이명박 정권

노자의 가르침은 바로 그런 데에 있습니다. 흔히 노자는 심오한 철리를 설파한 도인으로 인식되었고, 사회·정치적으로는 빈곤한 다수인 소농민의 편에 선 철인으로 알려졌지요. 그의 논리는 심오하다 할 수는 있으나 신비한 것은 아닙니다. 특히 정치사상의 관점에서 보면 그는 지배자의 입장에서 체제를 안정화하는 데 주된 관심을 지닌 사람이었습니다. 이를테면 그는 한꺼번에 다 빼앗아 먹을 생각을 버리고, 조금씩 천천히 오래오래 지배할 수 있도록 하라는 교훈을 남긴 셈입니다. 그렇더라도 노자의 정치술은 훌륭한 것이었다고 해야 합니다. 고·중세 철학자들 가운데 임금이 없는 인간사회를 꿈꾼 사람은 거의 없습니다. 군주가 없는 국가, 곧 공화국이라는 개념이 현실 속에서 일반화된 것은 겨우 백 년 남짓 밖에 되지 않습니다. 그러고 보면 백성을 위한 정치를 역설한 옛 사상가들이 펼쳐낸 정치적 상상력은 성실하고 자비로운 것입니다.

지배와 복종을 인간상 성립의 요건으로 상정했던 유가의 철학은 위민과 민본을 기본으로 깔고 있습니다. 맹자는 이렇게 말했지요. "임금〔諸侯〕의

노무현 전 대통령 서거에 대한 추모민심은
이명박 정권을 향한 변화 요구로 이어졌다.

마음을 얻는 이는 벼슬아치가 되고, 시골구석 사람들의 마음을 얻는 이는 임금들의 임금〔天子〕이 된다." 또 이런 말도 했지요. "하늘은 인민의 눈으로 보고 인민의 귀로 듣는다." 민심이 곧 천심이라는 뜻이지요. 이 문장은 실은 맹자가 처음 말한 게 아닙니다. 공자보다 5백 년쯤 전인 기원전 12세기에 찬술된 『서경』에 있는 말을 맹자가 인용한 것이지요.

공자는 정치에 종사할 수 있는 자격으로 다섯 가지 태도를 들었습니다. "백성이 이롭게 여기는 쪽을 따르고, 생업을 저해하지 않으며, 보편복리에 노력하되 대가를 바라지 않고, 상황변화와 무관히 항시 겸허하며, 위엄을 지니되 억압하지 않아야 한다." 또한 정책 시행에서 범해서는 안 될 금기를 네 가지로 들었습니다. "금지할 것을 미리 알려주지 않은 행동에 대해 형벌을 가하지 말 것, 이루도록 독려하지 않은 결과에 대해 책망하지 말 것, 생산시기에 맞지 않는 징수를 부과하지 말 것, 쌓여있는 물자를 나눠줌에 있어 인색하지 말 것이다." 대중의 복리보다 자신들의 배타적 권익을 탐하는 무리는 정치에 임할 자격이 없다는 말씀입니다. 지금의 정치는 공자의 뜻에 철저히 배치되는 쪽으로 가고 있습니다.

우리가 제도로서의 민주주의를 가진 지 이제 60년이 넘습니다. 환갑이 지난 대한민국의 '민주'정치가 역사의 시계를 거꾸로 돌리고 있습니다. 조선시대 임금도 지금처럼 마구잡이 지배행태를 보인 적은 거의 없습니다. 조선이라는 나라를 개창한 으뜸 주인공인 정도전은 이렇게 말했지요. "백성은 나라의 뿌리이며 임금의 하늘이다. 군주는 백성의 마음을 얻지 못하면 버림을 받는다." 여기서 정도전은 인민 일반에게 권력에 대한 저항권을 적어도 이데올로기의 수준에서 부여합니다. 이는 정도전 개인의 생각이 아닙니다. 이 말이 실려 있는 『조선경국전』(朝鮮經國典)은 나라를 경영하는 성문헌법의 성격을 띱니다. 이는 몇 년 전 헌법재판소에서도 확인한 바 있는 사실입니다. 6백 년도 넘은 14세기 말에 지어진 책이지요. 60년 넘은 대한민국 민주주의를 짓이기고 6백 년 넘은 조선왕국의 민본정신까지 깔아뭉개는 현정권은 과연 임기 이후를 어찌 감당하려는 걸까요.

새해 벽두부터 용산 철거민들을 잔인하고 죽이고, 연쇄살인범 강호순을 이용해 용산 참사로부터 여론의 눈길을 돌리고, MBC 피디수첩을 핍박하여 언론에 재갈을 물리고, 광화문 거리를 '명박산성'으로 덮어 모임의 마당을 막고, 제16대 대통령 노무현을 견딜 수 없는 치욕으로 몰아붙여 벼랑 아래로 떨어지게 했지요. 대통령 서거를 애도하는 시민들을 핍박하고, 'MB 악법'을 통과시키고자 국회를 몰아붙이는 정권 행태는 90세의 존경받는 목사로 하여금 목매어 자살하게 만들기도 했습니다.

이명박 정권은 나라를 거덜내고 대다수 국민을 핍박하기로 작심한 모습을 날로 드러내고 있습니다. 자살한 강희남 목사가 남긴 말이 널리 퍼져나갈 것이 우려되지도 않는 모양입니다. "지금은 민중 주체의 시대다. 4·19와 6월 민중항쟁을 보라. 민중이 아니면 나라를 바로잡을 주체가 없다. 제2의 6월항쟁으로 살인마 리명박을 내치자."

이 정권이 지향하는 정책목표는 사상·표현의 자유 억압, 공공재의 사유화, 자연환경 파괴의 난개발, 재벌과 부자 편들기, 같은 민족 애먹이기, 외국에 굴종하기 등으로 요약될 수 있을 것입니다.

외국 힘 빌려 같은 민족 죽이기

이명박 대통령은 아소 다로 일본총리와 여러 차례 만나고도 과거사에 대해 한마디도 언급하지 않았지요. 아소 다로는 조선인에게 강제노역과 임금착취를 자행한 대표적 기업인 아소탄광 창업자의 후손이며, 한일관계 과거사를 왜곡하는 발언을 일삼는 보수정치인입니다. 그는 "창씨개명은 조선인이 원해서 한 것이다"라고 주장하고, "조선인 강제징용은 없었다"는 망언을 내뱉고, 미 하원의 일본군 위안부 결의안에 대해서는 "객관적 사실에 기초하지 않은 이간질 공작"이라고 논평하기도 했지요. 이런 자와 정상회담을 하면서 이명박은 전범기업인 미쓰비시 중공업에게 아리랑 3호 위성 발사용역을 맡기기로 했다지요. 그러고는 "한일관계는 미래지향적으로 나가고 있다"고 하면서, "성숙된 동반자 관계로 발전시켜나가는 데 인식이 완전히 일치됐다"는 아소 다로의 말에 동의했다지요.

이 정권에 이데올로기를 제공하는 뉴라이트 집단은 일본에게 과거사에 대해 묻지 않는 것에 머물지 않고, 심지어 일본제국주의의 강압적 지배를 한국사의 근대화로 미화하는 논리를 꾸며내면서 그것을 교과서에 포함시키려 하고 있습니다. 이쯤 되면 대한민국 정부가 한국인을 위한 정부인지가 의심스럽지 않을 수 없습니다. 일본에 충성하는 2중대 정부라는 칭호를 들을 만하지 않을까 합니다. 일본에서, 그것도 자민당 내에서 퇴진요구에 시달리고 있는 아소 다로가 총리인 이 시절에 말이지요.

같은 민족인 북한에 대해서는 싸늘한 자세를 견지하는 모습입니다. 버락 오바마 미국 대통령은 후보 시절 "내가 대통령에 당선되면 시리아·이란·북한의 지도자들을 만나겠다"고 했다지요. 그런 오바마를 설득해서 김정일과 만나지 못하도록 하는 '외교적 성과'를 이명박 정부는 거둔 듯합니다. 지난 달 있던 한미 정상회담에서 이명박은 북한에 대해서는 경제적 제재와 핵 폐기 요구로 압박을 가하면서 미국의 핵우산을 포함한 확장억지력을 제공받는 '공동대응' 방안에 합의했다고 합니다. 국내정치에서 정적을 파격 발탁하는 '포용의 정치'를 펼치는 오바마의 국제정치노선이 북한에 대해서는 '배제의 외교'로 돌아서는 것이 아닌가 싶습니다.

이는 이명박식 외교의 '성과'일 터인데, 민족사의 미래라는 관점에서 보면 과연 바람직한 것이라 하기는 어려울 듯합니다. 더욱이 한반도 문제를 다루는 6자회담에서 북측을 제외한 5자회담을 중심으로 나아가려는 '이명박 구상'이 먹혀들 경우 남북 당사자 간의 주체적 협력과 합의는 더욱 어려워지겠지요. 또한 향후 정세변화에 따라 북·미 직접대화가 진전될 경우 거꾸로 남측이 배제된 협의로 나아갈 가능성도 없지 않습니다.

남북관계나 외교관계에서는 평화를 최우선으로 하는 전략적 원칙, 그리고 소통과 협력을 위한 전술적 유연성을 함께 지닐 때에만 올바른 성과를 거둘 수 있다고 확신합니다. 동족을 곤궁하게 하고 압박하는 일에 외국의 힘을 빌리고자 하는 이명박식 외교는 비굴한 대외의존성이라는 점에서 현 시점에서 문제가 될 뿐 아니라 미래 전망에서도 불리한 점과 불안요소를 다분히 함축하는 것이라 하겠습니다.

사회양극화를 부추기는 경제정책

정부와 한나라당이 입법을 통해 추진하고 있는 경제정책은 한마디로 재벌 편들기와 사회양극화를 위한 것입니다. 재벌의 은행 소유지분을 늘리고, 산업자본이 투자전문회사 안에서 점유할 수 있는 비중을 늘려주는 법안이 지난 4월말 국회에서 통과되었습니다. 상위권 재벌들의 경제 장악력이 증대할 것은 확실합니다. 1가구 3주택 이상 다주택자와 비사업용 토지에 대한 양도소득세를 경감시켜줌으로써 부자들의 부담을 덜어주는 입법도 이루어졌지요. 사교육비와 의료비 지출이 각각 가구소득의 10퍼센트를 상회하고, 의료비 본인 부담률이 OECD 국가 중에서 가장 많은 42퍼센트인 현실에서, 대표적인 사회공공재인 교육과 의료를 더욱 기업형으로 차별화함으로써 부익부 빈익빈을 조장하고 있습니다. 심지어 수돗물과 전기와 같은 기본 생활재까지 기업형 운영으로 전환하고자 하기도 합니다.

장하준 교수의 분석에 따르면 2005년 현재 시가총액 30대 기업의 외국인 주식보유 상황을 보면, 한국 기업은 국적만 한국일 뿐 사실상 대부분 외국 기업입니다. 따라서 아무리 열심히 일해도 국부는 모두 외국으로 유출된다는 것입니다. 외국자본은 70퍼센트 정도가 공장설립형 생산자본이 아니라 인수합병형 투기자본입니다. 투기자본은 기업 가치를 높이기 위하여 구조조정을 단행하는데, 이는 사회 전반에 비정규직이 확산되는 가장 큰 이유가 되었다고 합니다.

네이버 블로거 sbrlee99가 정리한 2007년 말 통계를 보면 비정규직 노동자와 월평균소득 120만 원 이하 노동자가 전체 노동자의 절반에 육박합니다. 최저생계비 64만 원 이하의 노동자도 2백만 명입니다. 가계부채가 500조 원을 넘어 국민 1인당 1천만 원이 넘는 부채를 안고 살아가는 셈이지요. 2008년을 지나면서 그 수치는 더욱 높아졌을 테지요. 금년 5월 정부의 통계로도 하루 세 끼 밥을 먹기 어려운 절대빈곤층이 인구의 7.8퍼센트입니다. 상위 10퍼센트와 하위 10퍼센트의 소득격차는 18배라고 합니다. 국토의 70퍼센트가 사유지인데, 땅 부자 1.3퍼센트가 사유지 65퍼센트를, 그리고 5퍼센트가 82.7퍼센트를 차지하고 있답니다. 지난 30년간 물가가 10배 오르는 동안 땅값은 19배로 상승했고, 땅 부자 3.9퍼센트가 자본이득의 80퍼센트를 차지합니다. 그런데도 금융자산 1백만 달러 이상인 한국의 부자들 중 금융소득 종합과세를 납부하는 사람은 4명 중 1명이랍니다.

정부와 한나라당이 심화시키고 있는 양극화는 사회의 전반적인 타락을 동반합니다. 20, 30대 여성 취업인구의 8퍼센트가 성매매업에 종사한다고 합니다. 불황과 실업으로 인한 절망적 선택이지요. 하루 평균 성구매자가 35만 명이 넘고, 성구매 액수는 연 24조 원으로 GDP의 4.1퍼센트입니다. 이는 농어업 4.4퍼센트와 비슷한 규모입니다. 해마다 1만 명 이상이 자살을 하는 세계 최고 자살률을 보이고 있으며, 가임여성이 출산하는 자녀수는 1.17명으로 세계 최저 출산율을 기록하고 있습니다. 청소년 10명 중 6명이 기회가 닿으면 이민을 가고 싶다고 합니다. 이명박 정부는 인구 1퍼센트가 국부 99퍼센트를 차지할 때까지, 인구 99퍼센트가 절대빈곤층이 될 때까지 양극화를 추진하려는 듯 보입니다.

기만과 번복으로 점철된 약속

이명박 대통령은 지난 6월 29일 라디오 연설을 통해 "대운하의 핵심은 한 강과 낙동강을 연결시키는 것인데 정부는 이를 연결할 계획이 없다. 임기 중에는 대운하를 추진하지 않겠다"고 했습니다. 그러면서도 한편으로는 보를 설치하고 준설하는 4대강 정비사업은 지속적으로 추진하겠다고 했지요. 전국 대학교수 2,500여 명으로 구성된 '운하반대전국교수모임'은 "보 설치와 준설을 위주로 하는 4대강 정비사업은 결코 4대강을 살리는 사업이 아니라 오히려 4대강을 죽이기 위한 사업에 불과하며 사업의 시기와 규모, 내용 등을 고려할 때 한반도 대운하를 위한 1단계 사업에 불과하다고 생각한다"고 밝히고 있습니다.

교수모임은 '생명의 강 연구단'이 그동안 조사한 태화강 수질개선 사례를 토대로 보 설치와 준설이 결코 수질개선에 기여하지 못하며, 정비사업은 수질오염뿐만 아니라 홍수를 초래하고 환경을 훼손시키는 등 여러 문제를 일으킬 것이라는 점을 기자회견을 통해 밝혔습니다. 4대강 사업으로 이름만 바꾼 운하사업은 경제적 효과의 한계, 수질오염과 토지훼손 등 자연파괴, 기술적 난점, 선진국 하천복원의 추세 등으로 볼 때 즉각 폐기해야 합니다. 대신 22조 원이라는 막대한 예산을 보건복지와 공교육의 증진에 투입하여 사회안전망을 확충하고, IT와 BT 등 첨단 과학기술에 투자함으로써 고부가가치 일자리 창출에 기여하도록 해야 할 것입니다.

2008년 촛불정국에서 이명박 대통령은 대국민사과담화를 발표했지요. "지난 6월 10일, 광화문 일대가 촛불로 밝혀졌던 그 밤에, 저는 청와대 뒷산에 올라가 끝없이 이어진 촛불을 바라보았습니다. 시위대의 함성과 함께 제가 오래 전부터 즐겨 부르던 '아침이슬' 노래 소리도 들었습니다." 그러던 그가 바로 며칠 후 "국가정체성에 도전하는 시위나 불법 폭력 시위는 엄격히 구분해 대처해야 한다"는 구실로 촛불을 강제해산하고 신공안몰이를 시작했습니다. 김동춘 교수가 지적하듯이 "이명박 정부의 공안몰이에는 박정희에서 노태우에 이르는 군사독재 시절의 모든 탄압과 억압의 기제가 작동하고 있습니다. 거기서 빠진 것은 전기고문 · 물고문 · 성고문 정도입니다."

　이명박 대통령과 한나라당이 누리는 권력은 원천적으로 정통성이 높다고 볼 수 없습니다. 최근 두 차례씩의 대선과 총선에서 당선자와 여당이 얻은 지지율을 도표로 그리면 다음과 같습니다.

〈표1〉 노무현, 이명박 대통령 대선 득표율 (단위: 퍼센트)

	총 투표율	투표자 대비 당선자 득표율	유권자 대비 당선자 득표율	비고
2002년 대선	70.8	48.9	34.6	노무현 당선
2007년 대선	63.0	48.4	30.5	이명박 당선

〈표2〉 열린우리당, 한나라당 총선 득표율 (단위: 퍼센트)

	총 투표율	투표자 대비 여당 득표율	유권자 대비 여당 득표율	비고
2004년 총선	60.6	42.0	25.4	우리당 152석
2008년 총선	46.1	37.5	17.2	한나라 153석

　2007년 대선에서 총 투표율은 63.0퍼센트, 이명박 후보의 득표는 투표자 대비 48.4퍼센트, 유권자 대비 30.5퍼센트였습니다. 전체 유권자의 69.5퍼센트는 이명박 후보에게 투표하지 않았던 것입니다. 2002년 대선에서 노무현 후보는 70.8퍼센트의 투표율에 48.9퍼센트 득표율로 유권자 대비 34.6퍼센트의 지지를 받았습니다. 2008년 이명박 후보는 2002년 노무현 후보에 비해 투표자 대비 0.5퍼센트, 유권자 대비 4.1퍼센트 모자라는 득표를 한 것입니다.

　2008년 다수여당이 된 한나라당은 2004년 다수여당이 된 열린우리당에 비해 투표자 대비 4.5퍼센트, 유권자 대비 7.8퍼센트 모자라는 지지를 얻었습니다. 2008년 총선의 투표율은 46.1퍼센트였는데, 한나라당은 투표자 대비 37.5퍼센트, 유권자 대비 17.2퍼센트의 지지를 받았습니다. 즉 유권자의 82.8퍼센트는 한나라당 후보에게 표를 주지 않았습니다. 그럼에도 한나라당은 의석의 51.2퍼센트에 해당하는 153석을 가진 거대여당이 되었습니다. 지지율에 비해 엄청나게 많은 의석을 차지한 것이지요.

물론 이명박 정부와 한나라당이 선거에 의한 합법적 정부이며 합법적 다수여당임에는 틀림이 없습니다. 하지만 이명박 후보와 한나라당이 얻은 지지율의 수치는 각각 4년 전 노무현 후보와 열린우리당이 얻은 득표에 비해 낮은 수준인 것도 사실입니다. 이는 한나라당이 야당이었을 때 여당에게 요구했던 '대화와 타협의 정치로 돌아가야 한다'는 당위를 웅변해줍니다. 이런 점들로 볼 때 요즘 정부와 한나라당이 벌이는 독선적 국정운영은 바꾸어야 합니다.

여기서 우리는 또한, 손호철 교수가 주장하듯 이제 선거법을 독일식 비례대표제로 고쳐야 함을 절감합니다. 지지율과 의석 비율이 일치하도록 제도를 바꾸어야 하는 것입니다. 득표 차이가 미미한데도 엄청난 의석 점유율 차이로 인해 단순 다수당의 횡포가 가능하도록 만드는 선거제도가 바뀌지 않는 한 국회의 민주적 운영은 기대할 수 없습니다.

보수의 재집권을 막기 위해

이명박 대통령의 입에서 나오는 이야기는 어떤 것이든 진정성을 믿을 수 없다는 문제가 있습니다. "인터넷을 부당하게 통제한다든가 구시대적 발상은 전혀 생각하고 있지 않다"라고 하면서 미네르바를 구속하더니, 이제 국민의 눈과 귀를 멀게 만들고자 특히 '미디어 악법'의 제·개정 움직임에 열을 올리고 있습니다. 이 정권에게 무엇을 해달라고 말이나 글로 요구하는

막연한 대중이 아니라 깨어있는 시민의 조직된 힘이 민주주의를 지킨다.

것은 쇠귀에 경 읽기인 것입니다. 노무현의 말을 다시 떠올리게 됩니다. 국민대중의 힘을 조직해야 합니다.

2007년 한때 많은 유권자들이 이기심과 사행심에 떠밀려 12월 19일 순간의 선택을 잘못함으로써 온 국민이 겪게 된 국가적 고통과 민족적 시련에 대해 우리 모두 나를 탓하면서 아프게 반성해야 합니다. 이명박 이후를 준비해야 합니다. 아직 3년 반이 남았다고 느긋해하면 하면 안 됩니다. 사실은 매우 급합니다. 이유는 두 가지입니다. 첫째, 상대방은 준비되어 있습니다. 박근혜건 정몽준이건 저들이 내세울 다음 인물은 조·중·동이 만드는 여론으로 언제든 떠오르게 되어 있습니다. 둘째, 민주진보 쪽은 준비가 되어 있지 않습니다. 정당조직의 수장들은 대중적 스타로 발돋움하기 어렵고, 대중적 인지도가 높은 스타들은 조직세력을 장악하지 못하고 있습니다.

이명박 이후를 시급히 대비해야 하는 사유는 엉뚱한 데서 발생할 수도 있습니다. 최근 민생을 챙기는 기만행보를 보이고는 있지만 이명박 정치를 보는 눈은 왼쪽에서 보나 오른쪽에서 보나 비슷합니다. 수구 아닌 보수의 편에서 보면 이명박 스타일은 한마디로 위험합니다. 심지어 이회창과 김용갑이 이명박을 비판합니다. 특히 김용갑의 평가가 걸작입니다. "이명박 정권은 현재 사면초가에 몰리고 있다." "인사·경제 정책은 극우정책에 가깝다." 극우에 속하는 김용갑의 평가가 이런 지경입니다. 이명박식 옥죄기가 아니어도 잘 나갈, 아니 신자유주의 유연화 정책을 통해 더욱 순조롭게 번창할 중도보수의 입장에서는 이명박의 1퍼센트 부자 받들기 정책은 오히려 부담이 됩니다.

여기서 우리가 주의할 대목이 있습니다. 민중운동이 아니라 보수 쪽에서 이명박을 넘어뜨릴 가능성이 없지 않다는 사실을 눈여겨보아야 합니다. 전혀 예기하지 못한 상태에서 이명박이 제거되는 사태를 맞이해서는 안 됩니다. 보수가 다시 부드럽게 원활하게 재집권하는 일을 막아야 하는 것입니다. 그런 점에서 이명박 정권은 임기를 버텨내도록 희망해야 하는 것이지요. 그리고 적어도 2012년 12월에 대해서만은 제대로 준비해야 합니다.

눈물에 엉긴 분노를 세상 바꾸는 힘으로

노무현을 잃은 눈물을 통한의 눈물로 끝내지 않기 위해, '아주 작은 비석'에 신영복이 쓴 노무현의 말을 말뿐이 아닌 실천으로 새겨야겠습니다. "민주주의 최후의 보루는 깨어있는 시민의 조직된 힘입니다." 우직한 바보 노무현을 대통령으로 만든 네티즌의 노란색 물결이 희망이라고 말할 사람들이 있겠지요. 촛불이 횃불이 되는 날 민주주의는 되살아날 거라고 기대하는 이들이 있겠지요. 안 됩니다. 대중에 의존해서는 안 됩니다. 신세대의 비판의식과 발랄한 행동에 많이 기대해서는 안 됩니다. 저질정권의 비열함에 일상적으로 비웃음을 날리다가도 선거날이 되면 산으로 들로 놀러가는 아이들에게, 촛불을 들고 강부자 내각 고소영 정권을 욕하다가도 경찰의 곤봉과 방패가 날을 세우면 멀찌감치 떨어져 외면하는 대중에게, 민주와 진보의 가치를 실현하라고 주문하는 것은 과도한 요구입니다.

자발적이고 산발적인 촛불이 제도권력을 만들지는 못합니다. 의식된 힘들이 조직을 만들어나가야 합니다. 유시민·안희정·김부겸이 앞에 나서고 유인태·정세균·원혜영이 뒤를 받쳐야 합니다. 자신을 폐기물 상자에 던져버린 정동영에 대해 전주시민은 신중하게 성찰해야 합니다. 손학규·강금실·추미애도 함께해야 합니다. 손석희·박원순·최열도 구정물 튀기는 진흙탕에 몸 담그기를 주저해서는 안 됩니다. 시대의 소명에 응답하는 희생적 자세가 요구됩니다. 노회찬·심상정·강기갑·권영길도 함께해야 합니다. 김세균·오세철·손호철도 협조해야 합니다. 진보진영도 현실감을 발휘해야 합니다. "나빠질수록 좋아진다"는 19세기적 잠꼬대는 접어야지요. 명계남·문성근·권해효·최광기도 거들어야 합니다. 교육비는 물론 전기료·수도료의 생계비에도 쪼들리는 사람들이 강부자·고소영 정권에 투표하는 기현상을 타파해야지요. 꼭 단일한 정당의 깃발 아래 뭉쳐야 하는 것은 아닙니다. 이명박의 배턴을 이어받는 수구보수 후보에 맞설 단일후보에 맞설 범진보 후보통합을 이룰 수 있으면 됩니다.

2001년 말 어떤 모임에서 누군가가 2002년 대선에서 이회창 후보를 이길 수 있는 연권 후보로 노무현을 꼽은 적이 있었답니다. 국민경선 형식의 흥행을 통해 바람을 일으키면 본선에서 당선시킬 수 있다는 주장이었지요. 그때 서른 명 넘는 참석자 가운데 그 희망 실은 견해에 동조하는 이는 열 사람이 채 되지 않았지요. 하지만 그 희망은 현실이 되었습니다. 대중은 스스로 조직될 수 없으나 내부에 올바른 직관력과 건강한 실천력을 갖추고 있습니다. 우리는 해낼 수 있습니다. 국민대중의 힘을 조직화해내는 지혜를 발휘할 때 우리는 성공할 수 있습니다(인터넷 논객 필통지기 이혁, 스타리 나잇 이종필, 선지자 안홍기의 말에 주목할 필요가 있습니다).

우리가 흘리는 눈물은 그냥 흘려버리고 흘러가버리는 액체가 아닙니다. 하늘로 증발하여 거대한 구름으로 다시 뭉치고, 대지를 흠뻑 적시는 힘찬 강물로 콸콸 넘쳐흐를 것입니다. 우리의 눈물은 분노의 눈물이고 결의의 눈물이며 각오의 눈물입니다. 국민주권을 부정하는 턱없는 독선과 오만에 대한 분노, 가난하고 힘없는 사람들을 부당하게 짓누르는 권력을 두고 볼 수 없다는 결의, 억압과 협박에 맞서는 정의의 힘을 모아내야 한다는 각오가 함께 응어리져 터져 나오는 눈물입니다. 말도 안 되는 이명박식 정치를 적어도 2012년에는 끝내야 합니다. 강부자·고소영에서 시작해서 최근 천성관과 백용호를 등용하는 데 이르기까지 막돼먹은 정부가, 김용갑조차 '극우정권'이라고 비판하는 정권이 생명을 연장하도록 내버려둔다는 건 역사에 대한 배신입니다. 지하의 노무현이 통곡할 일입니다. 눈물에 엉겨있는 분노를, 정치를 바꾸고 사람 사는 세상을 일구는 힘으로 전화해내야 합니다.

매체, 소통 그리고 민주주의

프랑스 혁명 시기와 오늘의 한국사회

주명철 한국교원대학교 교수 · 역사학

" 권력을 쥔 사람이 단순히 그 유리한 지위만 이용하지 않고
훌륭한 정책을 세워 널리 알리고 인정받는다면, 국민은
충심으로 그를 지지할 것이다. 그러나 일부의 이익만 대변하여
사회적 갈등의 원인을 제공하면서도 권력의 이점을 모두
남을 탓하는 데 탕진하는 우리의 현실은 앙시앵 레짐 말기
루이 16세의 모습과 얼마나 비슷한가. "

예년과 마찬가지로 올해 5월 마지막 금요일과 토요일에 전국역사학대회가 열렸다. 이번 공동주제는 "매체와 소통으로 보는 역사"였다. 역사학대회 조직위원회는 2008년에 이 주제를 골랐는데, 새 정부가 들어선 뒤 매체와 소통의 문제가 가장 돋보였기 때문에 동서양의 역사 속에서 연구해볼 만한 주제라고 생각했던 것이 분명하다. 나는 정부와 여당이 어떻게든 미디어법을 통과시키려고 노력하는 시점에서 아주 적절한 주제라 생각했다.

디지털 시대의 매체를 자본이나 국가권력이 자기 입맛대로 길들이려는 경향과 그에 맞서 저항하는 사람들의 반작용을 직접 경험하면서, 내가 지금까지 프랑스 혁명 이전의 사회를 공부하면서 배운 내용과 유사한 점을 많이 발견하였기 때문에 할 말이 있었다. 이 글에서는 학회에서 발표한 내용을 살려, 200여 년 전의 프랑스와 오늘날 우리나라의 현실을 비교하면서 매체와 소통의 문제를 짚어보고자 한다.

역사는 시간여행이다. 그러므로 우리가 여행을 떠나는 이유를 먼저 생각해본다. 굳이 모험을 기대하지 않으면서도 일상에서 벗어나려는 사람은 익숙한 곳으로 간다. 낯익은 풍경과 사람들 틈에서 자신의 익명성을 지키면서 즐길 수 있다. 그러다가 얼핏 보기에 비슷하지만, 낯선 상황을 만나기도 한다. 모험은 아니라 해도 낯설음을 체험하는 재미가 있다. 그와는 달리 모험을 해도 좋다고 생각하는 사람은 아주 낯선 곳으로 간다. 자신의 일상에서는 잘 겪지 못할 특별한 경험을 하면서도, 마침내 '역시 사람 사는 곳은 거기서 거기구나'라고 느끼고 성취감을 안고 일상으로 돌아간다.

역사 공부도 마찬가지다. 역사학자는 굳이 낯선 영역을 드나들면서 낯설음을 강조하지만, 일반인은 낯선 장소에서 아주 낯선 사람들을 만나면서도 결국 자신들과 비슷한 면을 발견하고 신기하게 여긴다.

프랑스 혁명을 이끌던 사람들이 '구제도'라 부르며 거부했던 앙시앵 레짐(ancien régime)과 우리 시대를 서로 닮았다고 할 수 있을까? 앙시앵 레짐은 역설을 담은 말이다. 죽어가면서 태어난 제도를 지칭하기 때문이다. 혁명을 일으킨 사람들은 자신들이 만드는 새로운 질서와 구별하기 위해, 자신들이 버려야 할 과거를 싸잡아 '구제도'(앙시앵 레짐)라 불렀다. 그리하여 앙시앵 레짐은 마땅히 사라져야 할 제도를 가리키게 되었다.

혁명가들이 앙시앵 레짐을 거부하는 태도는 그 뒤 200년 가까이 프랑스 혁명사 연구에 영향을 미쳤다. 얼마 전까지 우리나라의 중고등학교 세계사 교과서를 보면, 프랑스 혁명을 다루는 부분에서 어김없이 '구제도의 모순'부터 말하고 계몽사상에 물든 부르주아 계층이 그 모순을 극복하기 위해 혁명을 일으켰다고 서술했다. 이는 앙시앵 레짐을 거부하던 혁명가들의 태도를 체화한 결과다.

그러나 '새로운 역사'를 연구하는 학자 가운데는 앙시앵 레짐의 타성과 모순을 부정하지 않으면서도 역동성과 조화도 함께 파악하여 그 시대의 참모습을 보려는 사람들이 나타났다. 그들은 앙시앵 레짐의 모습이 이긴 자—혁명가—의 어깨 너머로 본 상이라는 사실, 혁명의 빛으로 보았기 때문에 더욱 어둡게 본 상이라는 사실을 강조하면서, 앙시앵 레짐이 '발명'되었다고 주장했다. 그들은 '목적론적 역사'에서 벗어나자고 제안했다. 특히 프랑수아 퓌레는 이렇게 물었다. "오늘은 어제의 유일한 미래인가?"

우리는 이미 일어난 일의 원인을 과거에서 찾으려 한다. 그러나 과거에서 오직 그 원인만 보려 한다면, '과거'는 오늘의 두드러진 현상의 원인으로만 축소된다. 그렇다면 '과거'를 어디까지 확장할 것인가? 우리는 과거 속에서 원인을 찾으려고 아프리카의 올두바이 협곡으로 가지는 못한다 해도, 베이징이나 자바, 또는 알타미라의 동굴이나 제주도의 빌레못 동굴로 가야 하는가? 이 질문이 황당하다고 생각하는 사람은 과거 속에서 미래를 예언하는 방식의 역사를 피해야 한다는 말에 고개를 끄덕이리라. 우리가 앙시앵 레짐

파리 시민들이 구제도(앙시앵 레짐)와 전제정치의 상징인 바스티유 감옥을 습격하는 장면.
이 사건은 프랑스 혁명의 첫 불길이 되었다.

을 혁명이 거부한 것이 아니라 혁명을 낳은 것으로 봐야 한다는 주장에 더욱 귀를 기울여야 할 이유다.

앙시앵 레짐은 멀리 1,000년, 가까이 200년 동안 온갖 물줄기가 흘러들어 이룬 강으로 비유할 수 있다. 정치적으로는 루이 14세 시대에 강화된 절대주의 시대였다. 사회적으로는 중세에 뿌리를 둔 3분법, 기도하는 사람, 싸우는 사람, 일하는 사람을 적용하여 종교인·귀족·평민의 신분제도를 유지했다.

경제적으로는 80퍼센트 이상이 농촌에 사는 농업 위주의 생산 활동에 덧붙여 기껏해야 도시의 도매상인이 대주는 원료를 갖고 집에서 상품을 만들어 납품하는 시대였다. 그러므로 '부르주아 혁명'이라는 개념도 다시 검토해야 한다. 왜냐하면 18세기의 '부르주아 계층'은 산업혁명기 자본을 가지고 노동자를 착취하던 계층과 달랐기 때문이다. 그들은 대부분 금리생활자로서 귀족의 생활방식을 흉내내는 사람들이었다.

또 앙시앵 레짐의 프랑스는 종교적으로 1555년의 아우크스부르크 평화조약의 원칙(한 나라의 종교는 지배자가 믿는 종교, 1국가 1종교)을 적용하여 가톨릭을 국교로 삼았다. 프로테스탄트와 유대인의 양심은 혁명 직전에야 공식적으로 인정받았다. 게다가 앙시앵 레짐은 국제 관계에서 형성되었는데, 루이 16세는 오스트리아의 황제 마리아 테레지아의 사위였고, 에스파냐의 왕실과 친척이었다. 이렇게 간단히 살펴보아도 서로 모순되는 현상을 낳는 요소뿐만 아니라 조화와 역동성을 가진 요소가 복잡하게 얽히고설켰는데, 어찌 모순투성이로만 해석할 수 있겠는가?

게다가 앙시앵 레짐 시대에 주류문화는 물론 궁정문화였지만, 공론의 영역이 차츰 나타났으며 비주류이긴 해도 거기서 체제비판의 문화가 발달했다. 공론의 영역은 아카데미·대학교·살롱·프리메이슨 집회소에서 발달했다. 거기 드나드는 사람은 대체로 중등교육 이상을 받았고, 계몽사상가의 글을 읽고 소통할 수 있는 능력을 갖추었다. 그러나 이들 가운데 직접 돈을 주고 책을 사서 읽는 적극적 독자는 약 2퍼센트(18세기 중엽의 인구 2,500만 명 가운데 50만 명) 정도에 불과했다.

혁명의 빛으로 본 계몽주의가 사회 곳곳에 보급된 것 같았지만, 사실상 그것은 어두운 바다에 집어등을 켠 배 같은 현실이었음을 이해할 수 있다. 더욱이 우리는 한 번도 직접 만나지 못하고 살다간 사람들을 모두 계몽사상가라 부르면서 공통점을 찾고, 너무 쉽사리 혁명사상을 보려고 한다. 그러나 오늘날에는 좀더 신중한 태도가 발전했으니, 이는 우리 시대 지식인들이 모두 반체제 인사인 것은 아니라는 사실을 생각하면 쉽게 동의할 수 있는 태도다.

앙시앵 레짐 시대의 귀족 여성은 머리를 1미터까지 높이는 요란한 머리장식(고슴도치 양식)을 한 채, 뒤에서 끈을 꼭 조여매서 가슴을 마치 엉덩이를 드러낸 것처럼 보이게 만드는 몸통 옷과 살대를 넣은 치마를 입고 우아하게 걸어 다녔다. 또 그 시대 사람은 대부분 태어나면서부터 자신이 정치와 무슨 관계가 있는지 생각조차 하지 못하고 살다 죽었다. 한 마디로 말해서, 겉모습으로 신분의 차이를 뚜렷이 보여주고 민주화가 덜 된 시대였다.

그 시대에도 현실을 비판하고 개선하려고 노력한 지식인이 있었다. 우리는 그러한 지식인을 계몽사상가라고 부른다. 그러나 모든 지식인이 계몽사상가는 아니었다. 또 모든 계몽사상가가 정치적이거나 반체제 인사였던 것도 아니었다. 디드로와 함께 『백과전서』를 편찬하던 수학자 달랑베르는 편찬사업이 정치적인 성격을 띠게 되자 힘겨워서 발을 뺐고, 『백과전서』가 박해받을 때 그 원고를 자기 집에 감춰준 도서출판행정총감은 계몽사상가의 친구였지만 루이 16세의 측근으로 정부의 주요 관직을 거쳤고, 혁명기에는 목숨을 걸고 루이 16세를 변론했다.

우리 시대의 지식인 가운데 일제강점기를 고마워하는 듯이 말하는 독특한 정신구조를 가진 사람도 뜻밖에 많다는 점을 고려하면, 당시 프랑스와 오늘 우리나라의 닮은 점을 또 하나 꼽을 수 있다. 우리 시대의 사회적 통합은 혁명 전 프랑스의 신분사회 못지않게 실현하기 힘든 꿈이다. 예나 지금이나 모든 사회는 모순을 가졌으며 구성원 사이에 갈등이 일어나고 때로는 전혀 소통하지 못하지만, 그 갈등의 주체들이 같은 매체를 사용하여 세력을 늘리려고 노력한다는 공통점을 갖는다.

의사소통에서 공간의 통합은 왜 중요한가

오늘날 우리의 공간은 온갖 정보로 가득 차 있다. 하지만 그 정보를 우리에게 넘겨줄 매체를 갖지 못할 때는 이용할 수 없다. 옛날 한 코미디언은 "인천 앞바다에 사이다가 떴어도 컵이 없으면 못 마십니다"라고 익살을 부렸는데, 사이다를 정보로, 컵을 매체로 이해할 수 있다. 아날로그 시대에 정보는 물질적인 매체와 결합하여 보존되었다. 개인의 정보는 뇌 속 또는 일기장이나 금전출납부, 더 나아가 책이나 신문에 보존되었다.

비물질적인 정보, 특히 전파를 타고 퍼지는 디지털화한 정보 또한 물질을 가공한 매체를 통해야만 이용할 수 있다. 예를 들어 인쇄물이 담은 정보는 종이라는 물질과 결합했기 때문에 그 물질을 파괴하면 함께 사라진다. 휴대전화를 영상매체로 활용하는 것처럼 디지털화한 정보도 물질성을 가진 매체를 가지고 이동한다. 이 경우 디지털화한 정보가 반드시 매체와 영구적으로 결합할 필요는 없다. 이처럼 아날로그 시대의 정보와 디지털 시대의 정보는 이용하는 방법과 범위가 다르지만, 우리가 그 정보를 직접 만날 길은 없으므로 물질을 가공한 매체를 갖춰야만 이용할 수 있다.

오늘날 우리는 라디오·텔레비전·컴퓨터 같은 매체만 준비하면 우리 몸까지 와 닿는 정보를 이용할 수 있고, 게다가 그 정보를 가공하여 공동의 저작자—물론 재산권의 영역인 저작권 문제는 발생한다—가 될 수 있다.

이것이 옛 사람과 다른 점이겠지만, 예나 지금이나 인간은 그 자체로 많은 정보를 저장하고 전파하는 매체다.

화상회의의 여건을 만들어주는 통신회사가 항공사의 손님을 빼앗아가는 오늘날에도 정보가 사람과 함께 움직이는 현실을 완전히 벗어나지 못한다. 그래서 공간의 통합, 교통수단의 발달과 이동 문제를 고려하지 않을 수 없다. 하물며 사람·상품·정보가 언제나 함께 움직였던 앙시앵 레짐 시대의 공간통합 문제는 군말이 필요 없을 정도로 중요하다. 우리가 지구촌이라 부를 만큼 공간을 완전히 통합했음에도 사람이 제대로 접근할 수 없는 곳은 많이 남아 있는데, 앙시앵 레짐 시대는 얼마나 불편했으랴.

프랑스는 이탈리아나 네덜란드의 뒤를 좇아 17세기부터 네덜란드의 선진 기술을 들여다 운하를 만들기 시작했다. 1666년부터 1681년까지 15년 동안 수문 62개, 저수지 20개, 인공호수 3개를 갖추면서 거의 250킬로미터의 물길을 만들었다. 대서양에서 지중해까지 물길을 이으려는 앙리 4세의 꿈을 마침내 손자 루이 14세 때 구체적으로 실현하기 시작하여 1750년대에는 물길을 모두 1,600킬로미터로 늘렸다. 2009년, 이명박 정부는 4대강 정비 사업에 막대한 돈을 쏟아 붓겠다고 발표했는데, 부끄럽게도 우리 현실은 프랑스 왕국보다 300년이나 뒤처진 셈이다.

물길은 발달했어도 뭍길이 아직 250년 전의 수준에 머문 프랑스에서는 여전히 인간과 물자가 느리게 이동했다. 그렇긴 해도 주요 도시를 중심으로 유통망이 발달했고, 특히 파리를 중심으로 북동쪽 국경까지 길이 발달했다. 나중에 조사해보니 생 말로에서 제네바를 잇는 선의 북쪽에 식자층이 더 많았는데, 이로써 길이 인간·상품·정보의 유통과 얼마나 밀접한 관계를 가졌는지 이해할 수 있다. 18세기 프랑스는 거의 2만 6천 킬로미터의 도로망을 갖추어 다른 나라의 부러움을 살 정도가 되었다. 하지만 왕령이나 새 소식, 정보가 왕국의 구석까지 전달되려면 2주 이상이 걸렸다. 만일 루이 16세

뤽상부르 궁전 정원에서 신문을 읽는 사람들.
프랑스 혁명 시기에 정보의 빠른 전달은 생존과 연결된 일이었다.

가 시간여행을 통해 우리 이명박 대통령과 정상회담을 한다면, 운하 줄 테니 길을 달라고 하지나 않을까?

요즘처럼 인터넷이 발달한 시대에는 거의 실시간으로 정보를 공유한다. 생산자는 소비자의 반응을 즉시 확인할 수 있다. 기술을 개발하는 축은 정보의 압축률이나 전달속도를 높이는 방법, 간편하게 더 많이 저장하는 방법을 끊임없이 개발한다. 앙시앵 레짐 시대에는 어땠을까? 오늘보다 공간을 통합하지 못한 시대였지만, 당시에 모든 정보는 파리로 모여서 지방으로 확산되는 것처럼 보였다. 영국의 『런던 이브닝 포스트』(London Evening Post)에서 영감을 받아 1777년 파리에서 첫 일간신문 『주르날 드 파리』(Journal de Paris)가 발간되었고, 혁명 초부터 신문의 종류는 급격히 늘었다.

혁명정부에 밉보이면 살아남기 어려운 시대, 설령 살아남더라도 소식을 더 빨리 얻고 더 빨리 퍼뜨려야 경쟁에서 이길 수 있었다. 마르세유에서 파리로 전하는 소식은 나흘 낮밤이 걸려 신문 발행인에게 전달되었다. 신문 발행인은 조금이라도 시간을 줄이려고 여행자나 관리를 돈으로 샀다. 『쿠리에 엑스트라오르디네르』(Courrier extraordinaire ou le premier arrivé)를 발행하던 뒤플랭(Pierre J. Duplain)은 '특별한 신문, 또는 첫 소식'이라는 신문의 이름처럼 소식을 빨리 모으고 퍼뜨리려고 수많은 사람을 고용했다. 심지어 장군의 전령에게 최고 24리브르까지 주면서 신문사의 소식을 함께 가져오게 했다. 당시 1리브르면 고기를 1.5킬로그램 이상 살 수 있었으니 적지 않은 보수였다. 모든 사람과 상품과 정보가 함께 움직여야 하는 시대에 이 이상 어찌 더 잘할 수 있었을까?

권력과 매체는 순진하다

오늘날 우리 국민 가운데에는 노무현 대통령 시절을 그리워하는 사람과 지우고 싶어 하는 사람이 있다. 나는 그 시절을 그리워하는 축에 드는데, 이 시절의 권력자보다 그 시절의 권력자를 더 좋아하기 때문이다. 오늘의 권력자가 법을 바꾸지 않고서도 그 시절의 권력자가 놓았던 권력을 거의 무한정 강화하는 현실을 보면서, 권력의 속성을 들여다볼 수 있다. 똑같은 법률이 보장하는 권력이지만 그것을 행사하는 지도자의 의식수준은 민주주의의 진보와 후퇴를 가늠한다. 권력 그 자체가 가늠하는 것이 아니다. 권력은 구성원의 공동이익에 이용당하는 것이어야 하지, 한 사람이 멋대로 휘두르는 것이 되어서는 안 된다.

권력은 순진하며, 인간의 역할이 중요하다. 옛 프랑스에서 루이 14세는 절대주의의 정점에 오른 왕이었다. 그는 14세기 초부터 새로운 세금—대개 전쟁비용—을 거둘 때 백성의 동의를 얻으려고 소집하던 전국신분회를 한 번도 소집하지 않고 계속 전쟁을 치렀다. 루이 16세는 루이 14세(할아버지 루이 15세의 증조할아버지)의 권력을 물려받았지만, 그 권력을 제대로 휘두르지 못했다. 더욱이 175년 만에 전국신분회를 소집하도록 했으니, 그것이 혁명의 시작이었다. 똑같은 법률과 제도 안에서 구성원을 행복하고 안전하게 지키는 데 쓰라는 권력, 그것을 누가 쥐는지가 더 중요하다.

매체도 마찬가지다. 이는 칼과 같은 것이어서 좋은 목적으로 쓰면 아무런 문제가 없지만, 나쁜 목적으로 쓸 때는 흉기가 된다. 우리는 프랑스 혁명의 빛으로 앙시앵 레짐 시대 매체의 역할을 과대 포장한 경향이 있다. 그러나 매체의 역할이 아니라 그것을 이용한 사람들의 역할을 강조해야 한다. 절대왕정의 현실을 비판하던 계몽사상가들이 인쇄물을 이용해서 체제의 밑동을 허물었던 것은 부인하기 어렵지만, 왕의 대리인들 역시 인쇄물을 이용해서 체제를 지키려 노력했다. 매체의 역할보다는 사람의 역할을 강조해야 하는 것이다.

문화적 요소는 모두가 이용할 수 있으며, 또 그렇게 해야 한다. 거기에 어떤 내용을 담느냐 하는 문제가 중요하다. 이것을 문화사에서는 '전유'

(appropriation)라는 개념으로 설명하는데, 이는 똑같은 요소를 이용하는 방식이 저마다 다르다는 점을 설명하는 개념이다. 이 글에서는 매체라는 문화적 공동요소를 계몽사상가들뿐만 아니라 그들이 비판하던 왕과 대리인들이 전유했음을 보여주는 사례를 인용한 뒤, 매체가 담는 내용의 문제로 넘어가려 한다.

루이 16세의 여론 조작

우리가 앙시앵 레짐과 프랑스 혁명을 올바로 이해하려면, 그 시대 지식인이 매체를 이용하여 신분사회를 비판했다는 점만 기억해서는 안 된다. 신분사회의 질서를 지키려는 사람도 매체를 이용하여 상대방의 공격이 근거 없는 것임을 대중에게 설득하려 했기 때문이다. 1789년부터 혁명이 시작되었다는 사실뿐만 아니라, 반혁명과 반혁명주의자도 있었음을 이해해야 하는 것과 같은 이치다.

귀족이지만 제3신분의 대표로 전국신분회에 나간 미라보 백작(comte de Mirabeau)과 지롱드파를 브리소파라 부를 만큼 이름을 떨친 혁명가 브리소 드 우아르빌(Brissot de Ouarville 또는 바르빌[Warville])은 치안당국에 고용되어 '그릇된 이야기와 일화'를 공격하는 글을 쓰고 신문이나 보고서를 만들어 대중에게 알리는 일을 했다. 브리소는 혁명기에 지롱드파의 지도자로 활동하지만, 미라보 백작은 여전히 왕의 이익을 대중에게 알리는 역할을 했다. 그래서 우리는 모든 매체는 순진한 것이며, 단지 그것을 누가 어떤 목적으로 이용하느냐가 중요하다는 사실을 역사 속에서 배운다.

루이 16세는 프랑스 혁명에 어쩔 수 없이 끌려가면서도 새로운 질서에 저항하기 위해 매체를 이용했다. 1792년 11월 그가 재판을 받게 되면서 그 동안의 비밀공작이 들통나게 된다.

두루 알다시피, 루이 16세의 취미는 베르사유에서 열쇠를 직접 만들어 방문을 열고 다니는 것이었다. 그는 자물쇠공 프랑수아 가맹(François Gamain)에게 열쇠 만드는 법을 배우면서 즐거워했다. 1789년 10월 6일 튈르리 궁으로 옮긴 루이 16세는 자유를 점점 더 구속당하자 비밀문서를 감출 금고가 필요해졌고, 가맹을 불러다가 일을 시켰다. 그런데 이후 가맹은 1792년 8월 10일 루이 16세가 폐위되어 더욱 궁지에 몰리는 것을 보고, 금고가 발각되기 전에 스스로 그 비밀을 밝히는 편이 낫겠다고 생각했다. 그리하여 가맹은 11월 19일 내무장관 롤랑을 찾아가 자신이 루이 16세의 부탁을 받고 비밀금고를 설치했다는 사실을 털어놓는다. 이튿날 롤랑은 국민공회로 서류를 가지고 들어가 말했다.

나는 국민공회에 서류 상자를 여럿 가져왔습니다. 그 서류의 성격으로 보나, 그것을 찾아낸 장소로 보나 아주 중요하다고 판단했습니다. 나는 이 서류가 지난 8월 10일의 사건, 아니 어쩌면 혁명 전체, 그리고 지금까지 가장 중요한 역할을 하던 인물들에 대한 비밀을 밝혀줄 것으로 믿습니다. 제헌의회와 입법의회의 여러 의원이 거기 연루된 것 같습니다. 또 라포르트의 편지와 왕에게 충성하는 수많은 인물의 편지도 들어 있습니다. 폐위된 왕이 직접 쓴 편지도 있고, 그의 근위대·궁내부·군대에 대한 방대한 계획서는 물론 혁명과 관련한 온갖 종류의 문서도 포함되어 있습니다.

사람들은 미라보 백작이 루이 16세에게 돈을 받았다는 사실을 증명하는 문서 때문에 큰 충격을 받았다. 그때 나온 풍자화는 금고를 강제로 열고 난 장면을 보여준다. 벽에 친 장막을 왼쪽으로 걷으니 금고가 있고, 그 위의 벽면에 긴 타원형 그림이 걸려 있다. 그림은 루이 16세의 얼굴을 한 뱀이 혁명의 상징인 붉은 모자에 침을 뱉는 모습을 표현했다. 가맹이 도끼와 망치로 억지로 금고 문을 열고 보니 수많은 편지·장부·문서가 쏟아져 나오고, 그

루이 16세의 비밀금고를 풍자한 그림. 왕이 매체를 이용하여
왕정에 유리한 여론을 만들고자 했음을 증명하는 서류가 발견되었다.

위에 백골이 걸터앉았는데 얼굴은 미라보 백작이다. 미라보는 왼손으로 왕관을 짚고, 오른손에는 돈주머니를 들었다. 금고 앞에 앉아서 안을 들여다보던 롤랑은 깜짝 놀란다.

풍자화가 이렇게 표현했듯이 미라보 백작이 왕과 연결되었음을 알고 놀라지 않은 사람은 거의 없었다. 미라보 백작이 실제로 왕에게 협력한 대가로 돈을 받았는지 아니면 신념을 좇아 프랑스를 안정시키려는 과정에서 왕에게 돈을 받았는지 더 밝혀야 할 문제이겠지만, 1789년 국민의회의 역사에서 그의 눈부신 활동을 기억하는 수많은 사람에게 충격을 준 것은 분명하다.

또한 금고에서 나온 문서 가운데는 왕과 대리인이 여론을 조작하려고 세운 계획과 예산편성표가 있었다. 작가 2명에게 620리브르, 왕당파가 계속 소란을 피우도록 500리브르, 주간지 발행에 2천 리브르, 주간지를 지방에 돌리는 데 3천 리브르, 파리에 보급소를 운영하고 배포자를 두는 데 900리브르, 노래 짓고 부르는 가수에게 1천 500리브르, 신문기자 3명에게 1천 500리브르, 국민의회 의원 4명, 자코뱅파 위원회 소속 한 사람, 다른 정치클럽과 단체 소속 20명, 파리의 위원회 소속 한 사람에게 모두 5천 리브르를 주도록 예산을 배정했다. 필요한 때 이들에게 지시를 내리면, 이들은 시킨 대로 할 사람이었다.

일어나는 일에 아무런 영향을 끼치지 않으면서 단지 보고만 하도록 고용한 사람도 많았다. 파리의 48개구 가운데 절반 이상에서 국민방위군의 부대에 소속된 능동시민 300명과 연설가 48명에게 4만 3천 리브르, 튈르리궁·팔레 루아얄·카페, 그 밖에 사람이 모이는 장소에 드나드는 사람 250명에게 2만 리브르, 지방에서 시시각각 일어나는 일을 정확히 보고하는 사람에게 4천 리브르, 각종 신문 구독료·계산원·환전·비상금, 위의 조직을 움직이는 우두머리에게 1만 8천 리브르를 주기로 했다. 이렇게 해서 매달 최소한 10만 리브르를 쓰면서, 왕정에 유리한 여론을 만들고 이끌어나가려 했음이 밝혀졌다.

전국 각지에서 일어나는 일을 정확히 보고 받고, 신문을 찍어 여론을 이끄는 일은 가장 필요한 일이었다. 왕은 돈이 더 있다면 구민회의나 부대에도 연설을 잘하는 사람과 박수꾼을 침투시켜 여론을 조작하려는 계획까지 세웠다. 반혁명의 혐의는 더욱 확실해졌다. 이처럼 여론을 조작할 계획을 먼저 세운 사람은 『위대한 인물들의 작은 연감』(*Le Petit Almanach de nos grands-hommes*)에서 당대의 작가 516명을 무차별 조롱한 리바롤(Antoine de Rivarol)이었다. 리바롤은 1790년 초 지배적인 여론을 왕에게 유리한 쪽으로 완전히 뒤바꾸려면 몇 가지 방법을 써야 한다고 말했다.

작가, 신문기자, 거리의 가수를 이용해야 할 뿐 아니라, 국민의회와 의원들의 사무실, 자코뱅 단체, 그들의 위원회, 모든 정치 단체에 충실한 부하를 심어 놓고, 파리의 구민회의마다 박수꾼을 보내고, 연설가와 그들에게 원고를 써줄 작가를 고용하고, 모든 단체에 발의자를 심고, 공공장소에서 큰 소리로 글을 읽을 사람을 고용한다. 중요한 일터에서 일하는 노동자, 보고자를 고용하고, 그들을 통솔할 우두머리 한 사람과 그를 도와줄 부책임자도 여럿 고용해야 한다.

이렇게 모두 1,500명 정도를 고용해야 하는 계획을 실천하려면 달마다 20만 리브르가 필요하다고 리바롤은 말했다. 그는 실제로 달마다 16만 4천 리브르를 집행해서 여론을 조작하려 했는데 실제로는 예산보다 더 많이 썼다. 그리하여 제헌의회 시절 아홉 달이 채 안 되는 동안 한 신문에만 집중적으로 기사를 실으면서 돈을 250만 리브르나 지출했다. 마음에 드는 언론사에 집중 지원하는 모습이 우리 정부보다 얼마나 앞섰는지! 그러나 그 결과는? 당시 비밀경찰을 운영하여 자코뱅파를 감시하던 베르트랑 드 몰빌

" 정부가 국민을 섬기고, 대화의 상대로 인정하고, 무리한 정책을 강행하지 않으면, 국민은 힘을 훨씬 좋은 방향으로 쓸 것임을 누가 부인하겠는가. 혁명을 겪은 옛 프랑스와 오늘 우리의 현실에서 똑같은 매체, 똑같은 낱말을 사용하면서도 근본적으로 소통이 불가능할 수도 있음을 보았다. "

(Bertrand de Molleville)은 "그렇게 돈을 썼지만, 신문은 자코뱅파에게 우호적인 태도를 잃지 않았다"고 회고했다. 예나 지금이나 권력이 세금을 걷어 하는 일 가운데 이처럼 비용을 많이 쓰고 효율이 낮은 일이 어디 한두 가지일까.

다양성의 인정, 소통의 시작

프랑스 혁명은 정치혁명으로 시작했으며 그것이 진행되는 동안 문화혁명이 일어났다. 앙시앵 레짐 말기의 주류문화는 억압받는 대신, 새로운 민주주의 문화(자유 · 평등을 강조하는 문화)는 아직 언어의 차원에서만 존재했다. 그렇게 문화적 투쟁이 벌어지는 동안 루이 16세는 왕으로서 마지막 힘을 모아 여론을 조작하려고 노력했지만, 새 시대의 정신을 제대로 읽지 못하고 정부예산을 허투루 쓰는 결과를 가져왔다.

권력을 쥔 사람이 단순히 그 유리한 지위만 이용하지 않고 훌륭한 정책을 세워 널리 알리고 인정받는다면, 국민은 충심으로 그를 지지할 것이다. 그러나 일부의 이익만 대변하여 사회적 갈등의 원인을 제공하면서도 권력의 이점을 모두 남을 탓하는 데 탕진하는 우리의 현실은 루이 16세의 모습과 얼마나 비슷한가. 비민주주의, 반민주주의는 비용을 많이 들이면서도 효율은 낮은 제도다. 공권력을 동원하고 국고를 낭비하면서도, 민생치안을 돌보기보다는 정권의 안전을 먼저 고려하기 때문이다.

민주주의가 좋은 제도라는 점은 독재정권도 잘 안다. 그들의 입에서도 어김없이 민주주의라는 말이 쏟아진다. 그러나 그들이 말하는 민주주의는 무엇인지 도무지 사람들이 이해할 수 없다. 왜 이처럼 똑같은 낱말을 말하면서도 소통이 불가능한 것일까. '전유'의 문제로 돌아가 실마리를 찾아보자.

독서를 예로 들어 말해보자. 독서란 내용의 전유다. 똑같은 인쇄기에서 나온 똑같은 판형의 책을 같은 시간에 구했다 해도, 독자는 저마다 다른 식으로 읽고 받아들인다. 처음부터 차근차근 읽는 사람, 첫머리를 대강 훑은 뒤 끝장을 열어보는 사람, 또는 차례에서 마음에 드는 부분을 골라 중간부터 읽는 사람, 저마다 이용하는 방법은 다르다.

프랑스의 사상가 미셸 드 세르토는 독자를 '밀렵꾼'이라 불렀다. 저자는 농부처럼 땅을 고르고 줄을 맞춰 씨를 뿌려 놓고 밭을 잘 가꾼다. 그런데 독자는 거기에 함부로 들어가 제멋대로 돌아다니다가 필요한 부분만 가지고 나가는 무례한 사람이다. 저자는 자기 사전에서 낱말을 골라 쓴다. 독자는 그 낱말을 자기 머릿속에 든 사전에 적힌 뜻으로 이해한다. 어쩌다 저자가 뜻한 대로 이해하는 경우도 있지만, 독자는 억지로 그렇게 이해하지 않는다. 그는 자유롭게 해석한다. 독자의 자유, 바로 거기서 우리의 소통을 가로막는 벽이 생기지만, 그 덕에 말과 글이 더욱 풍부해진다.

독자가 어휘가 풍부한 사전을 가졌다면 소통의 가능성이 높아진다. 그러나 '불가능'이라는 단어가 없는 사전을 가진 독재자는? 민주주의, 정의사회를 말하면서도 무지한 인권탄압과 부정축재를 한다. 그러므로 그가 쓰는 민주주의라는 낱말은 몽둥이와 같은 뜻이다. 오늘날 이명박 정부가 말하는 민주주의 또는 법치주의는 "권력자가 마음먹은 대로 하는 것", 자기를 닮은 소수의 잘못은 보이지 않는 편리한 구호가 아닐까.

장정일이나 마광수의 작품을 읽은 검찰은 화를 내면서 다른 독자도 자기처럼 읽으면 안 되겠다며 작가를 구속하기도 했다. 군대 지휘관은 자신이 나쁘다고 생각한 저작을 다른 사람도 나쁘게 보고 나쁜 영향을 받을 것이라며 금서로 지정한다. 이 무슨 모순인가. 자신이 읽고서도 영향을 받지 않고 나쁜 책이라고 판단한 책을 모든 사람이 반대로 좋게 읽고 영향을 받으리라고 예상하는 단순함. 자신의 해석만이 유일하고 옳다고 믿는 단순함. 그런 정신구조에 민주주의의 참뜻이 들어갈 자리가 어디 있겠는가.

민주주의 사회의 다양한 색깔과 목소리 가운데, 자신에게 익숙한 것만 골라서 보거나 듣는 사람은 나머지를 빨간색으로 칠하려 한다. 그들이 남을 빨갱이라고 부르지만, 그들이 오히려 빨갱이 아닌가. 우리나라에서 민주주의를 시행한다는 자부심으로 북한의 일당독재체제를 빨갱이라 욕하던 시절을 생각해보라. 빨갱이의 올바른 용법은 비민주세력, 반민주세력, 남의 자유를 억압하는 세력에게나 쓸 말이다.

6월 24일 삼성경제연구소에서 「한국의 사회갈등과 경제적 비용」 보고서를 발표했다 한다. OECD 회원국 가운데 대한민국은 사회갈등지수가 4위, 민주주의 성숙도는 27위, 정부효과성 지수는 23위라고 한다. 대한민국 국민은 박정희 군사독재 시대에도 높은 학력을 바탕으로 눈부시게 경제를 성장시킨 저력을 가졌다. 그 정권은 18년 동안이나 거의 마음대로 했지만, 우리 국민은 경제성장과 민주주의를 모두 발전시켜 국가 위상을 높였다. 그럼에도 반민주세력은 독재자가 훌륭해서 경제 기적을 이루었다고 주장하면서 국민을 모욕한다. 표를 얻으려 할 때만 머슴 노릇 하겠다고 거짓말을 하고, 나중에는 내가 언제 그랬냐고 오리발을 내민다.

사회갈등의 원인을 제공하는 자는 누구인가. 쓸데없는 곳에 국력을 낭비하게 만드는 책임은 국민에게 있는가, 아니면 정부의 무능이나 독재에 있는가. 이 보고서는 우리나라의 사회갈등지수를 낮추면 1인당 국민총생산이 증가하리라고 분석했다. 국민보다는 현 정부가 새겨야 할 지침이다. 정부가 국민을 섬기고, 대화의 상대로 인정하고, 무리한 정책을 강행하지 않으면, 국민은 힘을 훨씬 좋은 방향으로 쓸 것임을 누가 부인하겠는가.

지금까지 우리는 혁명을 겪은 옛 프랑스와 오늘 우리의 현실에서 매체와 소통의 문제를 살펴보았다. 똑같은 매체를 사용하고 똑같은 낱말을 사용하면서도 근본적으로 소통이 불가능할 수도 있음을 보았다. 그렇다고 사회통합의 희망까지 포기해야 할 것인가. 도덕성을 갖춘 다수가 민주주의의 주체가 될 때 더할 나위 없이 좋겠지만, 도덕성을 의심받는 권력자라 할지라도 다수의 합의를 바탕으로 국정을 운영한다면, 국민은 희망을 잃지 않는다. 그러나 이명박 정부는 자기가 마음먹은 대로만 하고 공권력을 남용하여 개인의 자유를 억압한다. 국민보다는 권력자를 섬기는 검찰은 개인의 사생활을 담은 편지까지 공개하여 죄를 추궁하고, 전직 대통령에게는 '포괄적 뇌물죄'를 씌우기도 했다. 법의 저울이 고장난 것인가. 이명박 정부가 다수의 지지를 받지 못하더라도 형평성이라도 갖추기를 바라는 국민이 소통을 거부하는가.

나는 이명박 대통령과 나 같은 국민이 소통할 수 있다는 기대를 해본 적이 없다. 그러나 그가 옛날에 법을 자주 어기고도 대통령이 되었다 하더라도, 지금이라도 노력해서 좋은 모습을 보여주면 좋겠다는 기대를 포기한 적도 없다. 어차피 남은 임기를 채울 바에는 좋은 업적을 쌓기 바랄 뿐이다. 그가 혼자서만 말하고, 듣기 좋은 소리만 듣는 자신을 미워하기 바란다. 그가 쓴 소리도 약이라 생각하고 들을 때, 비로소 소통은 시작되며 국민은 희망을 볼 것이다. 그러나 절망감이 드는 이유는 무엇인가. 온갖 매체가 최고수준으로 발달한 나라에서, 소통을 불가능하게 만드는 자 누구인가.

루이 16세는 왕이 될 운명으로 태어나 혁명을 겪었기 때문에, 새로운 언어에 적응하지 못했음을 인정하지만, 이명박 대통령은 자유민주주의 체제에서 살았고, 한때 민주화운동도 했다는 사람이 왜 군주처럼 행동하는 것인가? 하기야 그가 뽑은 한 장관은 국회에서 상소리까지 해대면서 장관의 연기를 무난히 해내고 있으니, 창피해서 못 견디겠다. 250년 전 "창피한 것을 짓밟아 뭉개자"고 주장한 볼테르는 우리의 문화수준을 어떻게 생각할까?

모든 정권은 구성원이 정당한 것으로 알아줘야 하고, 또 스스로 그 정당성을 증명하여 인정받아야 한다. 그런데 이명박 대통령의 태도를 보면, 민주주의보다 독재를 떠올리는 국민이 많다. 그를 뽑아준 국민이 문제인가,

아니면 왕이나 된 듯이 일방통행으로 나가는 대통령이 문제인가?

가장 먼저 책임질 사람은 대통령이다. 그리고 국민도 책임져야 한다. 뽑았기 때문에 두고만 볼 수 없다. 민주주의는 평범한 사람도 잘못을 저지르지 않게 만드는 제도이기 때문에, 국민이 발언하고 비판해야 한다.

그리고 선거혁명을 일으켜야 한다. 자기보다 못한 사람의 지배를 받지 않으려면, 능력도 없고 교만한 사람보다는 능력은 없지만 도덕적으로 검증받은 사람을 뽑아야 한다. 그런 사람이 권력을 함부로 휘두를 일은 결코 일어나지 않을 테니까.

권력과 폭력

한나 아렌트의 시선으로 고찰해본 한국정치

홍원표 한국외국어대학교 사회과학대학 교수 · 정치철학

" 흐르는 부드러운 물은

　시간이 지나면 힘 있는 돌을 이긴다. "

　🖋 노자, 『도덕경』

시민 권력과 제도 권력의 갈등

우리는 1980년대 민주화운동을 통해 정치적 자유를 확보했으며, 정치권과 시민사회의 노력으로 자유를 제도화함으로써 절차적 민주주의의 확고한 기반을 마련했고, 참여정치를 실현할 수 있는 지혜를 얻게 되었다. 정치적 자유는 투쟁의 산물이다. 민주화 과정에서 공동 활동 능력으로서 '시민 권력'과 물리적 강제력을 담지한 '지배 권력' 사이에 긴장과 적나라한 대립이 있었다. 정치적 자유의 제도화는 시민적 자유의 확대를 가능케 했으며, 우리는 일상적 삶 속에서 민주적 가치를 향유하고 확대시킬 수 있게 되었다. 우리 사회는 자유의 확장으로 인하여 과거에 비해 훨씬 더 역동성을 지니게 되었지만, 다원화의 증대로 갈등의 소용돌이에 휩싸이기도 한다.

이러한 갈등에도 불구하고 우리는 "자유는 자유롭지 못하다"는 귀중한 교훈을 망각하지 않았다. 이명박 정부 출범 이후에도 한국 사회는 이념적·계급적 갈등뿐만 아니라 집단 갈등 속에 놓여 있다. 이러한 갈등은 논쟁과 소통을 통해 해소되지 못하고 힘의 충돌로 이어지기도 한다. 일반적으로 소통의 부재이지만, 정치적인 것에 대한 이해의 근본적 차이로 나타나는 현상이기도 하다.

2008년 촛불시위 현장에서 나타난 '촛불 든 시민들'과 전경들의 대치선, 용산 철거민들과 전경들의 치열한 힘겨루기와 철거민의 죽음, 그리고 노무현 전 대통령 빈소를 차단한 전경버스! 우리는 소통의 부족을 상징적으로 보여주었던 이 장면들에서 공권력과 시민 권력의 분리를 경험했고, 외형적으로 상충되는 두 힘이 긴장 또는 충돌하는 양상을 볼 수 있었다.

많은 사람이 이해하고 있듯이, 민주주의에서 권력은 인민으로부터 나온다. 그러나 앞에서 언급한 사건을 목격하는 시민들은 권력의 소재가 과연 자신들에게 있는가를 다시 한 번 의심할 것이다. 인정하든 하지 않든, 권력은 분명히 공적인 문제에 참여하는 시민에게 있다. 우리는 그것을 분명히 인식하고 있다. 시민들의 행위 속에서 '권력'은 분명히 발현되었다.

정부에 있는 권력은 위임된 제도적 권력이며, 그 중심은 분명히 공동으로 활동하는 시민들에게 있다. 그런데 우리는 왜 권력이 정부에만 있다고 이해하고 있을까?

우리는 한나 아렌트를 통해서 그 해답의 일부를 찾을 수 있을 것이다. 정치적인 것에 대한 이해와 적용에는 차이가 분명히 존재한다. 아렌트는 '정치적인 것'을 지배와 동일시하는 입장에서 벗어나 폭력의 사용과 전적으로 대립되는 우정(또는 유대)관계를 정치적인 것과 동일시하고 있다. 막스 베버는 갈등을, 그리고 아렌트는 우정을 정치의 본질로 이해하고 있다. 아렌트는 베버를 통해서 드러난 정치적 현실주의를 비판하고 권력과 폭력을 독특하게 정의하고 있다.

권력 이해에 대한 차이와 마찬가지로, 필자는 우리 사회가 정치적인 것을 둘러싼 인식에서 근본적 차이를 드러내고 있다고 생각한다. 이러한 차이는 기본적으로 대화와 설득이 아니라 힘겨루기라는 수단을 통해서 우리 사회의 쟁점을 해결할 수밖에 없는 상황을 야기하고 있다.

최근 다시 제기되는 시민 권력과 제도 권력 사이의 갈등은 한국 민주주의의 장래에 대한 전망을 어둡게 하고 있다. 이명박 정부 출범 이후 제기되는 '민주주의의 후퇴'를 우려하면서 권력과 폭력 사이의 어색한 공존이 야기한 역사적 사건들을 아렌트를 통해 다시 반추해 볼 것이다.

최근의 정치현상 속에서 나타나고 있는 권력과 폭력의 관계에 대한 아렌트의 독특한 해석을 적절하게 투사해줄 몇 가지 사례를 살펴본다. 또 이와 연관된 맥락에서 1980년대 민주화 여정을 권력과 폭력, 삶과 죽음의 관점에서 조명해보기로 한다.

권력과 폭력에 대한 아렌트의 몇 가지 입장

한나 아렌트는 1960년대 말 서구의 정치적 소요, 즉 68혁명을 경험하면서 권력과 폭력 문제를 심층적으로 연구하여 『폭력론』(On Violence)을 저술했다. 그녀는 이 책을 출간하기에 앞서 『전체주의의 기원』과 『인간의 조건』 그리고 『혁명론』을 통해서 권력 · 폭력 · 테러 등에 대한 자신의 독특한 입장을 제시했다.

아렌트의 정치사상에서 권력과 폭력, 언어와 강제는 종종 긴밀하게 연계되어 있다. 이러한 상호 연관성은 우리의 역사적 사건에서도 뚜렷하게 나타나고 있다. 가깝게는 노무현 전 대통령 추모행사, 용산참사, 그리고 촛불시위에서도 나타나는 현상이다. 멀리 거슬러 올라가면, 민주화 과정뿐만 아니라 4·19혁명, 건국과정에서도 나타났던 양상이다.

이러한 상호 연관성은 특정한 사건에 대한 이해에서 종종 혼돈을 야기한다. 역사적 사건에서 드러난 폭력과 권력의 문제를 아렌트의 시선으로 고찰하기 위해서 권력과 폭력에 대한 아렌트의 독특한 입장을 몇 가지 소개한다.

첫째, 권력은 말을 수반하지만, 폭력은 무언의 상태에서 나타나는 정치현상이다. 양자는 별개의 현상이다. 권력의 궁극적 본성이 폭력이라는 밀스의 주장, 폭력 수단에 기초를 두고 있는 인간에 대한 인간의 지배라는 베버의 주장, 그리고 권력을 일종의 완화된 폭력으로 규정한 당트레브(d'Entreves)의 주장도 아렌트의 권력 개념과 거리가 있다. 권력은 논쟁과 대화라는 언어행위가 지속되는 상황에서 존재하지만, 폭력은 언어행위가 중단된 상황에서 나타나는 한계적인 현상이다.

따라서 『인간의 조건』에서 언급하고 있듯이, "권력은 말과 행위가 분리되지 않은 상황, 말이 공허하지 않고 행위가 잔인하지 않은 상황, 말의 의도를 은폐하는 게 아니라 실체를 드러내는 상황에서만 구체화된다." 권력은 시민이 공동의 목적을 이루기 위해 다양한 형태의 대화를 진행시킬 때 존재하지

" 일부 정치학자들은 베버의 전통을 수용하여 정치의 본질을 폭력으로 규정하고 있다. 그러나 아렌트는 권력과 폭력을 대립적인 현상으로 규정하고 있다. 권력은 소통과정에서 형성되지만, 폭력은 대화와 설득이 중단된 상태에서 나타나기 때문이다. "

만, 시민들이 흩어지면 잠재의 상태로 바뀐다.

이는 마치 태양이 우리 눈앞에 있을 때는 현상이 되지만 저녁이 되어 지구 저편으로 사라지면 가상의 상태로 존재하는 것과 같다. 권력은 개인이 소유하는 물건이 아니라 시민들이 공동으로 활동할 때 발현되는 가능태의 형태로 존재한다.

반면, 폭력은 언어행위가 중단된 상황에서 나타난다. 정치가 기본적으로 언어를 매개로 하기 때문에, 폭력은 한계적인 정치현상이다. 아리스토텔레스가 주장하듯이 인간은 정치적 동물이면서 말을 사용하는 동물이다. 말이 없는 정치행위는 상정하기 어렵다. 그럼에도 불구하고 폭력은 인간의 삶에서 권력과 함께 어색하게 공존해왔다.

일부 정치학자들은 베버의 전통을 수용하여 정치의 본질을 폭력으로 규정하고 있다. 그들에게 폭력은 권력의 일부분으로 이해된다. 그러나 아렌트는 권력과 폭력을 대립적인 현상으로 규정하고 있다. 권력은 소통과정에서 형성되지만, 폭력은 대화와 설득이 중단된 상태에서 나타나기 때문이다.

둘째, 권력은 정당하지만, 폭력은 정당화된다. 권력은 언제나 사람들이 모이고 제휴하여 행동할 때 나타나므로, 그 정당성은 최초의 모임에서 유래한다. 반면에 폭력은 미래의 의도된 목적과 연관되며, 사후적으로 정당화될 뿐이다. 따라서 권력은 정당성을 도전받을 경우 최초의 모임에 입각해 자신을 유지해야 하지만, 폭력은 그 목적이 미래 속에서 약화될 때 그 설득력을 상실한다.

민주주의의 후퇴를 우려하는 상황에서 개최되었던 6·10 민주화운동 21주년 기념행사에 대한 정부의 민감한 반응은 권력의 정당성이 그 최초 행위에 있다는 것을 무시하려는 의도를 담고 있었다.

권력은 목적과 연관되지만, 폭력은 수단으로서 사용된다. 권력은 그 자체로 목적이며 목적－수단 범주에 따라 사유하고 행동하는 조건이다. "인민에 있는 권력"(potestas in populo)은 정치행위를 통해서 자신을 드러낸다. 조직화되고 제도화된 권력으로서 시민들의 공동 행위에서 발현되는 권력과 다르다. 도구적인 성격을 띤 폭력은 자신을 정당화시키는 목적을 달성할 때 합리적이다.

"폭력이 권력이라는 등식은 폭력 수단을 통한 인간에 대한 인간의 지배로서 이해되는 정부에 근거한다." 4·19혁명 당시 학생들의 비폭력적인 저항과 경찰의 총구에서 나온 물리적 강제력 사이의 정면충돌은 순수한 상태의 폭력과 권력이 대결한 사례이다.

셋째, 폭력은 권력을 항상 파괴할 수 있지만, 역으로 권력이 폭력을 무력화할 수 있다. 이러한 주장은 권력과 폭력이 대립적 현상이라는 것을 보여주고 있다. "권력이 절대적으로 존재하는 곳에서는, 폭력은 존재하지 않는다." 아렌트는 "권력이 총구로부터 나온다"는 모택동의 주장과 반대로 권력이 결코 총구로부터 나올 수 없다고 주장했다.

따라서 권력이 상실된 곳에서 완전히 폭력만을 통한 지배가 작동할 수 있다. 폭력은 권력이 완전히 지배하는 곳에서 자신의 모습을 변화시킨다. 폭력이 완전히 지배하는 곳, 온갖 종류의 조직적인 반대가 사라질 때, 테러는 비로소 활개를 친다.

테러는 원자화된 사회에서 모든 사람이 경찰의 정보원으로 활동하는 경찰국가에서 존재할 수 있다. "어제의 사형집행인이 오늘의 희생양이 될 때, 테러는 절정에 도달한다. "테러에 기초한 전체주의적 지배와 폭력에 기초한 독재정치와 다른 점은 여기에 있다. 물론 우리 사회에서 이러한 형태의 테러를 찾기란 어렵다.

넷째, 폭력이 권력과 대립적인 현상임에도 불구하고, 권력과 폭력은 밀접하게 연관된다. 이 명제는 앞의 주장과 모순되는 것 같다. 권력과 폭력은 함께 나타날 뿐만 아니라 공생 관계에 놓이게 된다. 이 경우 권력과 폭력은 대립되지 않고 상호적으로 강화된다. 이 경우, 폭력은 위기의 상황에서 제한된 정치적 목적을 위해 사용된다. 따라서 혁명 과정이나 민주화운동, 그리고 각종 저항행위에서 목격할 수 있는 폭력이란 정치현상을 이해하기 위해 폭력의 본성을 고찰할 필요가 있다.

아렌트는 동물학자들의 공격본능에 대한 연구를 통해 인간의 행위를 이해하는 데 반대할 뿐만 아니라 폭력행위를 '자연스러운' 반응으로 이해하려는 사회과학자들의 입장도 반대해 폭력이 짐승 같지도 않고 비합리적이지도 않다는 것을 논증하고 있다. 이상하게 들리겠지만, 아렌트는 권력과 폭력은 자연 현상이 아니라 인간의 '시작 능력'(power to begin)에 의해서 보증되는 인간의 특성이라고 지적했다. 우리는 이러한 입장을 수용하지 않을 경우 혁명 과정 또는 민주화 과정에서 발생하는 명백한 정치현상으로서 폭력의 존재를 이해할 수 없을 것이다.

"특정한 환경에서의 폭력은 정의의 척도를 다시 올바르게 맞추는 유일한 방법이다." 아렌트는 분노가 초래하는 폭력이 자연스러운 인간의 감정에 속한다고 주장하면서 인간에게서 이를 거세하는 것이 바로 인간성을 거세하는 것으로 이해했다. "폭력의 실천은 사람들을 하나의 전체로 결속시킨다."

전쟁터에서의 죽음은 바로 이에 해당된다. 죽음은 정치가 이루어지는 현상세계에서 벗어나는 반정치적 활동이지만 집단적 행동과 마주칠 경우 자신의 얼굴빛을 바꾼다.

삶과 죽음의 문제: 촛불시위·용산참사·대통령의 자살

이명박 정부 출범 후 발생한 촛불시위, 용산 참사, 그리고 노무현 전 대통령의 죽음과 추모행사는 맥락상의 차이가 있지만, 시민의 권력과 정부의 제도적 권력이 정면으로 충돌한 대표적 예로서 미래의 정치적 삶에서 기억하게 될 중대한 사건이다.

달리 표현하면, 공동 활동 능력으로서, 권력과 지배로서 규정되는 공권력 사이의 타협 없는 지속적인 긴장과 갈등, 물리적 강제력 사이의 충돌이 단적으로 드러난 사건들이다. 아울러 이 세 사건은 기본적으로 삶과 죽음 문제에 대한 기본 이해를 기저에 깔고 있다.

촛불시위는 외형적으로 인간다운 가치의 실현과 달리 신체적 복지, 안락한 삶을 누릴 권리에 대한 욕구에서 비롯되었다. '삶' 자체를 최고의 선으로 이해하고 있는 시대적 분위기에서 광우병은 이러한 가치를 근본적으로 부정하는 악으로 이해될 것이다.

따라서 촛불시위의 저변에는 삶과 죽음에 대한 시민들의 근본 인식이 깔려 있다. 시민들이 공적인 문제를 제기하고 대화를 나누는 공간은 빛의 영역이다. 시민들이 이 영역에서 활동하고 있을 때 빛은 발한다. 1987년 민주화 이후 한국 사회에서 공공영역은 빛을 잃지는 않았지만, 우리는 경제적 난관을 겪고 있을 때 공공영역의 빛이 얼마나 중요한가를 잠시 무시하고 있었다. 이때 빛은 상징적 표현이다.

그러나 쇠고기 수입 반대시위로 형성된 공공영역은 더욱 밝게 빛났다. 그동안 사적 영역이나 사회영역에 머물러 있던 수많은 시민들은 자신의 모습을 드러냄으로써 어두운 서울광장을 공공영역으로 바꾸었다. 그동안 텅 빈 채 가상의 형태로만 존재했던 공공영역이 그 모습을 드러냈기 때문이다.

나아가 시민들의 손에 들려 있는 '촛불'은 저항행위를 가시적으로 보여줄 뿐만 아니라 공공영역의 존재를 상징적으로 표현하는 매개체가 되었다. 촛불시위에서 드러난 무형과 유형의 빛은 행위와 자유를 가능케 하는 공공영역의 원동력이다. 서울광장은 자발적인 모임으로 형성되는 공공영역이 출현할 수 있는 물질적 조건이지만, 불법시위에 대한 우려로 집회를 불허할 경우 서울광장은 실제로는 드러난 공간이지만 논리적으로는 어두운 공간,

즉 소통이 부재하는 죽은 공간으로 변해버린다.

촛불집회는 1987년 민주화운동이나 이후 등장한 시민운동과 다른 양상을 띠고 있다. 운동의 특성을 보면, 참여자들의 자발성, 운동 중심부의 부재, 계급 차원을 넘어선 연대, 인터넷을 통한 소통과 연대를 들 수 있다. 촛불시위는 개개인의 생존 문제에 대한 공적 관심을 불러일으킴으로써 정치적인 것의 내용과 형식이 변화되고 있음을 보여주었다. 국민 전체의 안락한 삶에 대한 공동 인식은 문제 해결을 위한 공동 활동으로 발전하게 되었다. 시민들은 공적 문제를 중심으로 자발적이면서도 공동으로 활동하는 능력을 보여주었다.

반면, 정부는 베버식의 정치 개념에 입각해 정책을 결정했고 촛불시위에 대응했다. 베버식의 지배로서 권력은 정책결정력을 지니고 있다. 그러나 정부의 정책결정은 국민의 위임된 권력에 의해서 이루어지며, 그 권력은 인민의 의사에 기반을 두고 있다. 정부의 결정과 국민들의 의견 사이의 차이가 노정되었을 때, 국민은 촛불시위를 통해서 권력의 정당성을 확인하게 되었다.

정부는 제도화된 권력을 정당화하기 위해 국민들의 저항이 반미주의 또는 일부세력의 사주에 의한 것이라는 인식 아래 촛불시위를 '불법시위'로 규정하고 물리적 강제력으로 해산시키고자 했다. 이러한 조치는 제도화된 권력에 의한 시민 권력의 억압으로 이해되기에 충분하다.

삶과 죽음이라는 측면에서 볼 때, 미국산 쇠고기 수입개방은 특정 집단의 이해관계를 넘어서는 공통된 문제라는 인식에서 논의되고 결정되어야만 했다. 그러나 대통령과 정부는 시민들의 공통된 의견을 수렴하기보다 정책적 강압으로 일관했다. 이러한 비민주적 대응은 시민들의 집단적이고 자발적인 집단행위를 야기했고, 정부는 경찰력을 동원하여 물리력으로 대응하면서 시민 권력에 맞서는 대치선을 형성함으로써 지배로서 폭력을 사용했다.

촛불시위에서 공동으로 활동하는 시민의 권력, 그리고 지배로서 정당화되는 폭력 사이의 지루하고 소모적인 긴장이 지속되었다. 정부는 공동 활동으로서 권력의 중요성을 인식하지 못했을 뿐만 아니라 상황에 현명하게 대응하지 못함으로써 합리적 지배에 따른 신뢰감을 확보하는 데 실패했다.

이러한 상황에서 정부의 방관적 또는 무책임한 태도는 정치적 저항을 불러일으킬 수 있는 원인이 되었다. 시민 개개인의 생존 문제는 모두에게 연관되는 공적인 관심이 되기에 충분한데, 문제의 본질을 이해하지 못한 정부는 시민들의 자발적이고 집단적인 저항이라는 형태로 나타난 시민 권력을 제도화된 권력으로 억압하고자 했다.

촛불시위 참여자들은 자신들의 정치적 의사가 반영되지 않자 폭력에 대한 유혹을 느꼈을 것이다. 정부의 무대책에 대한 분노가 폭력 사용의 정당화로 이어진 역사적 사례는 무수히 많기 때문이다. 반면 촛불시위에 대한 심각성과 본질을 이해하지 못한 당국은 지배 권력의 정당한 행사라는 관행적 사유의 경직성에서 벗어나지 못했다. 따라서 시민과 전경 사이의 지속적인 대치선이 이루어졌으며, 정부는 이 과정에서 변화하는 현실에 현명하게 대응하지 못했다.

정부의 이러한 태도는 '용산참사'에도 그대로 드러났다. 용산참사 현장은 촛불시위가 전개되는 공공영역과는 다른 공간이다. 1월 20일 용산 철거민들이 정부가 투입한 경찰과 대치했다. 이 과정이 언론을 통해서 중개된 현장은 언어행위가 중단된 상황에서 힘이 적나라하게 충돌하는 공간이었다.

철거민과 개발업자 사이의 갈등은 좁은 시야에서 보면 경제적 이해를 둘러싼 문제로 비치겠지만, 넓은 시야에서 보면 정부가 정책적으로 국민 전체의 인간다운 삶을 얼마나 진지하게 고민하는가 여부를 평가할 수 있는 사안이다.

뉴타운 사업을 활성화하기 위해 2006년에 마련한 '도시재정비촉진을위

정부의 비민주적인 대응은 시민들의 자발적인 집단행위를 야기한다.

"이미 그 공간을 생존의 수단으로 삼고 있는 철거민들, 그리고 제작의 주체인 개발업자의 이해관계는 상충된다. 따라서 이해관계를 둘러싼 갈등이 해소되지 않을 때, 그 공간이 폭력의 장으로 바뀔 수 있는 위험은 항상 존재할 수밖에 없다. 이러한 적나라한 현실에 대한 정책 배려가 없을 경우 폭력 사용의 가능성은 어느 때보다도 높다."

한특별법'은 현존하는 공간의 해체와 새로운 공간의 '제작'이란 목적에 기반을 두고 있다. 아렌트에 따르면, 자연의 위협으로부터 인간의 삶을 보장하는 인위적 공간(집·건물·도시)은 '작업'의 산물이다. 작업은 인공물이나 자연물에 물리적 강제력를 행사함으로써 이루어지기 때문에 폭력이라는 요소와 연관된다. 물론 이때 폭력의 대상은 인간이 아니라 사물이다.

그러나 이 공간의 제작과 관련된 당사자들의 입장은 다르다. 이미 그 공간을 생존의 수단으로 삼고 있는 철거민들, 그리고 제작의 주체인 개발업자의 이해관계는 상충된다. 따라서 이해관계를 둘러싼 갈등이 해소되지 않을 때, 그 공간이 폭력의 장으로 바뀔 수 있는 위험은 항상 존재할 수밖에 없다.

이러한 양상은 도시재정비사업과 관련하여 끊임없이 나타났다. 철거민들은 재개발로 인한 생존권의 상실을 죽음으로 인식할 수 있다. 이러한 적나라한 현실에 대한 정책 배려가 없을 경우 폭력 사용의 가능성은 어느 때보다도 높다. 용산참사에서 보여주듯이, 생존권을 유지하려는 관련 주민들의 물리력과 법을 집행하는 경찰의 물리력이 적나라하게 충돌했다. 1월 20일 용산 4구역 재개발 현장은 삶과 죽음이 교차되는 폭력의 장이었다.

앞의 두 가지 사례는 모두 개인적 삶과 죽음의 문제다. 차이가 있다면, 첫 번째는 미래의 삶과 연관되며, 두 번째는 당사자들의 현재의 삶과 직결된다는 점이다. 이제 노무현 전 대통령의 자살을 중심으로 정치적 삶과 죽음의 문제를 살펴보기로 한다.

누구나 삶과 죽음을 일생에 한 번씩 경험하기 때문에, 죽음은 인간에게 특이한 경험이다. 죽음은 우리의 삶을 제약하는 '인간의 조건'이기 때문에, 우리는 다른 사람의 죽음을 경건하게 애도한다. 그러나 죽음은 가장 반정치적인 경험이다. 죽음은 정치의 조건인 현상세계와 동료들의 무리에서 떠나는 것을 의미하기 때문이다. 개인적 경험으로서 죽음은 극단적인 외로움과 무력을 표현한다.

노무현 전 대통령은 '포괄적 뇌물죄'로 조사를 받던 중 자신의 개인적 생명에 대해 폭력을 가함으로써 자살을 했고, 따라서 정치적 삶도 종결지었다. 자살의 동기는 옥죄어 오는 지배 권력의 압박에 대한 분노일 수도 있고, 대통령 재직 당시 자신의 도덕성을 유지하지 못했다는 데 대한 분노일 수도 있다.

카뮈는 자살과 살인이 인간적 실존을 거부하는 것으로 규정하고, 이에 저항할 것을 독자들에게 권유했다. 그렇다면 노무현 전 대통령은 지배 권력 앞에서 자신의 인간적 실존을 거부한 것인가? 그렇다고 볼 수도 있다. 그러나 유서 가운데 "삶과 죽음이 둘이 아니라"고 남긴 말은 '살아 있는 죽음은 삶이 아님'을 담고 있다는 점을 고려할 때, 그는 인간적 실존을 거부하고 있지는 않다.

로마 시대의 명장인 카토(Cato)는 폼페이우스의 공화파에 속한 인물로서 카이사르 군대와 벌인 파루살루스(Pharsalus) 전투에 패배한 이후 자살했다. 루카누스는 이 전쟁을 기록한 저서에서 카토의 정신을 기리고 있다. 노무현 전 대통령 역시 검찰과의 지리한 대치 상태에서 무엇인가를 말하고자 했을 것이다. 패배한 카토가 자신의 정신을 역사에 남겼듯이, 노무현 전 대통령 역시 자신의 정치적 의지를 남기고자 했을 것이다.

노무현 전 대통령은 지배 권력의 자리에서 벗어난 사인이면서도 공적인 위상을 유지하고 있었기 때문에, 그는 의도했건 아니건 자살을 통해 개인적 죽음을 정치적 죽음으로 전환했다. 일반적으로 죽음을 애도하는 의례적인 추모행사는 정치를 초월한다. 그러기에 빈소를 찾는 사람들은 이념이나 계급을 초월하여 죽은 이에 대한 경의를 표한다. 노무현 전 대통령의 죽음은 정치적 죽음이므로 덕수궁 앞에 마련된 빈소는 정치영역의 성격을 띠기에 충분했을 것이다.

각계각층의 사람들이 빈소를 찾았다. 이들 가운데 일부는 노무현 대통령의 정치철학을 비판한 사람도 있을 것이고 지지한 사람들도 있었다. 빈소는 갈등으로서의 정치를 뛰어넘는, 그래서 사람들을 결합시키는 통합으로서의 정치를 생각케 하는 중요한 공간이었다.

그러나 정부는 집단 시위나 불상사가 발생할 가능성을 차단한다는 명분으로 빈소를 시민광장과 분리시켰다. 지배 권력은 이러한 분리를 통해서 민주정치의 본질인 소통을 전적으로 무시하는 입장을 보여주었다. 불행하게도, 빈소와 시민광장을 가르는 전경버스의 행렬은 시민과 지배 권력의 긴장을 구체적으로 보여준 경계선이었다.

이러한 저지선은 물리적 이동을 불가능하게 할지 모르지만 시민들의 민주정치에 대한 열정을 차단하지는 못했다. 오히려 노무현 전 대통령의 정치적 죽음은 많은 사람들을 하나의 전체로 결속시키는 계기를 제공했다. 생물학적 삶의 종결을 수반하는 정치적 삶의 종결이 아니고 새로운 형태의 정치적 삶이 탄생하게 되었다. "이제는 어떤 것도 죽음과의 근접성보다 우리의 생명력을 더 강화시키지 못할 것 같다."

추모행렬에 참여한 사람이든, TV를 통해서 이 광경을 지켜본 사람들이든, 많은 사람들은 노무현 전 대통령의 죽음을 계기로 민주적 가치의 중요함을 다시 깨닫게 되었다. 이후 전국 대학교수들을 비롯하여 각계각층의 인사들은 지배 권력의 정책 실패를 비판하고 민주주의의 후퇴를 우려하는 시국선언을 하게 되었다.

정부가 합법적인 지배를 통해서 국민의 지지를 얻지 못할 경우, 지배 권력은 폭력으로 바뀔 수 있다. 제도화된 권력은 국민의 위임에 의한 것이므로 그 집행에 국민의 의사를 반영하지 않을 경우 폭력으로 바뀔 수 있다. 각계각층의 시국선언은 이러한 우려의 표시일 것이다.

'차벽'으로 막혀 있는 서울광장. 민주정치의 본질인 소통을
무시하는 제도 권력의 입장을 상징적으로 보여준다.

민주화의 여정: 권력과 폭력의 상호작용

이명박 정부 출범 이후 우리는 시민 권력과 지배 권력 사이의 미묘한 긴장과 갈등을 경험하고 있다. 이러한 갈등에도 불구하고 우리 사회가 갖는 복원력은 1980년대 권력과 폭력의 적나라한 갈등과 대립 속에서 값지게 획득한 민주화에서 비롯될 것이다.

지금까지 정상적인 상황에서 권력과 폭력은 어떤 관계에 있는가를 고찰했다. 민주화 과정이나 혁명 과정은 현재의 상황과는 다르다. 아렌트는 20세기를 폭력의 세기로 규정함으로써 진보의 역설을 주장했다. 한국의 경우 한국전쟁 3년을 제외한다면 1980년대는 외형적으로 다양한 형태의 폭력이 존재했던 시대일 것이다. 그러나 이러한 역사의 과정을 중단시키는 것은 폭력이 아니라 권력의 창출로 이어지는 행위였다.

아렌트에 따르면, 권력은 정당하고 폭력은 정당화될 수 있지만, 권력과 폭력은 동시에 나타나며 상호 연계되어 있다고 주장한다. 전자의 명제는 권력과 폭력이 대립적인 현상이라는 점을 강조하고 있어서 두 번째 주장과 상충된다. 후자의 명제는 정상적인 상황이 아닌 위기의 상황에서 나타난다. 이러한 명제는 1980년대 민주화운동에서 나타난 양상을 잘 설명하고 있다. 필자는 이를 권력과 폭력의 '어색한 공존'으로 표현하고 싶다.

1980년 짧았던 '서울의 봄'은 정치적 비극의 전조였다. 민주화운동이 전개된 광주는 짧은 시간 동안 다양한 모습을 보여준 공간이었다. 학생들이 시위를 주도하면서 신군부에 저항을 행위로 표출하던 초기에, 광주는 시민 권력의 공간이었다. "광주에서 1980년 5월 14~16일에 걸친 학생시위는 민주화를 요구하는 명쾌한 언어를 일련의 시국선언문에 담고 있었기" 때문이다. 5월 17일 비상계엄 확대 이후 5월 18일부터 10일간 광주는 권력과 폭력이 적나라하게 충돌하는 공간으로 바뀌었다.

헝가리 혁명에 대한 아렌트의 압축적인 묘사를 차용하여 표현하자면, 광주항쟁의 10일은 5·16쿠데타로 들어선 군부통치 18년의 역사보다도 더 많은 역사를 포함하고 있다. 즉, 광주민주화운동은 한국 민주주의 역사에서 귀중한 정신을 남겼기 때문이다.

시민들은 적나라한 폭력의 위세 앞에 무기력, 나아가 생존을 위협받는 상황에 놓이게 되었다. 이때 폭력은 철저하게 권력을 파괴했다. 폭력적 도구 앞에서 생존을 전적으로 위협받는 상황은 두 가지 형태로 나타날 수 있다. 하나는 폭력에 대한 무조건적 복종이고, 다른 하나는 저항이다. 인간의 존엄성마저 위협받는 상황에서 저항 능력의 상실은 '살아 있는 죽음'과 같은 상태다.

죽음에 직면한 광주시민들은 권력을 확보하기 위해 폭력에 호소하지 않을 수 없었다. "폭력은 시작이었다"는 역사적 사례에서도 나타나듯이, 인간다운 삶을 확보하려는 가장 고귀한 행위는 폭력을 수반하게 된다. 조직화되지 않은 시민 권력은 조직화된 물리적 강제력에 좌절되었지만, 실패한 저항 행위는 민주적 권력의 창출을 가능케 하는 원동력이었다.

총과 탱크로 무장한 진압군은 시민군을 진압함으로써 신군부의 의도를 관철시켰지만, 진압된 시민군은 극한적 대립을 포기함으로써 민주화 정신을 유지하고자 했다. 견고한 총과 탱크로 창출한 지배 권력은 자발적으로 연대한 민주화 세력의 부드러운 힘에 밀려 정치영역에서 밀려났기 때문이다.

이 과정이 성공하기까지는 7년의 세월이 경과되었다. 시민군에 참여해 맨손으로 투쟁했거나 정의를 복원시키고자 총을 들었던 시민군은 희생을 치렀다. 그에 대한 보상은 명예회복이다. 이는 권력을 유지하기 위한 폭력 사용이 정당화될 수 있다는 것을 의미한다.

광주항쟁 이후 1980년대는 여전히 암울한 시대였다. 정당성을 결여한 군부는 지배를 정당화하기 위해 제도적 권력, 특히 폭력을 시민들에게 행사했다. 정치적 안정과 사회정의를 실현한다는 명분으로 운영된 '삼청교육대'는 인간을 폭력의 대상으로 전락시킨 공간이었으며, '사회정화위원회'는 신군부를 비판하는 시민의 권력을 통제하는 억압기구로서 기능했다.

로베스피에르의 공안위원회, 나치와 스탈린 체제의 비밀경찰은 시민 전체를 감시함으로써 최소한의 저항마저도 차단하고 절대적 지배를 유지하는 폭력의 도구다. 이러한 도구가 완전히 기능을 발휘할 때, 폭력은 테러로 바뀐다. 사회정화위원회는 시민에 대해 폭력을 은밀하게 행사하는 기능을 담당했다.

신군부의 폭력은 민주화의 열망을 일시적으로 중단시켰으며 반민주적 정치질서를 유지했다. 그러나 반민주적 질서의 중단은 폭력이나 관행적 행태를 통해서 이루어지는 것이 아니라 진정한 권력의 창출과 연관되는 행위를 통해서 가능하다. 그러므로 민주화 과정에서 폭력의 사용은 수단일 뿐이다. 억압체제에서 저항행위 없는 폭력의 사용은 존재하지 않았기 때문이다.

1980년대는 학생들의 저항행위와 정부의 강압적인 탄압으로 점철된 시대이다. 상상을 초월할 정도로 분출되는 민주화에 대한 열정! 대학은 진정한 권력을 창출하는 공공영역이었다. 유연한 권력은 견고한 지배 권력에 대항하면서 차츰 그 위력을 발휘하기 시작했으며, 전두환 정권의 학원자율화 조치를 유도했고, 결국 6·29선언을 가능케 했다.

1980년대 학생운동은 광주학살 책임자 처벌, 반미투쟁, 체제 부정 등 다양한 쟁점과 투쟁 양식으로 지배 권력과 지속적이고 치열한 투쟁을 전개했다. 지배 권력의 폭압적 통제로 민주화에 대한 기대는 좌절되었고, 신군부의 반인륜적 행위에 대한 분노는 폭력의 정당화와 체제에 대한 거부를 야기했다. 민주화에 대한 열망에서 비롯된 폭력은 지속적으로 정의를 회복하는 수단이 되었다.

1982년 문부식과 김은숙의 미문화원 방화사건은 광주학살에 대한 미국의 방조 또는 묵인에 대한 저항행위였다. 아렌트의 입장에서 보면, 이 사건은 종종 혁명 전통을 망각하고 독재정권을 지지하는 외교정책 때문에 미국이 치러야 한 대가일 것이다. 1985년 5개 대학 73명의 학생은 미문화원을 점거하고 광주학살의 진상규명과 미국의 사과를 요구하는 농성을 벌였다. 반미운동에 참여한 학생들의 폭력은 미국의 입장에 대한 분노의 표출이었다.

지배 권력에 의한 물리적 폭력은 지배 권력을 유지하는 수단이 되었다. 1981년 서울대생 김태훈은 "전두환 물러가라"라는 구호와 함께 도서관 옥상에서 투신자살을 함으로써 위축된 민주화 세력의 투쟁력을 높일 수 있는 계기를 만들었다. 그리고 학생운동권이 NL(민족해방민중민주주의)과 PD(민중민주주의)로 분열된 이후인 1986년에도 서울대생 이재호와 김세진은 분신을 통해 민주화에 대한 열망을 격렬하게 표출했다. 이렇듯 지배 권력의 탄압 속에서 비극은 지속되었다.

지배 권력과의 치열한 대립 과정에서 발생한 박종철 고문치사사건은 민주화의 격류를 거스를 수 없게 하는 계기가 되었다. 1987년 1월 14일 치안본부 남영동 대공분실에서 서울대생 박종철이 수사를 받다가 물고문으로 사망하는 사건이 발생했다. 전두환 대통령의 4·13 호헌조치로 반정부 투쟁을 전개하던 민주화 세력은 5월 천주교정의구현사제단이 고문치사사건의 은폐조작에 대해 폭로함으로써 결집하게 되었다. 지배 권력에 의한 한 개인의 죽음이 죽음 그 자체로 끝나지 않고 시민적 저항의 계기가 된 것이다.

역설적이게도 폭력은 한편으로 군부정권을 탄생케 했지만, 다른 한편 자신의 지배 권력을 중단시키는 결과를 초래했다. 폭력만이 인간사 영역에서 나타나는 자동화 과정을 중단시킬 수 있었다면, 학생운동의 끊임없는 저항을 잠재울 수 있었을 것이다. 신군부는 민주화운동을 중단시킬 수 있을 것이라는 확신에서 정권의 자동화 과정을 유지했을 것이다. 그러나 폭력에 의한 지배의 종식은 바로 민주화세력의 행위, 그리고 이를 통해서 형성된 유

1970, 80년대 민주화에 대한 열망에서 비롯된 폭력은 지속적으로 정의를 회복하는 수단이 되었다.

연하면서도 강한 권력에 의해서 가능했다.

소통의 정치와 새로운 시작

절차적 민주주의의 원칙에 따르면 권력은 인민에게 있지만, 이는 위임된 권력으로 이해되기 때문에, 권력은 단순히 특정 집단에 속하는 것으로만 이해되기 쉽다. 그러나 공적인 문제에 관심을 갖고 문제를 공동으로 해결하려는 모임에 참여할 때, 권력은 공공영역의 참여자들 사이에서 발현된다. 이렇듯 권력은 소통과정에서 형성되고, 결과적으로 정책결정 과정에 투영된다.

폭력은 그 대립물인 권력으로부터 도출되지는 않지만, 정의를 복구시키려는 의도에 기반을 두고 있을 경우에만 정당화될 뿐이다. 혁명과 민주화운동에서 발생하는 폭력은 '정당하지' 않지만 새로운 질서의 창출을 촉진할 수 있다. 따라서 아렌트는 권력과 폭력의 근본적 차이에도 불구하고 양자가 역사 속에서 밀접하게 연계되어 있다는 점을 강조했다. 이러한 정치적 성격에도 불구하고, 폭력에 대한 논의에서 주의할 필요가 있는 것은 폭력 자체가 비극을 잉태한다는 점이다.

아렌트의 경우, 권력은 폭력과 대립되는 한계적인 정치현상으로서 공동으로 활동하는 능력이다. 그렇기 때문에 아렌트의 권력 개념은 언어행위, 곧 대화·논쟁·표현·소통과 연관될 뿐만 아니라 정치행위와 연계된다. 권력은 민주적 삶을 가능케 하는 다원성 및 자유와 대립되지 않는다. 따라서 우리는 지배로서의 권력이 아닌, 진정한 권력이 시민의 정치적 삶과 연계되어 있다는 점을 고려할 필요가 있다.

최근 우리 사회에서 나타나는 정치적 갈등 가운데 일부는 권력과 폭력 개념의 차이, 그리고 이들 사이의 관계에 대한 이해의 차이에서 비롯되기도 한다. 따라서 민주정치는 과거의 관행을 단순히 재현하는 게 아니라 시대의 요구와 변화에 항상 새롭게 대응할 때 비로소 그 생명력을 유지할 수 있다.

정치영역은 기본적으로 새로운 시작이 자유롭게 보장되어야 하는 공간이다. 변화의 수단을 갖지 못한 국가는 유지되기 어렵다는 버크의 주장에서도 나타나듯이, 권력 개념에 대한 새로운 이해는 정치의 내용과 방향을 정립하는 데 기여할 것이다. 예외적인 상황에서 폭력은 권력의 확장에 기여하지만, 이는 많은 희생과 비극을 야기한다. 폭력수단이 아닌 언어행위를 통해 권력을 창출하는 정치에 대한 열망이 어느 때보다도 크다.

진보의 새로운 조건들

관리사회 시대를 헤쳐 나가기

이정우 철학아카데미 원장

"세계사적 사건들과 인물들은 두 번 등장한다."
　🖋 헤겔

"한 번은 비극으로, 한 번은 소극(笑劇)으로."
　🖋 마르크스

역사적 사건들과 인물들은 두 번 등장한다. 그래서 시간에 반복을 통한 마디를 새긴다. 그러나 마르크스는 이 반복에 늘 차이가 동반됨을 확인한다. 삼촌 나폴레옹의 비극은 조카 나폴레옹의 소극으로 반복된다.

반복에 동반되는 차이는 그러나 상이한 두 얼굴로 나타난다. 퇴보라는 얼굴과 진보라는 얼굴로. 반복과 차이에 관한 논의를 다시 반복하면서 차이를 만들어내기, 이 작업이 오늘날 왜 중요한 것이 되었는가? 오늘날 새롭게 도래한 역사적 상황, 다소 좁게 말해서 정치적 상황이 우리에게 반복이라는 화두를 던지고 있기 때문이다. 무엇이 반복되고 있는가? 하나의 물음이 다른 물음들을 계속 물고 나온다. 이 반복 속에는 어떤 차이가 있는가? 이 차이가 우리에게 주는 것은 퇴보인가, 진보인가?

역사에서 새로운 시대가 도래하고 그래서 모든 것이 변해가는 듯한 느낌을 받을 때 우리는 새삼스럽게 '시간의 종합'을 생각해보게 된다. 생명·주체성·역사는 시간의 종합을 떠나서는 성립할 수 없다. 생명체는 추상적인 동일성으로서가 아니라 자신에게 도래하는 갖가지 차이들을 소화하면서 스스로의 동일성을 바꾸어나갈 때에만 생명체로서 존재한다.

주체성 역시 마찬가지이다. 인간은 시간을 종합함으로써 단순한/추상적인 아이덴티티=동일성'에 그치지 않고 주체로서의 아이덴티티='정체성'을 가지게 된다. 인간의 역사 또한 그렇다. 한 집단이 공통적으로 겪는 경험들이 종합되지 않고서는 '역사'라는 것 자체가 성립하지 않기 때문이다. 역사의 시간이 끊어진 듯이 보일 때에는 더욱 그렇다.

역사에서의 반복, 차이 그리고 진보

철학사적으로 볼 때 '시간의 종합' 개념은 전통 형이상학의 시간 초월에 대한 대안으로서 등장했다. 세계의 생성을 초시간적인 어떤 것으로 환원하는 것, 세계를 채우고 있는 다양성들을 근원적인 하나로 환원하는 것, 시간 속에서 이루어지는 다양한 경험들을 어떤 원리로 환원하는 것, 이런 환원주의의 흐름이 전통 형이상학을 지배해왔다(묘하게도 이런 전통은 오늘날 철학이 아니라 오히려 과학이, 특히 자연과학이 이어받고 있다).

이런 전통 형이상학으로부터의 벗어남은 여러 가지 맥락을 통해서 이루어졌지만, 그 근간에서 우리는 시간을 시간 자체로서 이해하려는 공통된 노력을 발견하게 된다. 시간을 그 자체로서 이해한다는 것은 우리의 경험을 그 무엇에론가에 환원하기보다는 경험 자체로서 이해한다는 것을 뜻하기도 한다. 만일 단순한 시간의 흐름, 단순한 경험의 집적을 '넘어서는' 그 무엇인가가 존재한다면, 그것은 시간과 경험을 초월하는 무엇이 아니라 시간들/경험들을 종합해봄으로써만 가능할 것이다.

시간의 종합에 대한 본격적인 사유가 '주체'와 '역사'가 본격적인 문제로서 도래한 바로 그 시기에 등장했다는 것은 의미심장하다. 칸트는 현상으로서 나타나는, 달리 말해 우리가 지각을 통해서 받아들이는 차원 너머의(현상들이 그것에로 환원되어 이해되어야 할) 본체(本體)를 인식가능성 저편으로 밀어버리고, 대신 이 지평 위에서 떠오르는 현상들에 대한 경험/인식을 인식 '주체'의 소관으로 이양시켰다. 이로써 시간을 종합하는 주체라는 생각은 구체적인 모습을 띠기 시작했으나, 이 주체는 여전히 비시간적이었다. 주체의 구성 능력들 자체는 본질주의적인 방식으로 이해되었기 때문이다.

이로부터 19세기 사유의 기본 테제가 도래했다: 세계를, 나아가 그것에 대한 인식 자체까지도 어떻게 '역사적'으로 이해할 것인가? 헤겔과 마르크스의 변증법이든, 꽁트와 스펜서의 실증주의적 진화론이든, 딜타이 등의 해석학이든, 훔볼트 이후의 언어학, 스미스 이후의 경제학, 조프루아 이후의 생물학이든, 19세기의 사유는 존재와 인식을 시간 축 위에 놓고 이해함으로써 칸트적 기획을 완성하고자 했다.

19세기는 역사의 시대였고, 19세기의 철학은 '진보/진화'의 철학이었다.

적지 않은 경우 이 역사주의적 사유들은 시간의 구슬들을 꿸 어마어마하게 큰 실을 마련해서 장대한 종합을 꾀한 거대 이론들이었다. 다윈·니체·베르그송 등이 끊어버리려 했던 것이 바로 이 엄청나게 긴 실타래였다. 이들은 '우발성'(contingence) 개념에 입각해 기존의 거대 종합을 비판하고 본격적인 의미에서의 생성존재론을 도래시켰다. 이런 두 갈래의 흐름 사이에서 발생한 메타적인(존재론적인) 화두는 지금까지도 이어지고 있다: 시간에는 의미가 있는가, 역사에는 진보가 있는가. 만일 '근대와 탈근대'라는 (그다지 생산적이지는 않은) 문제 제기가 어떤 의의를 내포한다면, 그 의의 중의 하나는 분명 이 물음 즉 시간의 종합에 어떤 '진보'가 들어 있는가라는 물음에 있을 것이다.

오늘날 우리는 19세기에 배태된 이런 화두를 다시 한 번 신중하게 반복해야 보아야 할 상황에 처하게 되었다. 한국사에서 해방 후 진행된 각종 운동은 역사의 진보에 대한 분명한 신념을 전제했었다. 당시 지식인들의 '일반 문법'이었던 마르크시즘은, 그것을 교조화된 스탈린식 역사 단계설과 혼동하지 않는다 해도, 명백히 19세기적 역사철학의 테두리 안에 있었다. 그러나 1987년을 전후해서 역사는 갑자기 매우 복잡하고 불투명한 무엇으로 다가오기 시작했고, 진보가 아니라 단절을 통해서 이해해야 할 무엇으로 다가오기 시작했다. 한편에서는 '역사의 종말' 서사가, 다른 한편에서는 역사의 종말 불가능 서사가 등장했다. 바로 이 시기에 푸코의 역사철학은 19세기적 거대 담론들을 침몰시키면서 우리에게 전혀 다른 사유의 지평을 보여주었다. 해방 후 한국 지성사에서 마르크스와 푸코의 관계는 19세기적 역사철학과 그것의 비판이라는 관계를 압축적으로 재현하고 있는 듯이 보인다.

그러나 이제 단적인 진보 개념이나 단적인 단절 개념을 떠나서 논의의 지형을 새롭게 짜야 할 시점에 도달한 듯하다. 현금의 상황을 참조할 때, 반복의 개념이 실마리를 제공해주는 듯하다. 역사를 무엇보다도 우선 반복으로

마르크스와 푸코. 마르크스가 19세기적 역사철학의
테두리 안에 있었다면 푸코의 역사철학은 이전 시대의 거대담론들을
침몰시키면서 전혀 다른 사유의 지평을 열었다.

서 파악할 필요가 있다.

그렇다면 역사적 반복의 구조는 무엇일까? 그러나 모든 반복은 차이와 더불어 반복된다. 역사적 반복에서 차이는 어떤 역할을 하는가? 반복과 차이는 어떻게 얽히는가? 만일 우리가 오늘날 다시 진보를 논한다면 그것은 이제 반복과 차이의 복잡한 놀이에 대한 해명 위에서만 가능할 것이다.

사건을 살아가는 주체

역사에서의 반복, 차이, 진보를 어떤 개념을 실마리로 해서 논할 것인가. 사건 개념이 그 단초를 제공해준다. 개인에게서 시간의 종합은 개별적 주체성의 생성 과정과 관련된다. 이것은 그 개인에게서 생성하는 사건들의 종합에 관한 문제이다. 이에 비해 보다 넓은 지평에서의 시간 종합은 공통의 주체성의 형성 과정과 관련된다. 이것은 곧 여러 주체들에게 공통되는 사건들을 통한 주체성의 형성이다. 사실 한 개인의 사건이란 항상 다른 사람들, 생명체들, 사물들과의 관계를 통해 발생하기에 어떤 사건도 순수하게 개인적인 것은 없다. 모든 사건은 서로 얽인 주체들 사이에서 발생한다. 그리고 그 사건은 그것에 얽인 주체들을 공통적으로 변화시킨다. 이 변화가 이들은 어떤 **공통주체성**으로 화하게 만든다.[1] 요컨대 사건은 일정한 개별적 주체들을 묶어 그들로 하여금 어떤 공통주체성을 공유하게 만든다. 사회 속에서 살아가는 한 인간의 주체성이란 사실상 그 개인의 개별적인 주체성이 아니라 이런 숱한 공통주체성의 고유의 교집합이라 해야 할 것이다. 역사란 바로 이 공통주체성을 기본 단위로 형성된다.

이런 공통주체성을 통해서 집단적인 기억이 형성된다(집단기억이라고 해

. . . .
1 공통주체성과 공동주체성을 구분할 필요가 있다. 공통의 사건을 경험한 사람들이 공동의 주체성을 가지는 것은 아니다. 그 동일한 사건은 다양한 주체들에게 다양하게 받아들여지고 의미가 부여된다. 하나의 사건을 같은 의미로서 받아들이는 사람들 사이에서는 공동주체성이 형성된다.

서 그것이 등질적인 것은 아니다. 집단기억은 '집단적'이지만 동시에 다질적이다). 그러나 집단기억을 가능케 하는 사건은 다시 작은 사건들로 분절해볼 수 있다. '하나의 사건'이라고 불리는 것은 항상 여러 사건들의 종합이며, 이런 종합은 누층적(累層的)으로 이루어진다. 어떤 사건을 파헤쳐도 우리는 그 아래에서 사건들의 무수한 갈래들, 그것도 무수히 누층적인 갈래들을 발견하고 아연하게 된다. 사건들은 갈래=계열을 형성하며, 계열들은 섬유조직에서처럼 누층적으로 주름 잡혀 있다. 물론 갈래들 자체도 그것들을 파악하는 주체의 관점에 따라 달리 파악된다. 역사가는 이 방대한 사건들의 바다에서 어떻게 항해해갈 것인가를 고심하게 된다.

어떤 사건도 단독으로는 의미를 가지지 못한다. 한 사건은 그것의 앞뒤로 다른 사건들이 계열화됨으로써만 비로소 단순한 '존재'의 차원에서 '의미'의 차원으로 건너온다. 극히 내면적인 사건들을 제외하면 모든 사건은 물질 속에 구현되어 발생한다. 시위라는 사건은 수많은 참여 대중의 신체에, 갖가지 플래카드나 깃발 등에, 진압 경찰이 쏘아대는 최루탄에…… 구현되어 발생한다. 그러나 그런 물리적 과정들이 의미의 차원으로 진입해 역사와 문화의 맥락에 자리 잡게 되는 것은 그것들이 계열화될 때이다. 사건들의 계열화가 의미를 낳는다. 그러한 계열화는 존재론적인 동시에 정치적이기도 하다. 이제 '사건의 정치학'이 '사건의 철학'을 보완해야 할 때이다.

그러나 사실상 이미 역사와 의미의 두께 속에서 살아가는 우리는 오히려 사건들에 일정한 계열화 방식을 투사함으로써 그것들을 의미화한다. 사건들이 자체적으로 계열화해 특정한 의미를 낳는 것이 아니다. 사건들의 계열화는 항상 인간 주체에 의해 이루어지며, 사건들 자체에 있어 절대적으로 객관적인 계열화가 존재하는지는 알 수 없다. 설사 존재한다 해도 우리로서는 해명할 수 없다. 사건들의 계열화는 늘 주체의 구성을 통해서 이루어진다. 인간이란 처음부터 의미와 문화의 세계에서 태어나 살아가며, 객관으로부터 주관이 형성되는 것이 아니라 주관의 구성을 통해서 객관이 일정한 모양 새를 띠게 되는 것이다. 이것은 객관성의 의미를 폄하하는 것은 아니다. 객관성이 존재하지 않는다면 우리가 의견을 고쳐간다거나 인식이 발전한다는 사실을 이해할 수 없을 것이기에 말이다. 그러나 객관성이란 날것으로 우리에게 주어지는 것이 아니라 여기저기에서 우리의 구성에 제동을 걺으로써 모습을 드러낸다. 객관성은 바슐라르의 말처럼 늘 "아니오"(non)라는 말로써 주관을 통어하는 듯이 보인다(「러브레터」의 주인공이 책 뒤표지에 그려진 자신의 얼굴을 보고 비로소 그때까지의 계열화 전체가 잘못되었음을 깨닫게 되듯이). 실재는 바로 그렇게 다가온다. 주체가 구성한 계열화의 그물망을 단번에 끊어버리면서. 진리/진실이란 실재의 귀환이다.[2]

그러나 실재는 언제나 귀환하는 것도 아니고 또 총체적으로 귀환하는 것도 아니다. 또 실재를 성실하게 주목하지 않는 주체들에게 실재는 사실상 나타나지 않는 것과도 같다. 이 경우 진리/진실의 추구는 결국 욕망과 권력의 놀이로 전락하곤 한다. 이런 놀이는 개인적 차원에서도 이루어지지만, 대개는 집단적인 차원에서 이루어진다. '이데올로기'들은 이렇게 만들어진다. 인식은 정치의 문제가 되며, 실재는 이데올로기에 의해 굴절되어 나타난다. 바로 그렇기 때문에 그런 이데올로기를 둘러싼 인식론적 투쟁도 정치적 투쟁의 성격을 띠게 된다. 실재의 귀환이 종종 순수 존재론적 사건으로가 아니라 정치적 사건으로서 나타나는 것은 이 때문이다. 사건들의 계열화에서 철학과 정치가 복잡하게 얽힌다. 역사를 읽어내면서 우리는 미네르바가 왜 학(學)과 무(武)를 겸비해야 했는가를 깨닫게 된다.

. . . .

2 마루야마 게이자부로 식의 언어상대주의의 문제점이 여기에 있다.(丸山圭次郎, 『존재와 언어』, 고동호 옮김, 민음사, 2002) 마루야마는 실재란 결국 언어로 구성되어 인식된다는 점은 잘 보여주지만, 단적인 상대주의로 감으로써 실재의 귀환을 즉 언어적 구성체를 훼손시키면서 회귀하는 실재의 엄존(嚴存)을 게으르게 처리하고 있다.

'시대'(時代)란 무엇인가? 한 시대에 사람들은 세상에서 벌어지는 사건들 그리고 과거에 벌어진 사건들을 일정한 방식으로 계열화하는 경향을 보인다. 주체화의 양태에 따라 경향들은 다양하게 분기한다. 모자이크에서 그렇듯이, '사회'는 그 첨예한 대립들이 흐릿하게 지워진 막연한 평균치로서, '통념'(doxa)의 모습으로서 나타난다. 어느 순간 계열화에서의 통념이 전반적인 변환을 겪고[3] 새로운 방식의 계열화가 등장한다. 그럴 때 사람들은 "시대가 변했다"고 말한다. "시대가 달라졌다"는 말은 시간의 종합에 있어, 사건들을 종합하는 방식에 있어, 결국 주체화[4]의 방식에 있어 전반적인= '통념'상의 변환이 발생했음을 뜻한다. 그러나 이 '전반적인' 변환 아래에는 무한히 복잡한 미시적인 변환들이 착종되고 있다. 반복과 차이, 진보와 퇴보가 복잡하게 얽히는 것은 바로 이곳에서이다.

소극笑劇 시대의 망령들

역사는 반복을 통해 특징지어진다. 더 근본적으로 우리의 삶은 다름 아닌 반복이다. 우리는 매일 아침 일어나기를 반복하고 매일 밤 잠들기를 반복한

. . . . . .

3 그러나 이 "전반적인" 변환은 몰적 평균치에 입각한 파악일 뿐이다. 사실상 일어난 일은 모자이크를 구성하고 있는 숱한 분자적 운동들에서의 변화, 그것도 무수히 누층적인 변화이다. 몰적 변화는 미시적인 변동들이 층차적으로 상쇄되어 감으로써 최종적으로, 즉 현상적인 외관으로서 나타난 모습일 뿐이다. 몰적 변동치(Δx)를 어떤 '하나'로서 취급하는 사고는 분자적 변동치(xd)들 사이에 존재하는, 그것도 누층적으로 존재하는 무수한 갈등들, 모순들, 적대들을 간단히 잘라내 버리는 사고이다.

4 여기에서의 주체화란 물론 'subjectivation'을 뜻한다. 근대 주체철학에서의 'subjectification' 과도 구조주의적인 맥락에서의 'assujettissement'과도 구분되어야 할 이 개념은 주어진 장에 주체가 수동적으로 동일화되는 과정과 주체가 그 장에서 스스로를 만들어가(고 그로써 그 장에 변동을 주)는 과정이 동시에 엮여가는 입체적 과정으로 이해되어야 할 것이다. "존재한다"는 것은 곧 작용을 가하고 받는 것이라는 플라톤의 고전적인 정의로 되돌아간 셈이다.(『소피스테스』, 247d-e) 시대가 변하면 '주어진 것'이 달라지게 되고 우리가 '만들어가야 할 것' 역시 새롭게 모색되어야 한다. 우리 시대는 이렇게 새로운 주체화를 요구하고 있다.

"한 사건은 그것의 앞뒤로 다른 사건들이 계열화됨으로써만 비로소 단순한 '존재'의 차원에서 '의미'의 차원으로 건너온다. 물리적 과정들이 의미의 차원으로 진입해 역사와 문화의 맥락에 자리 잡게 되는 것은 그것들이 계열화될 때이다. 사건들의 계열화가 의미를 낳는다. 그것은 존재론적인 동시에 정치적이기도 하다."

다. 우리의 삶은 반복으로 가득 차 있다. 지금도 지구상 여기저기에서 결혼식이 반복되고 있고, 야구경기가 반복되고 있고, 시위와 전쟁이 반복되고 있다. 어떤 사람들이 상상하듯이 우주가 탄생과 멸망을 반복한다면, 우주라는 사건 자체도 계속 반복하고 있는 것이다.

반복은 시간에 매듭을 준다. 반복 없는 흐름은 마디 없는 시간이며 사실상 무(無)와도 같다. 그러나 반복에는, 시간의 마디에는 수많은 층위들이 있다. 단순한 사건들이 반복되고(아침의 기상, 깃발의 흔들림, 식사 등등), 복잡한 사건들이 반복된다(야구경기, 시위, 결혼식 등등). 그러나 아주 큰 반복, 예컨대 시대의 반복도 존재한다. 바로 우리 시대가 무엇인가를 반복하고 있는 듯이 보이지 않는가. 이런 반복의 시대를 맞아 이전 시대를 반복하는 자들은 "과거의 망령들을 주문으로 불러내어 자신에게 봉사케 하고, 그들에게서 이름과 전투 구호와 의상을 빌린다".[5] 오늘날 반복하는 자들은 반복되는 자들로부터 어떤 이름과 구호와 의상을 빌리고 있는 것일까. 일종의 불길한 격세유전(隔世遺傳)이 현금의 정부와 과거의 군사정권(들)을 잇고 있는 것 같다.

이미 잊혔던 듯이 보이던 망령들이 무덤에서 깨어 일어나 시대의 공기를 무겁게 그러나 희극적으로 짓누르고 있다. 파시즘의 역사가 잘 보여주듯이, 집단 열등의식은 정치적 추동력의 열효율을 크게 높여주는 특급 연료로서 작동한다. 그래서 근대화에 뒤쳐진 사람들이 '조국 근대화'에 목을 맨 채 그들에게 채찍을 휘두르던 자들을 따라갔듯이, 금융자본주의에 농락당했던 사람들이 '2만 불 시대'에 목을 맨 채 그들에게 당근을 내미는 자들을 따라가고 있다. 저 멀리에서 끌어당기는 목적론의 밧줄에 코가 꿰인 채, 덧없는

. . . . . .
5 마르크스, 『루이 보나빠르뜨의 브뤼메르 18일』, 마르크스/엥겔스 저작 선집 2, 박종철 출판사, 1991/1997, 289쪽.

희망을 선전하는 얄팍한 미끼를 덥석 문 채.

이런 반복은 놀라울 정도로 즉물적이다. '대운하'는 단지 하나의 정책이나 계획이 아니다. 그것은 개발독재시대의 총체적 반복을 어리둥절할 정도로 똑같이 반복하고 있는 하나의 형상(figure)이다. 이 형상은 마치 리바이어던처럼 기득권 세력의 갖가지 다른 형상들과 접속해서 거대한 형상들의-얼개(configuration)를 만들어내고 있다. 이 얼개는 반복의 시대를 코믹하지만 음울하게 표상해주고 있다. 이 형상들에 장단을 맞추어 언표들 또한 한몫을 하겠다고 나선다. 그래서 '의병'은 '홍위병'을 대칭적으로 반복하면서 터져 나오는 웃음을 참을 길 없는 한바탕 소극을 펼치고 있고, 잊을 만하면 다시 얼굴을 내미는 '사탄'은 그나마 웃기지도 않는 개그를 벌이고 있다.

이런 흐름은 해방 이후 겨우 싹터서 피려 하던 사회주의적 시도들을 물거품으로 만들고 있다.[6] 김대중/노무현 정부와 이명박 정부가 별 차이가 없다는 말은 초점을 상실한 말이다. 김대중/노무현 정부가 복지국가를 건설하려 했던 것이 아니라 복지국가(나아가 사회주의 국가)를 바랐던 대중들의 갈망——대중들이 이런 식의 개념 규정을 통해 자신들을 표현했던 것은 물론 아니지만——이 김대중/노무현 정부를 낳은 것일 뿐이기 때문이다. 여기에서 중요한 것은 정권들 사이의 비교가 아니라(이런 식의 비교는 눈길을 지배계급에만 맞춘다는 점에서 일면적이다), 대중들의 바람이 구현되는 장(場) 자체가 악화되었다는 데에 있다. 대중들의 바람을 실현시켜주지 못한 무능력한 정부에서 그런 바람을 아예 거부하는 수구적인 정부로 말이다.[7]

......
6 근대 이후 개발되어온 정치철학적 개념들은 수백 년을 거치면서 워낙 복잡 미묘해져 같은 말을 반대의 의미로 쓰는 경우도 적지 않다. 숱한 '이즘'들은 미시적으로 생성하는 분자적 투쟁들을 개념화하기에는 너무나 거친 개념들일 수밖에 없다. "사회주의적"이라는 표현은 적절해서라기 보다는 비교적 무리가 덜한 개념이라고 봐서 썼을 뿐이다.

이런 선택은 어리석은 대중들이 한 것이고 따라서 결과에 대해서는 그들이 책임져야 할 뿐이다. 그러나 그 사이에서 소수자들은 희망을 잃어버린 채 막막한 시간을 보내고 있다. 개발독재와 기득권 관리를 핵으로 하는 이 정권은 소수자들의 배제와 일방향적인 개발을 '불도저처럼' 밀고나갈 것이다.[8]

이런 흐름 속에서 '진보'의 이념은 한국적 자유주의의 진보 개념으로 퇴보하고 있다. 레이건과 대처, 그 후에 신자유주의가 그랬듯이 현 정부는 노골적인 성장제일주의와 기득권 보호를 추구하고 있고, 그로써 해방 이후 계속 진전되어왔던 사회주의적 진보 개념은 가라앉고 있다. 과거에 자유주의, 민족주의, 사회주의는 상이한 진보 개념으로 무장하고서 싸워왔다. 자유주의는 교활해서 자신의 이익에 반(反)하지 않으면 다른 입장들과 곧잘 혼효해 새로운 가면을 쓰고서 나타나곤 한다. 파시즘 정권과 자유주의의 혼효, 민족주의와 자유주의의 혼효가 그 대표적인 예이다.[9] 오늘날의 자유주의적 진보관은 과거와는 달리 파시즘과 민족주의의 색깔을 벗겨낸 듯이 보인다.

. . . . . .

7 IMF가 가져온 집단 열등의식과 성장 감각에서의 좌절, 그리고 김대중/노무현 정부(특히 후자)의 실패가 현 정부의 집권에 결정적인 배경으로서 작용했다. 이 점에서 현 정부는 일제시대의 굴욕이 가져온 집단 열등의식과 이승만 정권의 실패가 박정희 정권을 가능케 한 역사를 반복하고 있다. 그러나 이승만 정권과 김대중/노무현 정권을 비교한다는 것은 무리이다. 두 정권이 심리적으로 '유비'되고 있을 뿐인 것이다. 객관적 차이를 은폐하는 유비적 반복은 심리적인=주관적인 환각을 가져온다.

8 한국 지식계의 일각에서는 '소수자' 개념을 양적으로 적은 사람들, 말하자면 유별난 사람들, 특이한 사람들을 가리키는 말로 사용하고 있다. 어떤 말을 어떻게 사용하느냐는 사람마다 다를 수 있겠지만, 적어도 이 개념이 들뢰즈/가타리의 '소수자 윤리학/정치학'을 배경으로 나온 개념이라면 이것은 이들에 대한 치명적인 오독에 근거하는 것이다. 소수자(minorité)는 양적 규정이 아니라 질적 규정이기 때문이다. 그것은 양적으로 적은 사람들과는 아무 상관이 없다. 아울러 이들의 소수자 윤리학/정치학을 '차이의 윤리학/정치학'으로서 이해하는 것 역시 심각한 오독이다. 이들은 오히려 '차이'(différence)의 피상성을 논하면서 그것이 '차이생성'(différentiation)의 결과임을 역설하기 때문이다. 이들의 '되기의 윤리학/정치학'은 바로 차이의 윤리학/정치학을 극복하기 위해 제시된 사유이다.

9 도사카 준이 잘 보여주었듯이(『일본 이데올로기』), 자유주의는 사회주의보다 더 유동적이며 때문에 민족주의(나아가 파시즘)와 더 잘 결합한다. "자유주의는 결코 흔히 생각하는 것처럼

그러나 사실상 달라진 것은 없다. 파시즘적 통제사회가 관리사회로, '민족'
이 '국민'으로 바뀌었을 뿐이다.

사회주의적 진보 개념의 위기는 곧 소수자 운동의 위기이다. 이런 위기는
지난 세기 여기저기에서 반복적으로 출현해왔다. 그리고 새로운 방식의 진
보 개념과 운동 전략도 계속 반복적으로 출현해왔다. 그러나 이 과정은 또
한 새로운 차이들이 도래하는 과정이기도 했다.

관리사회와 문화적 훈육

반복 가운데에서 도래한 차이는 우리를 통제사회/훈육사회에서 '관리사
회'로 데려가고 있다. 이런 이행은 정권의 성격과 관계없이 1990년대 이래
진행되어왔지만, 오늘날 현 정부의 등장을 통해서 이제 개발독재 시대의 반
복 위에 관리사회가 덧칠된 새로운 그림이 모습을 드러내고 있다.[10] 관리사
회는 좀더 노골적인 색깔을 띠고서 우리 삶을 감싸게 된 것이다.

관리사회는 억압이나 배제가 아니라 차이배분을 통해서 전개된다. 현대 사
상은 'différentiation'이라는 말을 둘러싸고서 풍부한 논의를 전개해왔다.
사물들이 드러내는 '질들'에서의 차이라는 고전적인(아리스토텔레스적인)
의미에 더해서, 구조주의 사유에서의 '변별화'(차이들의 체계, 차이들의 놀
이), 수학에서의 미분법과 연계되는 차이화 운동, 베르그송-들뢰즈의 절대

일본주의와 유물론 한가운데에 위치하고 있는 것이 아니다." 자유주의의 이런 속성이 화폐의
속성과 비슷하다는 것은 시사적이지 않은가.("그래, 인류 공동의 창녀인 이 망할 놈의 금속
아." 셰익스피어의 『아테네의 타이먼』 중에서)

10 들뢰즈는 다음과 같이 말한다. "우리들은 '관리사회'에 발을 들여놓고 있다. 관리사회는 감금
이 아니라 끊임없는 관리와 실시간 이루어지는 커뮤니케이션으로 움직여지고 있다."(들뢰즈,
『대담 1972~1990』, 김종호 옮김, 솔) 한국에서는 이 개념을 '통제사회'로 번역하는 경우가 많
다. 그러나 여기에서 "contrôle"는 훈육이나 통제·규율이 아니라 '관리'를 의미한다. 들뢰즈
는 푸코 자신이 훈육사회/통제사회/규율사회에 대한 분석에서 관리사회에 대한 분석으로 넘
어간 것으로 보고 있다.

적 생성으로서의 차이생성 등. 그러나 이 말이 정치적 맥락에서도 빼놓을 수 없는 중요성을 가진다면, 그것은 차이배분의 의미에서일 것이다.

현대 정치에서의 'différenti-ation'은 차이들을 배분하는 과정이며, 억압/배제를 차이들의 배치로 대체한다. 현대의 권력은 더 이상 타자들을 만들지 않는다. 그들은 타자들을 바깥으로 내모는 대신 체계 안으로 편입시킨다. 차이배분의 놀이들을 통해서(할리우드 영화는 이 점을 수적[數的]으로 보여준다. 주인공들은 차이배분을 통해서 조심스럽게 배치된다. 백인 둘에 흑인 하나, 남성 둘에 여성 하나, 백인 둘에 흑인 하나 그리고 황인종 하나 등등). 숱한 모순들에도 불구하고 혁명이 도래할 것 같지 않은 '분위기'는 바로 이런 내재화(內在化) 때문이다. 이런 사회는 닫힌 사회가 아니라 오히려 열린사회이다. 그러나 그 열림은 철저하게 바깥이 없는 내재화된 공간 내에서의 열림이다. 닫힌 사회와 바깥의 대립은 사라지고 바깥을 결코 허용하지 않는 공간에서의 차이 배분적 열림만이 존재한다.

이런 내재화의 전략은 문화적 훈육의 전략과 맞물린다. 오늘날에도 훈육은 존재하지만 관리사회에서의 훈육은 곧 문화적 훈육이다. 문화적 훈육은 근대적 훈육보다 더 효율적이다. 이 훈육은 의식이 아니라 무의식을, 이성이 아니라 감성을 겨냥하며, 훈육당하는 주체가 그 사실을 잘 알지 못하기 때문이다. 지식인들의 세계에서도 문화는 모순된 얼굴로 나타난다. '비판적 지식인들'은 정치와 경제만 비판적으로 볼 뿐 문화는 그렇게 보지 못하며, 역으로 문화에 대해 운운하는 '지식인들'은 필경 전형적인 쁘띠-부르주아들이다.

오늘날 교육과 문화는 국가와 자본으로 구성된 지배체제를 비판하는 기능을 완전히 상실하고 차이배분의 장치들로서 작동하고 있다. 차이배분을 위한 문화적 훈육은 근본적으로 주체성 창출의 형태를 띤다. 그러나 관리사회에서의 주체화는 훈육사회에서의 주체화와 다르다. 관리사회는 한 개인(in-dividuum)의 주체성을 잘게 썰어서 절편화(切片化)된 주체성들로 만들며, 이 절편화된 주체성들을 다시 조합해서 한 개인을 구성한다. 따라서 한 개인은 더 이상 몇 개의 핵심적인 집단(가족, 직장 등)에 동일화되기보다는 무수히 절편화되며, 그로써 그 정체성은 계속 희박화(稀薄化)된다. 문화적 훈육은 이런 절편화되고 희박화된 주체들을 양산해낸다.

주체들을 절편화하고 희박화하는 데에는 각종 장치들이 동원된다. 우선 관리사회는 폐쇄된 공간을 허락하지 않기 때문에 언제 어디서라도 관리가 이루어지는 '유비쿼터스' 관리가 실행되고 있다고 할 수 있다. 물론 이런 식의 관리를 위해서는 각종 기계장치들(사이버네틱스에 의해 조절되는 정보 장치들)이 동원된다. 그리고 이미 오래 전부터(자본주의 메커니즘이 생산에서 소비로 전환한 20세기 초 이래) 그래왔지만, 마케팅을 통해서 '소비사회'를 끌어가는 것이 또한 자본주의체제의 핵심적인 관리이다. 이런 식의 요소들이 어우러져 관리가 이루어질 때 핵심적인 역할을 하는 것은 '패스워드'이다. 과거와 달리 현대인들은 어디에나 갈 수 있고, 어떤 기계나 열 수 있고, 어떤 것도 살 수 있다. 패스워드만 있으면 말이다. 푸코는 거대한 감시 장치로 이루어진 파놉티콘의 사회를 그린 바 있다. 그러나 오늘날의 관리사회는 보이지 않는 추상적인 기계, 즉 패스워드들로 구성된, 거대한 눈에 보이지 않는 기계로서의 파놉티콘으로 구성되어 있다고 할 수 있다.

이런 추상적 파놉티콘 사회는 한편으로 자유로운 사회이다. 그리고 그것은 모든 것이 유목화되는 세계이며 모든 것이 유동적으로 접속되는 리좀(rhizome)적인 사회이다. 그러나 관리사회에서의 자유·유목·리좀 등은 결국 모두 '관리'되는 것들에 불과하다. 오늘날 새롭게 반복되고 있는 보수적 사회는 자유를 억압하는 사회가 아니라 관리하는 사회이며, 기존의 울타리들이 부수어진 유목과 리좀의 사회이기는 하나 그것들을 다시 화폐회로 속으로 거두어들이는 가짜 유목/리좀의 사회인 것이다.

오늘날의 유목은 두 가지 흐름으로 나타난다. 하나는 초국적 기업과 금융자본으로 상징되는 거대한 힘의 유목이고, 다른 하나는 외국인 노동자들(이나 베트남에서 팔려온 '신부들')로 상징되는 잔혹한 유목이다. 그러나 이 두가지 유목은 서로 맞물려 있다. 초국적 기업과 금융자본주의는 많은 사람들을 '유목민들'로 만듦으로서 잘 작동하기 때문이다. 따라서 오늘날의 유목은 지배의 유목과 피지배의 유목이 서로 얽혀 돌아가는 복잡한 양상을 띠고 있다. 현대의 관리사회는 이 복잡한 양상을 적절히 관리함으로써 존속한다.

진리의 정치학을 위하여

시간을 어떻게 종합할 것인가가 주체화의 핵심이다. 차이와 반복의 놀이 속에서 사건들을 종합해나가는 방식이 주체를 가능케 한다. 그러나 주체화는 항상 공통주체성의 맥락에서 이루어진다. 사건이란 늘 공통의 경험을 통해서 성립하며, 무수한 공통주체성이 고유하게 교차하는 곳에서 각각의 주체성이 성립하기 때문이다. 오늘날 다시 우리는 새로운 공통의 경험을 통과하고 있다. 이 경험을 통해 생성하고 있는 또 하나의 공통주체성은 반복과 차이의 복잡한 얽힘 속에서 진보의 새로운 조건들을 찾고 있다. 군부 시절의 격세유전이 그러나 전혀 다른 옷을 갈아입고서 새로이 등장한 오늘날 어떤 새로운 조건들이 진보를 가능케 할 것인가?

오늘날 무엇보다도 중요한 것은 진리/진실의 정치학이다.[11] 사건들이 계열화를 통해서만 구체적인 의미를 획득한다면, 그리고 계열화란 단적인 객관성에 입각해서가 아니라 구성하는 주체의 입장에 영향 받아 구성된다면, 그리고 사건-계열의 상이한 구성이 역사의 의미에 대한 판이한 해독을 결과

. . . . . .

11 진리는 사람들이 볼 수 없는 것이 드러나는 것이고, 진실이란 사람들이 볼 수도 있으나 보지 않았던 것이 드러나는 것이다. 물론 날카로운 경계선이 있는 것은 아니지만. 우리의 맥락에서는 두 말 모두 쓸 수 있으나, 기존의 진리론들과 대비시키는 의미에서 이하 '진리'를 사용했다.

하게 만든다면, 중요한 것은 우선 새롭게 도래한 각종 국가장치들이 구사하는 계열화를 분쇄할 수 있는 의미-계열화의 구성일 것이다.

진리란 무엇인가? 아래에서 우리는 '사건으로서의 진리' 개념을 논할 것이다. 진리를 말과 사물의 상응이나 명제들의 정합성 또는 그 외에 다른 방식으로서가 아니라 사건으로서 이해할 필요가 있다.

진리의 사건이란 어떤 사건인가? 그것은 곧 실재의 귀환이라는 사건이다. 실재의 귀환은 어떻게 이루어지는가? 그것은 실재가 기존 계열화의 그 어딘가에서 솟아오름으로써 그 계열화의 거짓됨/위(僞)를 단번에 폭로시키는 사건을 통해서이다.[12] 그렇다면 귀환하는 실재란 무엇인가? 지배계급은 일정한 이데올로기(사건들의 계열화)를 만들어내고 국가장치들을 통해 그것을 대중들에게 각인시킴으로써만 존립한다.

통제사회에서 관리사회로 넘어간 오늘날 이데올로기적 국가장치의 역할은 훨씬 중요해졌다. 현 정부의 수립 역시 이런 이데올로기──오늘날의 이데올로기는 언어를 통해서가 아니라 이미지를 통해서 각인된다는 점에서 훨씬 위험한 것이 되었다──의 힘을 잘 보여주었다. 실재의 귀환은 바로 이런 이데올로기의 껍질을 깨고 끝없이 귀환하는 운동이다.

어떤 운동인가? 이 진리-사건으로서의 실재의 귀환은 곧 소수자 운동의 귀환이다. 소수자 운동을 어떤 특수한 집단이나 특수한 상태 또는 본질로 정의할 수는 없다. 왜인가? 다수자는 그 동일성에 의해 특징지어지지만 소수자는 그 되기(devenir)에 의해 특징지어지기 때문이다. 다수자는 설사 그

......

12 하이데거는 진리란 '탈은폐'(Unverborgenheit)라는 점을 잘 지적했으나(하이데거, 『예술작품의 근원』, 오병남 옮김, 경문사, 1990), 주체의 구성을 단적으로 비판하고 존재의 드러남을 신비적으로 강조했다. 그로써 주체의 구성에 함축되어 들어가는 복잡한 맥락들과 실재의 '귀환'이 구성된 세계와 새롭게 맺는 관계들(특히 정치적 관계들)을 놓치고 있다. 따로 논의의 장을 마련코자 하거니와, 그의 파시즘 참여는 그의 철학 자체 내에 내재하는 이 측면과 밀접한 관련성이 있다고 본다.

것이 어떤 변화를 꾀하고 있는 듯이 보이는 그때에도 반드시 어떤 동일성을 고수하려 한다. 그들은 기득권자들이기 때문이다. 반면 소수자는 늘 사회의 변화를 꾀하는 존재이며, 소수자─이기가 아니라 소수자─되기를 통해 생성한다(그래서 여성도 여성─되기를 해야 하고, 노동자도 노동자─되기를 해야 하고, 흑인도 흑인─되기를 해야 한다). 소수자─되기는 소수자─이기가 아니라 동일성에 반(反)해 생성하는 소수자 운동이다(더 정확히 말해, 소수자 운동의 존재론적 근거이다). 그로써 소수자들은 세상의 몰적 체제들을 무너뜨리면서 생성한다(이 점에서 자기폐쇄적인 소규모 공동체들은 적극적인 되기를 하는 집단들이 아니다).

소수자─되기의 존재론을 기반으로 하는 소수자 운동은 다수자─이기와 소수자─이기로 구성되어 있는 사회의 몰적 체계를 흔들고 사회에 생성을 가져온다. 그래서 늘 이미 구성된 몰적 체제, 기호체제/상징계 속에서 살아가는 사람들에게, 특히 그런 체제에서의 기득권을 고수하려는 사람들에게 이 생성은, 틈틈이 초원에서 몰려와 정주세계를 파탄시키곤 했던 유목민들이 그렇게 보였듯이, 일종의 '귀환'의 성격을 가지게 된다. 그래서 언제나 다시 복구되고 다시 군림하는 몰적 체계와 끝없이 귀환하는 소수자들의 되기는 일종의 영원회귀의 성격을 띠게 된다. 달리 말해, 몰적인 분할과 분자적인 생성은 역사 속에서 계속 반복된다(더 정확히 말해 바로 이런 반복을 통해서 '역사'가 성립한다). 따라서 여기에서 영원회귀는 단순히 생성이 영원히 회귀하는 것이 아니다. 반복이 영원히 회귀한다.

그러나 이 반복에는 반드시 그때마다의 차이가 동반된다. 따라서 영원회귀는 새로운 차이와 함께 되돌아오는 반복이다. '진보'는 이런 영원회귀, 즉 반복을 통한 차이의 생성을 그 선험적 조건으로 가진다. 달리 말해, 진보는 늘 어떤 귀환, 실재의 귀환이며, 이 실재는 곧 소수자들의 존재=생성이다. 그래서 실재의 귀환이란 지배적인 몰적 체계에 구멍을 내면서 도래하는 소수자-되기의 운동인 것이다. 진보란 **새로운 모습으로 귀환하는** 소수자들의 생성/운동을 필수적인 조건으로 한다.

진보는 이런 귀환만으로는 이루어지지 않는다. 끝없는 귀환이라는 것 자체가 몰적 체계의 끝없는 재생을 전제하기 때문이다. 실재의 귀환은 몰적 체계를 근본적으로 바꾸어놓을 때에만 진정으로 진보를 이룩할 수 있다. 그러나 몰적 체제의 소멸은 가능하지 않다. 인간의 삶 자체가 어떤 형태로든 몰적 체제의 구축을 요구하기 때문이다. 그래서 본질적인 것은 유토피아에 대한 꿈이 아니라 끝없이 회귀하는 실재와 하나가 되어 기성의 몰적 체제를 계속 분쇄해 나가고, 그로써 삶의 문법, 사회의 논리적 구조를, 배치를 바꾸어 나가는 일일 것이다. 그리고 배치의 그런 변화가 소수자들이 자신들의 삶을 만들어 나갈 수 있는 방향으로 나아갈 때, 영원히 회귀하는 반복이 도래시키는 차이가 그런 긍정적 배치를 가져왔을 때, 우리는 '진보'라는 말을 할 수 있다.

앞에서 배치가 사건이라고 했던 것을 이런 맥락에서 재음미해볼 수 있다. 배치가 하나의 사건이라는 것은 곧 그것이 실재의 귀환이나 또는 귀환의 좌절을 표현한다는 것을 뜻한다. 그리고 배치-사건은 늘 어떤 장소와 날짜를 함축한다. 배치-사건의 장소가 반드시 물리적인 장소인 것은 아니다. 그것은 담론공간에서의 장소일 수도 있고, 가상공간에서의 장소 또는 다른 공간에서의 장소일 수도 있다. 장소란 사건이 발생하는 모든 곳이다. 사건을 산다는 것, 그것은 곧 사건의 장소를 산다는 것이다. 마찬가지로 사건을 산다는 것, 그것은 곧 사건의 시간(날짜)을 산다는 것이다. 실재가 귀환하는 진리의 장소를 살아갈 때, 새로운 배치가 생성하는 진리의 날짜를 살아갈 때, 우리는 진정 자신의 사건을 살아가는 것이다. 사건은 항상 공통주체성을 함축하고, 공통주체성은 진리의 장소와 날짜를 함축한다. 오늘날 우리에게 절실한 것은 바로 그런 진리의 장소와 날짜를 찾아내고 또 만들어가는 일일 것이다. 새롭게 전열(戰列)을 가다듬어야 할 시간이다.

억새를 대접하다

사람 · 풍경 · 사물에 대한 존중

이태호 서양화가

어느 날 지인들과 청도 운문사에 들른 적이 있었다. 비구니 스님들만
계시는 곳이라 정갈함이 느껴지는 절이었다. 스님들이 꾸며놓은 화단 한켠에서
수북하게 자란 한 무더기의 억새를 보았다. 한참 동안 그곳을 서성거리며 있었다.
대개 화단이라는 것은 야트막하고 초물(草物)들로 꾸며 있는 것이 보통인데
두 뼘 남짓의 땅위에 느닷없이 큰 크기의 억새가 자라고 있었기 때문이다.
게다가 억새라는 야생의 풀이 화단에 어울릴 것이라는 생각을 하지 못했던
탓도 있었다. 저토록 대접해서 귀하지 않을 존재가 어디 있을까 하는 생각으로
그것을 심었던 사람의 뜻을 헤아려보았다. 세상의 모든 존재가 천재라 하면서도
어느 쓸모를 위해 그것에 쓸모없는 다른 것을 함부로 보는 어리석음의 세월을
살고 있다는 반성 또한 있었던 것이다. 삶은 여행이다. 만나는 모든 것들,
그것이 사물이든 풍경이든 사람이든 삶을 그나마 구체적이고 현장감 있게 하는
모든 것들을 잘 떠나보내는 일이 사람의 일인 것이다.
나는 진보나 발전을 믿지 않는다. 다만 사람의 규모를 지켜나가며 다른 것들과의
상생(相生)의 조화를 이루기 위한 노력만이 유효할 뿐이라 믿는다. 나는 지금
억새를 대접하고 있는 중이다. 이 일이 지극하게 치러졌으면 하는 바람이다.

억새 Eulalia 2007-1(D)
한지 위에 목탄, 먹 Charcoal, Oriental Ink on Korean Paper 75×57cm 2007

억새 Eulalia 9 2006 A
한지 위에 목탄, 먹 Charcoal, Oriental Ink on Korean Paper 215×150cm 2006

억새 Eulalia 6 2006 A
한지 위에 목탄, 먹 Charcoal, Oriental Ink on Korean Paper 215×150cm 2006

뒤 | 억새 Eulalia 4 2006 A
한지 위에 목탄, 먹 Charcoal, Oriental Ink on Korean Paper 215×150cm 2006

억새 Eulalia 2 2005 A
한지 위에 목탄, 먹 Charcoal, Oriental Ink on Korean Paper 215×150cm 2005

뒤 ǀ 억새 Eulalia 2006-5(C)
한지 위에 목탄, 먹 Charcoal, Oriental Ink on Korean Paper 75×57cm 2006

억새 Eulalia 5 2006 A
한지 위에 목탄, 먹 Charcoal, Oriental Ink on Korean Paper 215×150cm 2006

억새 Eulalia 2007–3(D)
한지 위에 목탄, 먹 Charcoal, Oriental Ink on Korean Paper 75×57cm 2007

※ 부산에서 작업중인 이태호 화백의 '억새 시리즈'는 7월 17일부터 8월 23일까지
예술마을 헤이리의 구삼미술관 · 금산갤러리 · 아트팩토리 · 북하우스 아트스페이스 ·
갤러리한길이 공동기획한 '아트로드 77 : 9인의 발견' 전에 전시되었다.

근대적 성찰은 어떻게 태어났나

벨라스케스의 「시녀들」을 보며

문광훈 고려대학교 아세아문제연구소 연구교수 · 독문학

"근대적 주체란 자기가 주체이자 객체임을 안다.
그는 재현하는 동시에 재현되는 존재로서 이 재현과정에
현재하고, 이 과정에 참여한다는 것을 의식한다.
그런 점에서 그의 의식은 이중적이다. 즉 대상을
파악하면서 이렇게 파악하는 자기 자신도 파악할 줄 안다.
반성의 능력은 이런 이중의식에서 온다.
이중의식이란 반성의 성찰력이다.
이것이 근대적 주체가 가진 근대적 이성의 힘이다."

우리는 기호를 성찰하는가

오늘날 셰익스피어 전기를 쓰려면, 대개 세 가지 문제점에 봉착한다고 한다. 첫째는 너무나 많은 전기물이 이미 출간되었다는 점이고, 둘째는 그럼에도 그에 대해 알려진 사실이라곤 매우 적다는 점이며, 셋째는 셰익스피어 이름만 해도 샤코스페어(Schakosper)에서 삭스페어(Saxper)에 이르기까지 거의 80개나 있다는 점이다. 그리하여 도대체 누가 쓴 셰익스피어가 '진짜 셰익스피어'인지, 우리가 아는 셰익스피어는 혹시 가짜가 아닌지 묻지 않을 수 없게 된다. 셰익스피어에는 어떤 결정판이 있는 것이 아니라 다른, 늘 다를 수밖에 없는 셰익스피어만 있는 것인가.

셰익스피어의 다른 모습은, 그가 만들어낸 세계의 다양성과 그 복합성을 살펴보면 어느 정도 이해될 수 있다. 아닌 게 아니라 사람은, 그가 느끼고 말하고 생각하고 행동하는 것의 총체라고 할 수 있다. 작가로 치면, 이것은 그가 쓴 작품 속에서, 이 작품에 등장하는 이런저런 인물의 사고와 행동의 다양한 유형에서 웬만큼 확인된다.

셰익스피어는 때로는 왕이고, 때로는 익살꾼이며, 때로는 바보, 때로는 죽은 자일 수 있다. 그렇듯이 햄릿이거나 오셀로이거나 말괄량이 처녀이거나 아니면 배우, 시인 혹은 장사꾼일 수도 있을 것이다. 말하자면 그는 이들 다른 인물들이 보여주는 세계의 다채로움 그 자체이다. 다채로움이란, 다른 식으로 말하여, 일관되지 못하고 역설적이며 모순적인 것이다. 작가는 항구적 자기모순성 속에서 나타난다.

이러한 자기모순은 작가만의 일이 아니다. 예술가는 이런 모순을 작품에서 전형적으로 드러낼 뿐, 이때의 모순은 인간 일반의 모순이기도 하다. 그리고 인간의 모순된 성격은 그가 사는 현실과, 이 현실에서 펼쳐지는 삶의 성격이기도 하다. 결국 셰익스피어란 누구인가라는 문제는 인간이란 누구인가의 문제이고, 이 인간이 사는 현실이 무엇이고, 그 삶이란 어떤 모습인가의 문제와 다르지 않다. 그러니 문제는 다시 오늘의 인간현실이다.

오늘의 지구사회는 참으로 심각한 위기에 직면해 있다. 2008년 9월의 월스트리트 발 금융 붕괴에서 보듯, 세계경제는 지금 혹독한 불황 속에 있고, 문화와 종교 그리고 인종 간의 갈등과 대립 역시 점증하고 있으며, 게다가 이런저런 환경 재난의 징후는 도처에서 일어나고 있다. 이런 국제적 난관은 그러나 우리 사는 사회—한국사회의 내부에서 일정하게 완화되는 것인가? 그것은 오히려 증폭되는 듯하다. 우리의 사회구조가 불합리하여, 제도적·법률적·행정적 장치들이 미비하여, 정치인의 공인의식이 부족하여, 집권 여당의 리더십이 결여되어 있기 때문에, 언론의 비판기능과 기업의 사회적 역할을 고민하는 경우가 불충분하여, 또 대중의 의식수준이 낮고 공론장이 아직 여물지 못해 그런 완충역할을 제대로 하지 못하고 있다.

요즘 국회를 파행시키고 있는 미디어 관련법을 보라. 여당은 '일부 방송의 여론독과점을 해소하기 위해' 신문과 방송의 겸영과 대기업의 지상파 방송진출에 찬성하고 있고, 야당은 놀랍게도 똑같은 이유로, 말하자면 보수언론과 재벌의 여론장악을 막으려고 반대하고 있다. 우리는 자기 논조에 깃들일 수 있는 궤변을 직시하고 그 견강부회를 멈출 수 있는가? 여기에는 여론 다양성의 문제가 얽혀 있고, 더 나아가면 차이에 대한 인정과 관용의 문제가 관계한다.

2009년 7월의 한국사회가 얼마나 몰인정하고 비관용적인가는 두 달 이상 끌어오던 내년 법정 최저임금 문제가 무려 열세 차례의 수정안과 두 차례의 공익안에도 합의에 이르지 못했다는 것, 그리고 시한 넘겨 밤샘협상을 하고 다시 표결까지 가는 진통 끝에 내놓은 결과가 종전보다 110원 올려 시간당 4,110원이 되었다는 사실에서 극명하게 나타난다. 그것은 2.75퍼센트 오른 것인데, 일주일에 40시간 일하면 83만 6천 원 받아오던 것을 내년부터는 85만 8,990원을 받게 된다는 뜻이다. 그러나 이런 최저임금마저 못 받는 사람이 현실에는 많다.

이런 식으로 오늘의 한국사회는, 정치와 경제, 노동과 교육과 사회, 환경과 문화와 의료 등 삶의 거의 모든 분야에서 정부와 시민, 여당과 야당, 진보와 보수, 노동자와 기업인이 분열과 싸움, 험담과 편가르기에 휩싸인 채 꾸려지고 있다. 살벌한 상황은 경쟁으로 내몰린 아이들 사이에서도, 또 이 아이를 키우는 각 가정에서도 크게 다르지 않다.

인간다운 삶—합리적이고 민주적이며 이성적인 사회질서의 문제를 우리는 다양한 관점과 각도에서 다룰 수 있다. 그러나 가장 구체적인 접근의 하나는 우리가 매일 사용하는 기호—언어와 색채와 소리를 어떻게 사용하는가, 여기에 대해 어떤 태도를 가질 것인가에 있지 않나 여겨진다. 우리가 사용하는 기호는 대상을 서술하는 가운데, 이때의 서술을 '매체공공성이 훼손되지 않도록' 스스로 성찰하고 있는가. 그러니까 기호의 자기성찰성—자기의 기호가 한편으로 현실을 드러내면서 다른 한편으로 얼마나 숨기고 있는가, 그럼으로써 얼마나 미흡한 것인지에 대한 자각이 모든 표현적 행위에서 핵심이 된다. 그리고 이것은 서술–묘사–그림이란 무엇인가, 이렇게 그리고 있는 나는, 너는 그리고 우리는 무엇인가라는 문제와 이어져 있다.

매체는, 그것이 언어건 색채건 소리건, 우리가 그것의 성취와 폐해를 동시에 성찰하지 못한다면 삶에 해로운 것이다. 나는 이 점을 벨라스케스(D. Velázquez, 1599~1660)의 한 작품 「시녀들」(Las Meninas, 1656/57)에서 생각해보려 한다.

그릴 수 있는 것과 그릴 수 없는 것

벨라스케스의 그림 「시녀들」은 여러 가지로 재미있다. 이 그림을 보고 있으면, 이런저런 의문들과 생각들이 꼬리를 물고 솟아오른다. 어떤 질문이고 어떤 생각인가? 이런 질문에 답하기 전에 우선 그림의 내용부터 대략 살펴보자.

 이 그림에 등장하는 인물들의 이름은, 그 지위가 높건 낮건, 모두 기록에 남아 있다. 그림 중앙에는 가장 어려보이는 여자 아이가 뽐내듯 다소 오만한 자세로 서 있다. 둥근 테로 받친 챙 넓은 치마를 화려하게 차려입은 이 아이는 마가레테 공주다. 1651년에 태어났으니, 그림 속 아이는 대여섯 살쯤 되었을 것이다. 이 아이는 필리페 4세의 두 번째 결혼에서 태어났다. 왕녀 옆으로 '메니나스'라는 시녀들이 두 명 서 있다(메니나스는 포르투갈어로 '어린 아이'를 뜻하고, 이 작품의 제목도 여기서 왔다). 왼편 시녀는 무릎을 꿇은 채 왕녀에게 붉은 병에 담긴 물을 접시에 받쳐 건네고 있고, 오른편 시녀는 무릎을 굽히며 하는 전형적인 궁정인사를 하고 있다. 그러면서 그녀는 화면 이쪽을 비스듬히 쳐다보고 있다.

 오른편 시녀 옆 앞쪽으로는 여자 난쟁이——그녀 이름은 마리바볼라(Maribárbola)다. 이 난장이의 지나치게 큰 얼굴과 몸짓은 공주의 연약한 몸과 고귀함을 두드러지게 하는 듯하다——가 하나 있고, 그 옆에는 사내 난쟁이——이 아이의 이름은 니콜라스 데 페르투사토(Nicolás de Pertusato)이다——가 한 명 서 있다. 이 아이는 장난치듯 앞에 앉은 개 등을 발로 누르고 있다(1600년 당시 스페인이나 다른 나라에서는 왕가 초상화를 그릴 때 난쟁이를 함께 그려 넣는 전통이 있었다. 그것은 대개 왕족의 고귀함을 강조하려는 부가적 상징으로 등장했다. 그래서 이런 그림에서 왕이나 왕자는 지휘봉을 든 채 정면을 근엄하게 주시하는 반면, 난쟁이들은 딸랑이 같은 장난감이나 다른 물건을 들고 다른 쪽을 쳐다본다). 이들 뒤로는 시녀의 예의범절을 책임지는 여자 시종과, 이런 시녀를 지키는 관리가 자리하고 있다.

 시녀의 왼편으로 화가가, 어두운 배경 아래 전면을 응시하며 서 있다. 무엇을 그릴지 고민하는 듯 그는 거대한 캔버스를 앞에 두고, 붓과 팔레트를

「시녀들」을 보고 있노라면 누구나 이 그림 속의 장면에
참여하고 있다는 인상을 강하게 받게 된다. 우리는 관찰하면서도 관찰되고 있고,
타자의 시선을 받으면서도 우리 자신의 시선을 주고 있는 것이다.

진 채 잠잠히 서 있다. 이 그림을 그릴 때 벨라스케스는 57세였지만, 이마는, 자세히 보면 주름 없이 매끈하다. 그래서인지 그는 나이보다 더 젊은 모습으로, 명상하는 듯 보인다. 화가는 그를 바라보는 우리——관찰자인 우리를 그리려는 것처럼 이쪽을 쳐다보고 있다. 그렇게 쳐다보다가 그리기 시작한다면 그는, 푸코가 지적한대로, 이 거대한 캔버스 쪽으로 다가설 것이고, 그러면 우리의 시선에서 사라지게 될 것이다.

그림 정면의 약간 왼편 벽 위에는 거울이 하나 걸려 있다. 이 거울에는 왕의 부부——펠리페 4세와 그 왕비인 마리아나가 붉은 커튼 아래 반신상의 형태로 나란히 서 있다. 이들의 모습은 희미하다. 이들 모델이 서 있는 곳은, 가만히 따져보면, 지금 이 그림을 바라보는 우리가 서 있는 곳쯤이 된다. 이곳은 그림 전면의 밝은 곳, 이 그림틀을 조금 넘어선 어딘가이다. 그러니까 그곳은 그림의 밖이다.

시녀들과 공주의 시선이 가 닿은 곳도 이 그림 밖이다. 왕과 왕비가 서 있는 곳은 곧 우리가 서 있는 곳이고, 그러니만큼 두 모델은 우리를 대신하여 서 있는 것이기도 하다. 공주가 뽐내듯 쳐다보거나, 그 옆의 시녀들과 난쟁이와 관리가 쳐다보는 이도 바로 이 부부이고, 화가가 그리려는 것도 이들 부부인 것이다(화면에 등장하는 9명 가운데 우리를 정면으로 보는 사람은 너덧 명이다. 화가와 공주, 난쟁이 그리고 통로에 선 한 남자는 확실히 우리를 바라보고 있고, 시종 관리의 시선은 약간 애매해 보인다).

그러나 다른 한편으로 이 캔버스는 두 사람의 초상화로 쓰기에 너무 크다는 지적도 있다. 그래서 화가는 차라리 공주를 그리고 있었던 것이고, 이렇게 공주를 그리다가 국왕 부부가 나타나자 일을 멈추고 서 있다고 해석되기도 한다. 어쨌거나 왕과 왕비는 벨라스케스의 이 그림을 구경하려고 공주 마리아 테레사와 마가레테를 대동한 채 자주 들렀다고 전해진다. 그러나 이들 부부는, 엄밀히 말하자면, 이 장소에 없다. 거울에는 나타나지만, 그들은 이 무대에 등장하지 않는다. 그러니까 거울은 그림 안의 장면과 그림 밖의 현실을 이어주는 것이다.

이 그림의 가장 확실한 중심은 어디까지나 왕과 왕비다. 그것은 수수께끼가 아닐 수 없다. 모든 인물의 시선과 몸짓과 표정은 예외 없이 이 부부를 향해 있지만, 이들은 이 그림에는 자리하지 않는다. 모든 사람이 쳐다보고 또 그리려 하지만, 거울로 비쳐질 뿐 부재하는 것, 그것의 이름은 무엇인가? 두 모델은 그림 속에 비친 영상이면서 동시에 하나의 현실을 이룬다. 그것은 없으면서 분명 있다. 그림 속의 그림 밖 풍경은 마치 그리기 시작하면 사라질 것 같은 화가의 모습을 닮아있는 듯하다. 사실의 현실과 그림의 현실, 진짜와 이미지, 존재와 부재를 가르면서 동시에 잇는 것은 무엇인가?

여기에 또 한 명의 수수께끼 같은 인물이 있다. 그것은 그림의 정중앙 통로에 선 남자다. 이 통로로 문이 열려 있고, 이 열려진 문으로 난 계단 위에 그는 서 있다. 그는 누구일까? 그는 오른손으로 벽에 쳐진 커튼을 잡고 있고, 그의 두 발은 막 들어오려는 듯 혹은 나가려는 듯, 서로 다른 계단을 밟은 채, 이쪽—관찰자 쪽을 쳐다보고 있다. 그것은 또 하나의 다른 공간으로 난 출구다. 이 출구는 빛이 들어오는 쪽—그림의 오른편에도 있다. 비록 창문 대신 창틀만 원근법적으로 그려져 있지만, 여기로 들어온 빛은 이 그림의 모든 것—인간과 사물을 밝게 드러내준다. 이들 모두를 우리가 감상할 수 있는 것은 이 빛줄기 덕분이다. 그러나 그림 속의 어느 인물도 창문 쪽을 쳐다보지 않는다. 마치 아무도 그들 뒤의 통로에 눈길을 주지 않듯이. 무대 위에 사람들은 그림 속에서 이 그림을 조건 짓는 틀 밖의 현실을 상상하지 않는 것이다.

그림에 묘사된 이곳은 어디인가? 그곳은 정확히 화가 자신의 화실인 에스퀴리알(Escurial) 살롱이다. 그래서인지 거울 위쪽 벽면에는 이러저런 그림들이 여러 개 걸려 있다. 이 그림들은, 연구에 따르면 루벤스가 그린 작품이

거울에는 나타나지만, 그들은 이 무대에 등장하지 않는다.
그러니까 거울은 그림 안의 장면과 그림 밖의 현실을 이어주는 것이다.

라고 한다. 그러니까 대가의 작품들이 걸린 한 화가의 화실에서 인물들은 자기 일에 골몰해 있는 것이 아니라 관찰자인 우리를 쳐다보고 있다. 화가든 모델이든 감상자든 혹은 시선이건 붓이나 팔레트나 캔버스건, 이 그림에 등장하는 모든 것은 이쪽을 쳐다보거나 이렇게 쳐다보는 일을 묘사하는 데 동원된다. 그리하여 「시녀들」을 보고 있노라면 누구나 이 그림 속의 장면에 참여하고 있다는 인상을 강하게 받게 된다. 우리는 관찰하면서도 관찰되고 있고, 타자의 시선을 받으면서도 우리 자신의 시선을 주고 있는 것이다.

보는 것과 보이는 것, 관찰하는 것과 관찰되는 것은 거울에서도 일어나고, 빛이 들어오는 창문에서도 암시되며, 한 공간에서 다른 공간으로 이어지는 통로에서도 반복된다. 거울·창문·통로가 그러하듯, 팔레트나 붓, 시선이나 표정은 보고 듣고 말하는 것——표상(Vorstellung)과 재현에 관계된다. 이러한 표상은 빛이 들어오는 오른편에서 왼편으로 갈수록 희미해지고, 앞쪽에서 뒤편의 통로로 멀어질수록 어두워지다가 다시 밝아진다.

다시 살펴보자. 이 모든 것은 화가의 화실 모습을 담고 있고, 이곳에서 있었던 한 일——국왕 부부의 초상을 그리는 화가와, 그 옆에 서 있는 공주와 여타 궁정인들의 한순간을 포착하고 있다. 어떤 재현-지시-명명-표상-표현이란 행위가 여기서 이루어지고 있고, 이 행위에 의한 결과물(그림들)이 걸려 있으며, 이런 재현의 장소 안에 몇몇 사람들이 서 있고, 빛이 이곳의 사물과 인간을 밝혀주고 있고, 이때의 공간은 어떤 다른 공간으로 이어지고 있다. 통로 너머의 공간이 암시하듯이, 여기의 어둠은 또 다른 곳의 밝음으로 연결될 수도 있다. 분명히 현실 안의 공간이고, 이 공간 속에서 일어난 사건인데, 이 사건의 세목을 살펴보면, 어떤 것은 보이면서 어떤 것은, 마치 비현실적 환영이 지배하는 듯 보이지 않는다. 그리하여 여기서는 있음과 없음, 존재와 부재, 현실과 가상, 원본과 복사가 공존하는 것이다.

많은 것은 어떤 경계——표현할 수 있음과 표현할 수 없음, 하나의 공간과 다른 공간, 빛과 어둠, 알 수 있음과 알 수 없음 사이의 경계로 이루어져 있다. 이 그림이 궁정의 한 현실을 회화적으로 재현하는 것이라면, 이러한 부재는 궁정-국가-회화의 재현적 어려움이 되고, 여기서 더 나아가면 거울로서의 예술의 무능이 될 수도 있다. 그것은 여하한의 표현, 여하한의 소통, 여하한의 인식과 이해와 교류의 불가능성에 대한 암시이기도 하다. 그것은 거리끼고 막힘이 없는 상태——무애(無碍)하고 무한하여 신적인 것에 닿아 있는 것이다.

벨라스케스가 죽은 후 궁정화가로 왔던 조르다노(L. Giordano)가 이 그림을 보고서 '회화의 신학'이라고 부른 것은 그 때문이었는지도 모른다. 신은 전적으로 그리거나 말해질 수 없기 때문이다. 혹은 신학이 개별학문을 포괄하듯이, 이 그림은 회화의 모든 가능성——그릴 수 있음 뿐만 아니라 그릴 수 없음까지도 다 포괄하고 있다는 뜻일까. 그러니까 이 그림은 공간·소재·인물 사이의 시선의 교류와 행동, 모사 등을 주제화한 것이라고 할 수 있다. 우리는 이것을 좀더 명료하게 해석할 수 있을까? 이런 비밀에 대한 가장 뛰어난 해석의 하나를 제공한 사람은 미셸 푸코(M. Foucault)라고 말해야 할지도 모른다.

세 겹의 부재: 화가·모델·감상자

「시녀들」은 벨라스케스의 작품 중에서도 특히 걸작으로 얘기된다. 그래서 이 작품에 대해서는 주목할 만한 연구가 많다. 그러나 그 가운데서 푸코의 언급은 뛰어나다고 할 수 있다. 그는 『말과 사물』(1966)의 1장 「시녀들」과 9장 2절 「왕의 위치」에서 이 그림을 심도 있게 논평한다. 이러한 논평은 그가 『말과 사물』에서 다룬 더 포괄적인 주제인 인문과학의 발생과 구성에 대한 고고학적 담론분석의 일부를 이루지만, 이런 고고학적 분석의 의미를 떠나서라도 그것은 하나의 전례 없는 예술 에세이가 아닌가 여겨진다.

푸코의 「시녀들」과 「왕의 위치」에서 거론되는 주제도 한두 개가 아니다. 그러나 그 핵심은 대상과 재현, 보이는 것과 숨은 것, 가시성과 비가시성의 관계이고, 이런 관계의 불일치와 그 불안정성에 있지 않나 여겨진다. 이것은 아주 간단한 하나의 사실, 예를 들어 이 그림 안에서 묘사된 것이, 어떤 장식물도 없이, 그림들과 거울 뿐이라는 데서도 이미 암시된다. 여기서 그가 주목한 것은 화가다.

화가는 약간 얼굴을 돌린 채, 어깨 쪽으로 머리를 기울이고 관찰한다. 그는 보이지 않는 한 지점을 고정시키고 있는데, 우리 관찰자는 이 지점을 쉽게 알 수 있다. 왜냐하면 우리 자신이, 우리의 몸과 우리의 얼굴 그리고 우리의 눈이 이 지점이기 때문이다. 그가 관찰하는 이 광경은 이중적으로 비가시적이다. 첫째, 그것이 그림 공간 안에서 재현되지 않기 때문이고, 둘째, 그것은 사각지대에, 말하자면 우리 자신의 시선이 우리가 응시하는 순간 우리의 눈을 벗어나는 본질적으로 은폐된 곳에 있기 때문이다.

그러나 우리가 어떻게 우리 눈앞에 있는 이 비가시성을 보지 않을 수 있겠는가? 비가시성은 그림 자체 안에 그 느낄 만한 표현을 남기고 있으며, 자신의 봉인된 형상을 가진다. 사실 실제로 화가가 작업하는 캔버스를 잠깐 볼 수 있다면, 우리는 그가 무엇을 관찰하는지 사실 알아낼 수 있을 것이다. 그러나 그 캔버스에서 우리가 알 수 있는 것은 그저 천으로 감싼 틀과 수평으로 세운 버팀대 그리고 수직의 엇받침대일 뿐이다.[1]

화가가 응시하는 것은, 푸코가 정확하게 지적하듯이, "우리 자신——우리

. . . . . .

1 Michel Foucault, *Die Ordnung der Dinge*, Frankfurtam Main. 1974, S.32.

의 몸과 우리의 얼굴 그리고 우리의 눈"이다. 그러나 그것은 "이중적으로 비가시적"이다. 첫째는 그림의 공간 안에 표현되지 않았기 때문이고, 둘째, 관찰자인 우리 역시 그것을 볼 수가 없기 때문이다. 이 비가시적 사각지대는 그러나 없는 것이 아니다. 그것은 그 나름의 '표현'과 '봉인된 형상'을 가지고 있다. 그 형상이란 "천으로 감싼 틀과 수평으로 세운 버팀대 그리고 수직의 엇받침대"다. 천 덮인 이 틀과 수평 버팀대 그리고 수직 엇받침대를 통해 우리는 그림의 내용을 가늠하게 된다.

여기에서 푸코가 강조하는 것은 재현의 한계다. 이 한계는 우리가 대상의 모든 것을 있는 그대로 그릴 수 없고 말할 수 없다는 사실에 있다. 뭔가를 그릴 수 있다면, 이때 그려진 것은 그려지지 않은 것을 전제한다. 그렇듯이 뭔가를 말할 수 있다면, 이때 말해진 것은 말해지지 않은 것—침묵을 동반한다. 그러니까 모든 표현은 표현할 수 없는 것—표현의 불가능성을 수반하는 것이다. 이것은 푸코적으로 말하면, 표현하면서 표현될 수는 없는 것 혹은 보면서 보일 수는 없는 것과도 같다.

우리는 이 뒷면만 볼 수 있기 때문에, 우리가 누구인지 그리고 우리가 무엇을 하는지 알지 못한다. 우리는 보는 것인가 아니면 보이는 것인가? 화가가 응시하는 지점은 그 내용과 그 형식, 그 얼굴과 그 정체성을 순간순간 변화시키는 지점이다.[2]

벨라스케스의 「시녀들」에서 우리는 화가의 모습을 확인할 수 있다. 이때 그는 그림을 그리고 있는 것이 아니라 그리기를 멈춘 채, 이쪽—모델인 국왕 부부 쪽을 바라보고 있다. 그러나 그리기 시작한다면 그는 캔버스로 다

. . . . . .
2 Ebd., S.33.

그림 속의 화가가 응시하는 것은,
푸코가 정확하게 지적하듯이,
"우리 자신—우리의 몸과
우리의 얼굴 그리고
우리의 눈"이다. 그러나 그것은
"이중적으로 비가시적"이다.

가갈 것이고 그러면 우리의 시선에서 사라질 것이다. 그렇지만 없는 것은 화가만이 아니다. 화가가 그리려는 국왕 부부도 이 그림의 안쪽에는 없다. 그들은 벽 거울을 통해 우연히 그리고 간접적으로, 그래서 매우 불분명하게 비쳐질 뿐이다.

이 모델의 자리란, 이미 언급했듯이, 감상자가 선 곳이기도 하다. 따라서 감상자 역시 화면에는 부재한다. 물론 이 그림에는 감상자 역할을 하는 또 한 사람의 인물이 있기는 하다. 그는 통로에 선 사람이다. 그러나 그 역시 화가가 표현하려는 대상은 아니라는 점에서, 화면에, 적어도 그림 속의 캔버스에는 나타날 수 없다.

그러므로 우리는 결국 세 겹의 부재──화가와 모델(국왕 부부) 그리고 감상자의 부재를 말할 수 있다. 그림을 그리기 시작하면 캔버스 뒤로 사라질 화가와, 거울에 희미하게 나타날 뿐인, 그래서 직접적으로는 자리하지 않는 모델과, 이 모델의 자리에 있는 우리──감상자, 이들 모두는 벨라스케스의 「시녀들」에 전혀 등장하지 않거나(감상자의 경우), 등장하더라도 간접적이거나(국왕 부부), 아니면 이때의 등장은 떠나감을 전제로 하고 있다(화가의 경우). 이 삼중적 부재의 핵심은, 정확히 말하자면, 재현을 생산하는 화가의 현재와 재현되는 모델의 현재, 그리고 이런 재현물을 바라보는 감상자의 현재가 재현될 수 없다는 사실에 있다. 즉 그것은, 드레이퍼스와 래비노우가 정확하게 지적했듯이, "재현의 활동을 재현하는 것의 불가능성"이다.[3] 이 재현적 현재의 재현불가능성을 푸코는 '공백' 혹은 '소멸'이라고 부른다.

그러나 바로 그곳──재현이 모으고 또한 퍼뜨리는 이 같은 분산에는

. . . . . .
3 Hubert L. Dreyfus/Paul Rabinow, *Michel Foucault: Beyond Structuralism and Hermeneutics*, Uni. of Chicago, 1982, p.25.

하나의 본질적인 공백이 모든 측면으로부터 어쩔 수 없이 나타난다. 그 공백이란 재현을 근거짓는 것의 필연적 소멸이다. 이 재현이 비슷하다거나, 재현이 눈으로 보기에 유사성과 다름 아니라는 것의 소멸 말이다. 이러한 주제 자체—이것은 동시에 주체인데—는 누락되었다. 재현을 구속했던 이러한 관계로부터 해방될 때, 재현은 비로소 순수한 재현으로서 자신을 제시할 수 있다.[4]

전적으로 투명한 기호, 전적으로 투명한 언어와 형식과 표현은 이제 불가능하다. 재현의 정당성을 보증할 본질이나 실체는 아무 데도 없다. 언어와 사물의 관계는 그저 비유적으로 존재할 뿐이다. 이것을 푸코는 "재현을 근거 짓는 것의 필연적 소멸"이라고 부른다. 우리는 본 것을 온전히 말할 수 없듯이, 들은 것을 온전히 전달할 수 없다. 이런 재현의 불가능성은 매체와 매체 사이, 그러니까 말과 색채, 언어와 회화의 관계에도 해당된다. 그래서 그는 이렇게 적는다. "언어와 회화는 서로에 대하여 환원될 수 없다. 사람이 보는 바를 말하는 것은 헛되다. 사람이 보는 것은 그가 말하는 것 속에 있지 않다."[5]

그러므로 대상과 기호 사이의 인접이나 근친, 유비나 종속의 관계는 비판적으로 접근될 필요가 있다. 그것은 부단히 검토되어야 하고, 그때그때의 현실경험 아래 다시금 검증되어야 한다. 푸코가 『말과 사물』 전체를 통해 문제시하려 한 것도 바로 이것—사물과 기호, 대상과 언어의 관계가 자의적으로 구성되어왔다는 사실이었다. 많은 것은, 여하한의 인간학이나 인문주의 담론이 그러하듯이, 지난 200여 년의 최근사를 지나오면서 분류－진열－구분－병치되면서 '만들어진 것'이다. 여기에서 재현기능에 대한 고전

· · · · · ·
4 Michel Foucault, *Die Ordnung der Dinge*, a. a. O., S.45.
5 Ebd., S.38.

시대의 믿음은 결정적 역할을 한다. 그리고 바로 이 같은 믿음이, 그에 따르면, 벨라스케스의 「시녀들」을 가능하게 한 것이다. 그러나 푸코 관점의 무게중심은 재현체계에 대한 믿음이 아니라 그 불신—순수표상은 부재한다는 사실을 지적하는 데 있다. 위에서 우리가 세 겹의 부재를 말한 것도 그 때문이었다. 이 점에 대한 드레이퍼스와 래비노우의 다음 해석은, 그것이 매우 복잡한 의미연관항을 일목요연하게 정리하는 까닭에, 결론이 될 만하지 않나 여겨진다.

완전히 보이지 않는 것은 하나의 활동으로서의 재현하는 일과, 이러한 재현을 가능하게 하는 빛의 원천이다. 이들은 어디서도 재현되지 않는다. 왜냐하면 없기 때문이다. 정확히 바로 이 점—재현이 작동하는 모든 방식의 가시성과, 재현이 실행되는 것을 보여주는 일의 심오한 비가시성이 벨라스케스가 보여준 바다. 통로에 난 감상자와, 뒷벽면의 거울 그리고 그리는 화가를 처음 보여줌으로써, 그는 주체의 세 기능을 펼쳐보였다. 그러나 그림 자체에서는 아무도 이들을 보지 않는다. 그림에서 이들은 모델을 응시하는 사람들의 뒤에 있기 때문이다. 마찬가지로 보는 사람들—그림 밖의 진짜 감상자는 전혀 비가시적이다. 그는 그림에 재현될 수 없다.

그래서 재현의 부분적 불안정성이 자리한다. 그림은 완전히 성공적이다. 그것은 재현에 요구되는 모든 기능과, 이런 기능을 그들 활동의 한 통합된 재현으로 만드는 일의 불가능성을 보여준다. 모든 것은 하나의 유일한 지점—그림과 시대의 내적 논리로 보자면, 화가와 모델 그리고 감상자가 있어야 할 곳을 지시한다. 벨라스케스는 이 지점을 그릴 수 없었다. 그래서 본질적인 것은 재현되지 못했다. 그러나 이것은 실패가 아니다. 재현될 수 있는 모든 것을 재현하는 것이 화가의 임무였다면, 벨라스케스는 그의 일을 잘 해낸 것이다.[6]

벨라스케스는 재현의 생산(화가)이나 재현의 대상(모델) 그리고 재현의 감상(관찰자)을 각각의 모습으로 그릴 수는 있었지만, 이 재현과정을 통합적으로 보여줄 수는 없었다. 그런 점에서, 드레이퍼스와 레비노우가 지적했듯이, 어떤 본질적인 것이 누락되어 있다고 할 수 있다. 그러나 그는 재현과정에 깃든 여러 층위의 불가능성을 그림에 재현해놓는 데 성공한다. 사실 이 그림에 묘사된 것들은, 그 요소가 어떤 것이건, 적재적소에서 서로 유기적인 질서를 이루며 자리한다고 할 수 있다. 그리하여 어느 하나라도 지금의 상태와 달라진다면 뭔가 어긋날 것 같은 인상을 준다. 예를 들어 화면의 앞으로 국왕이 등장한다면, 그래서 '객체(대상)이자 주체'로 자리한다면, 그림 속에 자리한 인물들의 시선은 지금보다 더 앞으로 옮겨질 것이다. 그러면 모델과 감상자 그리고 화가 사이의 상호관계가 뒤엉키면서 그림의 내적 긴장은 풀릴 것이고, 그리하여 결국 그림 전체의 원근법적 질서도 무너지고 말 것이다. 그러나 그림 안에서 왕은 주체가 아니라 객체, 즉 모델일 뿐이다.

우리는 거울 속 모델이 암시하듯이, 그려지는 사람을 직접 확인할 수 없다. 그렇듯이 이 모든 광경을 드러내는 원천을, 창가의 빛이 암시하듯이, 볼 수 없다. 재현의 원천이자 바탕을 직접 경험할 수는 없다. 그래서 우리는 이제 재현의 불가능성을 안다. 세상과 기호의 투명한 일치를 문제시하게 된 것이다. 이 불가능성을 우리는 화가의 캔버스 뒷면에서, 거울 속 희미한 모델에서, 또 이 자리엔 없는 관찰자의 존재에서 느낀다. 재현은 더 이상 확연한 것이 아니며, 우리가 사용하는 기호나 언어는 그리 선명한 것이 아니다.

우리는 여러 사물 중의 한 사물로 자리하는 것이 아니라 이 사물 옆의 주

6 Hubert L. Dreyfus/Paul Rabinow, *Michel Foucault: Beyond Structuralism and Hermeneutics*, p.26.

"우리는 여러 사물 중의 한 사물로 자리하는 것이 아니라 이 사물 옆의 주체로 자리함을 알고, 이러한 주체역시 사물의 일부임을 안다. 인간은 이제 자기 인식의객체이자 주체임을 자각하게 된 것이다. 바로 이것이푸코가 말한 고전시대의 붕괴이고, 고전과 근대 사이의 인식론적 전환이다. 이런 전환 속에서 근대적 주체는 출현한다."

체로 자리함을 알고, 이러한 주체 역시 사물의 일부임을 안다. 그렇듯이 자기가 알고자 애쓰는 것이 세상의 사물들이면서, 이들 못지않게 자기 자신임을 깨닫는다. 인간은 이제 자기 인식의 객체이자 주체임을 자각하게 된 것이다. 바로 이것이 푸코가 말한 고전시대의 붕괴이고, 고전과 근대 사이의 인식론적 전환이다. 이런 전환 속에서 근대적 주체는 출현한다. 이 주체의 의미는, 이것이 곧 우리 현대인이 지닌 주체성의 의미이기도 하기에, 별도로 강조될 만하다.

노예가 된 군주: 근대적 주체의 탄생

지금까지 말하고자 한 것은 재현의 문제, 더 정확히 말하자면 '재현의 불가능성'의 문제였다. 고전 시대의 인식이 재현의 기능에 대한 믿음 위에 자리한다면, 그 이후의 인식은 재현의 불가능성을 향한다. 재현이란 그리 투명하고 확실한 것이 아니며, 따라서 재현된 내용은 원래의 대상과 일치하지 않을 수도 있다는 의문 위에 자리하는 것이다. 세계는 그리는 그대로, 또 신에 의해 주어진 대로 나타나는 것이 아니라 우리 스스로 만드는 것이라는 이런 깨달음으로부터 근대적 사고가 생겨나고, 자기 자신에 대한 인간의 주체적 인식이 출현한다. 거꾸로 말하면, 고전적 사고는 주체의 주권성과 자발성을 부인하는 지식틀이었다. 여기에 대해 푸코는 이렇게 적고 있다.

고전적 에피스테메의 거대한 배열에서 자연, 인간적 자연(본성) 그리고 이들의 관계는 기능적이고 정의된 그리고 미리 규정된 계기였다. 밀도 있는 그리고 근원적 실재로서, 모든 가능한 지식의 난해한 대상이자 주권적인 주체로서 인간은 거기서 어떤 자리도 갖지 못한다. 경제나 문헌학 그리고 생물학의 법칙에 맞게, 살아가고 말하며 일하는 개인이라는 근대적 주제들은——이러한 개인이란, 그러나 이 법칙들이 내적으로 뒤틀리고 교차하는 가운데, 그 상호작용을 통해 그 법칙을 인식하고 완전히 드러내는 권리를 얻었는데——, 우리에게는 친숙하고, '인문과학'의 출현과 관련되지만, 고전적 사고에서는 배제되어 있었다."[7]

이 인용문에서 주목해야 할 것은 재현의 문제가 아니라 재현에 얽힌 어떤 근본적 한계다. 이 한계란 "고전적 에피스테메의 거대한 배열"에서 보이고, 그 내용은 자연이나 인간 본성 그리고 그 관계를 "기능적이고 정의된 그리고 미리 규정된 계기" 아래 파악하는 데 있다. 그것은 인간을 "밀도 있는 그리고 근원적 실재로서, 모든 가능한 지식의 난해한 대상이자 주권적인 주체로서" 이해하지 못한다. 사물은 그 자체로 존재하는 것이 아니라 재현의 원리 아래, 다시 말해 대상과 기호, 외면적 자연과 내면적 자연의 동일화 아래 일정하게 재단되고 조합되며 병치되는 가운데 분류되고, 이런 분류법 아래 인식된다. 따라서 이때의 기호란 자의적이고 불완전할 수밖에 없다. 그리고 이 불완전한 기호에 근거한 지식의 메커니즘은 인간을 제대로 파악할 수 없는 것이다.

그러나 미리 규정된 계기——자기동일화의 고전적 원리는 반성적 능력에 의해 문제시된다. 기호란 결코 투명하지 않고, 언어란 결코 확실하지 않기 때문이다. 인간과 사물 사이의 동질적 관계는 점차 무너진다. 세계의 질서는 신이 만든 것이 아니고, 사물은 표상되는 그대로 자리하는 것이 아니다. 인간은 이제 자기가 이 세계에 깊게 연루되어 있음을 안다. 그의 생각과 언어는 자기가 추구하는 대상에 의해 규정된다. 이렇게 생각하는 것은 개인이다.

이 개인은 근대 이전에는 없던 자의식적 존재다. 그는 주권적 주체이고, 이 주체는 자기 삶의 조건을 성찰한다. 근대사회란 이런 자의식적이고 주권

. . . . . .

7 Michel Foucault, *Die Ordnung der Dinge*, a. a. O., S.375.

적이며 자율적이고 반성적인 개인의 등장으로 가능한 것이다. 푸코는 이것을, 자연사(박물학)가 생물학으로 발전되고, 부의 분석이 (정치)경제학으로 되며, 일반문법에의 성찰이 문헌학(언어학)으로 정립되는 과정을 분석함으로써 역사실증적으로 보여준다.

　자연사가 생물학이 되고, 부(富)의 분석이 경제학이 되며, 무엇보다 언어의 성찰이 문헌학이 될 때, 그럼으로써 존재와 재현이 공통의 장소를 가졌던 고전적 담론이 소멸되었을 때, 인간은 그러한 고고학적 변화의 깊은 운동 속에서 지식에 대한 객체이자 인식하는 주체로서의 이중적 위치를 가지고 나타난다. 노예가 된 군주, 관찰되는 관찰자로서 그는 「시녀들」에서 할당된 왕의 그 자리에 나타난다.

　그러나 이 자리에 그가 실제 나타나는 일은 오랫동안 배제되었다. 마치 이 빈 자리에서―벨라스케스의 그림 전체는 이 자리를 보여주고 있고, 그럼에도 이 자리는 그러나 오직 거울의 우연에 의해, 또 빛이 들어옴으로써 비춰지는데―모델과 화가, 왕 그리고 관찰자 같은 모든 인물들은―이들은 서로 교대하고 상호배제하며 얽히고 명멸하는데―갑자기 자신들의 알아볼 수 없는 춤을 끝내고, 하나의 충실한 형상으로 만들어진 채현·재현의 전 공간이 마침내 육체로 된 시선으로 관련되어야 한다고 요구하는 듯하다.[8]

고전시대의 인간은, 벨라스케스의 그림이 보여주듯이, 자신이 그려지고 있다고 여긴다. 그래서 자기를 대상·객체로 생각할 뿐 주체―재현하는 주체로 여기지 못한다. 재현되는 그림 속에 자기가 현재하고 있다고 의식하

. . . . . .
8 Ebd., S. 377.

지 못하는 것이다. 그에겐 자기반성력이 없기 때문이다. 이것이 기반한 고전시대의 에피스테메다. 이 고전시대는 그러나, 사물과 기호의 동일성에 대한 불신이 퍼져갈 때 붕괴되기 시작한다. 사물과 기호, 세계와 언어는 더 이상 일치하는 것이 아니라 어긋나며, 따라서 재현하는 것에는 대상만 있는 게 아니라 그 주체도 들어가는 것이다. 근대적·현대적 주체란 "지식에 대한 객체이자 인식하는 주체로서의 이중적 위치를 가지고 나타나"는 것이다. 근대적 주체의 이중성이란 어떤 내용인가?

근대적 주체란 자기가 주체이자 객체임을 안다. 그는 재현하는 동시에 재현되는 존재로서 이 재현과정에 현재하고, 이 과정에 참여한다는 것을 의식한다. 그런 점에서 그의 의식은 이중적이다. 즉 대상을 파악하면서 이렇게 파악하는 자기 자신도 파악할 줄 안다. 반성의 능력은 이런 이중의식에서 온다. 이중의식이란 반성의 성찰력이다. 이것이 근대적 주체가 가진 근대적 이성의 힘이다.

이러한 주체는 1800년을 전후하여 칸트나 헤겔과 더불어, 그리고 주체나 역사라는 개념에 대한 이들의 자의식과 함께 나타난다. 이전에는 지식의 질서가 유사성·동일성·재현의 법칙 아래 객관적으로 근거 지어졌다면(혹은 더 정확히 말하여, 객관적으로 근거지어질 수 있다고 믿어졌다면), 근대세계에서 지식은 '객체에 대한 주체의 구성활동'으로 간주되는 것이다. 그러니까 생물학이나 경제학 그리고 문헌학(언어학)은 인간을 주체로 변형시키는 객관화의 세 가지 방식이다. 이런 패러다임적 전환에 모델이 되는 사상가는 칸트다. 이른바 3대 비판서를 통해 그는 어떤 바탕에서 재현·서술·지식이 가능하고, 어느 정도까지 이러한 재현이 정당할 수 있는가를 물었기 때문이다. 그는 이 사고력으로 기존의 형이상학——사물과 기호의 동일성을 전제하는 여하한의 형이상학적 본질주의를 부정한 것이다. 인간이 자기한계——유한성의 한계를 자각하는 것은 이런 부정성을 통해서다.

근대적 주체의 등장은, 『말과 사물』에서 보이듯이, 자신이 처한 조건— 유한한 삶의 조건에 대한 인간의 각성으로 하여 비로소 가능해진다. 인간은 이제 자기가 생명이 있는 몸을 가지고 있고, 이 몸으로 일하여 뭔가를 생산하며, 말을 통해 누구와 생각을 교환해야 함을 안다. 그는 이런 생물학적·경제적·언어적 존재의 근본 한계를 안다. 그는 이 유한한 조건의 수인(囚人)이다(그런 점에서 그는 종속된 존재—노예와도 같다). 그러나 이런 유한성 아래 그는 동시에 자기 삶을 조직해야 한다는 것도 안다. 그는 모든 것을, 마치 신처럼 스스로 창출해야 하는 것이다(이 점에서 그는 지배자—군주와도 같다). 그래서 푸코는 근대적 주체로서의 인간을 '노예가 된 군주'라고 불렀다.

인간은 아무런 본질이나 실체 없이, 기원과 단절된 채, 일정한 시간 속에 태어나 살다가 일정한 시간 속에 죽어간다. 유한성의 조건을 인식하는 것은, 한편으로 인간으로 하여금 재현에 대한 회의와 그로 인한 형이상학과의 결별을 야기하면서, 다른 한편으로 자기 자신을 자율적이고 객관적으로 조직해야 하는 엄청난 과제를 짊어지게 한다. 고전시대에 인간이 재현의 진실에 만족했다면, 그래서 현실과 기호의 일치를 가정하는 가운데 대상을 반영할 수 있다고 생각할 뿐 이 반영에 자기가 있음을 깨닫지 못했다면, 근대의 인간은 재현하는 가운데 스스로 재현되고 있다는 것, 그래서 주체의 객체화도 의식하게 되고 또한 의식해야 함을 안다. 그러므로 근대적 주체란 주체의 주권성이 가진 취약한 자기모순—가능성과 무기력을 동시에 생각하는 존재다. 현대적 인간의 이 같은 자기모순을 일컬어 하버마스는 "인식하는 주체의 아포리아적 자기 주제화"라고 설득력 있게 부른다.[9]

. . . . . .
9 Jürgen Habermas, 'Vernunftkritische Entlarvung der Humanwissenschaften: Foucault', in ders., *Der Philosophische Diskurs der Moderne: Zwölf Vorlesungen*, 3. Aufl. Frankfurtam Main, 1991, S.307.

그러므로 우리의 과제는 근대적 주체의 자기모순과 그 아포리아, 주체의 객관화, 재현의 전적인 불가능성과 이 불가능성에서도 시도되어야 할 탐구의 어떤 작은 가능성을 돌고 돈다. 그것은, 벨라스케스의 그림과 관련지어 말하자면, 재현의 복잡한 과정성에 대한 사고다. 이 사고는 주체의 이중화 능력으로 수렴된다. 그것은 자기를 대상화하면서 동시에 주체화할 수 있는 반성력이다. 그것은 주체와 객체의 매개능력이고, 이 매개를 통한 자기정립의 능력이다.

주체는 자기정립으로부터 자신을 항구적으로 갱신시킬 계기를 얻는다. 그러니까 재현하는 일과, 이런 재현의 불완전성 그리고 이 불완전성에 대한 깨달음은 인간과 세계에 대한 새로운 각성을 야기하고, 이때의 각성이 자기 변형력을 지닌 근대적 주체를 출현하게 하며, 이런 주체의 변형력으로 말미암아 인문과학이 처음으로 역사에 등장하게 되는 것이다.

그러나 주체의 객관화가 반드시 긍정적이지는 않다. 거기에도 그늘은 있다. 『계몽의 변증법』이 보여주듯이, 계몽의 기획이 신화화할 수 있음에 주의하지 못한다면, 그래서 지식이 권력으로부터 분리될 수 없다면, 하버마스가 옳게 지적했듯이, "인문과학은 사이비 과학이고 앞으로도 그럴 것이다".[10] 해방은 늘 야만과 짝하여 오고, 군주는 언제든 노예가 될 수 있다. 재현·서술·표현의 과정 자체에 대한 이중적 반성력을 갖는가 혹은 갖지 못하는가가 주체 자신의 근대성을 결정하는 것이다.

우리는 재현의 상호모순된 전 과정을 '육체의 시선'으로 직시해야 한다. 아포리아적 자기 주제화가 전제되지 않는다면, 그리하여 이성의 자기왜곡 가능성에 주의하지 않는다면, 재현은 재현될 수 없다. 푸코가 『시녀들』에 대한 글의 마지막을 다음의 문장으로 마쳤던 것도 그 때문이었을 것이다.

· · · · · ·
10 Ebd. S.311.

"재현을 구속했던 이러한 관계로부터 해방될 때, 재현은 비로소 순수한 재현으로서 자신을 제시할 수 있다." 순수한 표현의 가능성은 여하한의 순수성에 대한 불신에 있다.

복원사 + 해석사 = 복원의 해석사

그러나 전 세계적 관심을 끄는 작품을 소장한 프라도 박물관의 상황은 모든 이성적 설명을 벗어난다. 그저 곁다리로 언급될 수 있는 것은, 1976년 3월부터 냉난방장치가 설치되고 다른 예방조처가 시작됐다는 점이다. 이런 작업이 속히 완결되어, 거기 작품들이 그에 합당한 세심함으로 다뤄지길 우리는 원한다.

• 호세 로페즈-레이, 『벨라스케스』(1978)

그런데 재현의 어려움은 벨라스케스의 「시녀들」에서 잘 주제화되고 있지만, 그것은 비단 이 회화 장르에만 한정되는 것이 아니다. 그것은 예술표현에 동원되는 모든 재료들, 언어나 소리 이외에 가령 조각에 쓰이는 진흙이나 돌에도 나타나고, 건축에서 사용되는 시멘트나 철강 혹은 유리에도 나타난다. 사물과 표상 사이의 불일치는 매체·질료 일반의 한계적 성격이기도 하다. 회화의 경우 이러한 매체적 구속성은, 그것이 물감이나 캔버스 혹은 안료 등 철저히 물질적으로 구성되는 만큼 여타의 장르보다 더 크다고 할 수 있다. 그리고 이것은 한 작품을 작품으로 만들어내는 생산적 과정에서도 나타나지만, 이렇게 생산된 작품을 이해하는 수용적 과정에서도 나타난다. 또 이것은 어떻게 감상되는가에 따라 다르게 나타날 수도 있다.

'어떻게 감상되는가'란 회화의 경우 '어떻게 보이는가 혹은 전시되는가'가 될 것이고, 음악의 경우 '어떻게 연주되는가'가 될 것이다. 그 가운데 회화는, 작품이 외적 물리적 조건에 따라 '현재 이 순간에도 계속 변해간다'는 사실 때문에, 음악보다 더 많이 재현의 어려움에 노출되어 있다고 말할 수 있다. 이것은 벨라스케스에 대한 표준적 해석서를 낸 호세 로페즈-레이의 한 서문에 잘 나타난다.[11] 이 서문에 보이듯이, 그는 미술사학자로서, 특히 스페인 회화의 전문가로서 오랫동안 벨라스케스의 작품을 연구하는 데 몰두해왔다. 이 연구작업은, 미술사가의 경우, 문학연구자나 음악학자보다 훨씬 다양한 영역과 이질적 사안에 관련되어 진행되지 않나 여겨진다.

우선 미술사학자는 개별 작품의 발생사를 알아야 한다. 이 작품이 언제 어떤 문제의식 아래 그려졌고, 이렇게 그려진 그림의 모티프는 그 이전 시대와 그 이후 시대의 모티프와는 어떻게 다르고 또 이어지는지를 알아야 한다. 어떤 공방에서 어느 스승 아래 그가 배웠으며, 그 당시 동료는 누구였고, 명성을 얻은 후에는 어떤 제자를 길러냈는지도 살펴보아야 한다. 작가가 활동했던 시대의 사고방식이나 삶의 습관, 도상학적 관습, 예술이론의 전통이나, 가령 그 당시 회화사를 주도한 이탈리아 쪽으로의 여행 시기도 살펴보아야 한다. 그래야 진품과 위작 사이의 많은 혼란을 제거할 수 있기 때문이다. 그러기 위해 작가와 관련된 역사적 사료——가족관계, 출생과 관련된 세례기록이나 작품의 거래명세서, 편지나 그 당시 발행된 간행물에서의 동시대인들의 논평 등을 확인해야 한다. 이것을 작가의 초기와 중기 그리고 후기에 따라 작성할 수 있고, 이런 작성 후에야 비로소 작품의 전체목록을 엄격한 원칙——문헌적 정확함과 비판적 기준 아래 정선해서 완성할 수 있다. 그러나 이것은 완결본이 아니다. 앞서 작성된 것은 지속적 검증을 통해 수정과 보충이 이루어져야 한다. 이때 뢴트겐 사진술 같은 과학적 방법은 초벌시의 구도나 색채를 아는 데 유용하다.

그림의 바탕칠은 일반적으로 가장 좋은 조건 아래서도 수년이 지나면 변

. . . . . .

11 José López-Rey, *Velázquez*, Sämtliche Werke, Taschen, Köln 1997.

하고, 어떤 색깔은 이런저런 소제나 복구 작업에서 떨어져나가기도 한다. 소제나 소독, 보수와 복원의 이런 과정은 앞으로도 계속될 것이다. 그래서 어떤 그림의 크기는 줄어들 것이고, 어떤 그림은 늘어날 것이다. 이러한 변화는 벨라스케스의 그림에서 유독 심했다. 왜냐하면 그의 작품의 대부분은 그리 좋은 상태가 아니었기 때문이다.

실제로 벨라스케스의 많은 작품이 미리 만들어진 액자틀에 맞추려고, 혹은 구입자의 취향을 만족시키기 위해 부분적으로 잘렸고, 그 초점이 변경되기도 했다. 로페즈-레이에 따르면, 예를 들어 1772년 마드리드에 새 궁전이 완공되었을 때, 여기 벽을 장식했던 그의 그림 크기는 이전 목록에 적혔던 것보다 갑자기 더 커졌다고 한다. 이뿐만 아니다. 그림은 화재와 같은 크고 작은 재난에도 노출되어 있다. 「시녀들」 역시 1743년 화재 때 많이 훼손되었다.[12] 이런 경우 작품의 크기나 색상, 소유주나 전시장소 등 구체적 내력도 계속해서 바뀌게 된다. 최근에 들어와서, 특히 1980년 이후에는 1990년의 대규모 전시회를 앞두고 많은 그림이 다시 손질되면서 복원되었다고 한다 (그의 작품의 3분의 1 이상, 그리고 걸작의 대부분은 프라도 박물관에 있다고 한다).

그가, 위의 모토에서 밝혔듯이, 냉난방장치의 설치가 조속히 이루어지길 바란다고 말한 것은——이런 바람의 표명으로 냉난방장치와 새로운 조명이 장치된 네 개의 방으로 작품들은 그 후에 옮겨졌는데, 이 새 공간의 진홍색 벽색은 그러나 그림의 원작을 변질시켰다고 한다[13]——, 이 때문이다. 이러한 정황은 회화의 물리적 조건——그 물질성이 작품의 존속과 감상과 해석에 얼마나 직결되어 있는가를 새삼 상기시켜준다. 어떻든 이 무수한 절차를

· · · · · ·
12 Ebd. S.10.
13 Ebd., S.13, 17.

통해 독자가 오늘날 보게 되는 책자는 작성되고, 이 책자에 기대어 일반 예술사가 해석을 하게 되고, 이렇게 해석된 전문가의 견해는 보다 많은 사람들에게 전해지는 것이다.

여기에서 다시 확인하게 되는 것은 편재하는 부정확성이다. 이 부정확성은 벨라스케스의 삶에서도 나오고, 그가 남긴 작품에서도 오며, 이들 개별 작품에 대한 이런저런 해석에서도 나타난다. 그런데 이런 부정확성은, 위에서 보았듯이, 미술작품에 특이한 사정들, 이를테면 작품에 대한 기록이나 수리, 보존 그리고 복원뿐만 아니라 현재 작품상태——전시 조건에서도 생겨난다. 도처에 불명료성이 있는 것이다.

미술사가의 작업은 이런 편재하는 불명료성 앞에서 최대한의 명료함을 얻기 위한 싸움이다. 그렇듯이 관람객의 감상 역시, 이 글이 그러하듯이, 이 부정확함과 불명료성을 가로지르며 이루어진다. 하나의 그림을 이해하기 위해서는 그 그림을 그린 사람뿐만 아니라 그 이외의 무수한 사람들——그와 동시대인이나 수집가 · 화상(畵商) · 미술학자 · 전기작가 · 박물관 학예사 · 서고직원 · 사서 · 전시기획자 등을 지치지 않고 탐문해야 하는 것이다.

작품의 의미는 늘, 마치 빛의 원천이 그러하듯, 작품의 밖에 있다. 사실 혹은 현상으로 드러난 것은 빙산의 한 모서리일 뿐이다. 그리고 이렇게 드러난 현상마저도 일정한 의도나 기획 혹은 이해관계의 우연한 결과일 때가 많다. 그러므로 무엇인가를 이해한다는 것은 드러난 그대로를 인정하는 데 결코 있는 것이 아니라 그것을 바탕으로 그 이외의 것을 끊임없이 물어간다는 것이고, 이런 물음 속에서 새로운 사실을 확인하는 일이며, 이렇게 확인하는 가운데 기존의 판단을 수정하고 보충해간다는 뜻이다.

이해의 과정이란 기존의 가치질서-기호체계-판단미비의 빈틈과 단절과 불연속으로 파고드는 일이다. 그래서 우리는 재현된 것이 재현될 수 없음을, 그리하여 기존과는 다르게 새롭게 재현되어야 함을 깨닫는다. 우리는 표상의 보이는 보이지 않는 결손——입구·창문·거울·공백·빈틈·돌려진 캔버스를 생각할 수 있어야 한다.

벨라스케스의 「시녀들」이 뛰어난 이유는 표현될 수 없는 것을 표현 속에서 암시하고 있다는 것, 그럼으로써 그림의 안과 그 밖, 회화세계와 현실세계의 불가피한 간극을 드러내면서 동시에 극복하려고 했던 점인지도 모른다. 그 점에서 그것은 아름답다. 뛰어난 것은 아름답다. 무한성의 암시 없이 예술은 아름답기 어렵다.

앎의 윤리적 변형

나는 지금 벨라스케스의 「시녀들」을 책상 왼편에 세워놓고 이 그림을 바라보면서, 또 푸코의 『말과 사물』의 어떤 구절을 확인하면서, 그리고 이 그림과 말, 색채와 언어로부터 고개를 돌려 허공을 잠시 바라보면서, 그러다가 내가 앉은 책상가의 창문, 그 밖의 하늘을 쳐다보면서 이 글을 적고 있다. 도대체 본다는 것, 본 것을 그린다는 것, 그린다는 것을 해석하고 적어 전달한다는 것이란 무엇인가? 이 생각의 대체를 지금 여기의 나처럼 종이에 긁적인다는 것은, 그래서 전체 윤곽이 정해지면 노트북의 화면 위에 그 내용을 타이핑한다는 것이란 무엇인가? 우리는 무엇을 기록하고, 무엇을 표현하며, 이런 표현과 기록으로 무엇을 하려는 것인가? 그것은 얼마나 온전할 수 있고, 온전할 수 없다면 어느 선 혹은 어느 수준에서 타협해야 하는가? 우리는 기록과 표현이 가질 수 있는 어떤 효과를 기대해도 좋은가? 혹은 이 불가피한 것으로 남은 재현 불가능한 영역에 대해 어떤 태도를 취해야 마땅한 것인가?

결국 「시녀들」에 대한 푸코의 에세이는 재현의 문제로 한정되는 것이 아니다. 그것은 재현하는 것과 재현되는 것, 그 과정의 근본적 불가능성을 언급하는 것이고, 이런 언급에서 나오는 세 겹의 부재를 말하는 것이며, 이 부재를 자각하는 근대적 주체의 반성적 성찰력을 문제시하는 것이다. 재현과 약호의 규칙에 담긴 숨은 의미를 폭로함으로써 인간의 여러 지식형식과 그 주된 존재방식, 말하자면 생명과 노동과 언어가 어떻게 구성되어왔는가를 그는 드러내 보인다. 그리하여 그의 물음은 단순히 형상화라는 미학적 차원을 넘어서는 것으로 보인다. 그것은 삶의 잠재력과 가능성을 여는, 학문적이면서 동시에 정치윤리적인 문제제기다.

푸코가 뛰어난 저자인 것은 바로 이 점 때문이지 않나 여겨진다. 그는 벨라스케스 그림 하나를 분석하면서 인류의 지식형식이 근대 이후 어떻게 구성―단절―변형되어왔는가를, 그리고 그렇게 변형된 지식이 어떻게 오늘날 우리의 지식이 되고 있는가를 보여준 것이다. 이러한 사실이 밝혀주는 것은 우리가 인간에 대해 갖는 오늘날 이해의 많은 것이 200년이 채 되지 않았다는 점이고, 따라서 현대적 주체란 '갓 만들어진 발명품'이라는 사실이다.[14] 놀라운 일이지 않을 수 없다.

이러한 규명은 이 같은 사실을 성찰하는 것으로만, 그저 하나의 철학적 사변이거나 한 번의 한가한 명상으로만 끝나는 것인가? 그렇지 않다. 재현의 문제는, 거듭 강조하여, 서술의 문제이고 이해의 문제이다. 그러는 한 그것은 공존적 삶의 가능성에 대한 문제이고 윤리적 실천의 문제이며 인권의 문제이기도 하다. 「PD수첩」의 최근 검찰수사에서 보듯이, 작가의 개인 이메일을 조사하는 것도 모자라 언론에 공개하고, 이것을 언론은 대서특필하는 사회에서 이해란, 인권의 보호란 도대체 어디에 자리할 것인가?

그러나 이러한 문제의식은 푸코에게서도 없는 것이 아니다. 그가 평생을 연구해온 주제들―권력실천과 지식형식의 문제는 결국 주체구성의 문

....
14 Michel Foucault, *Die Ordnung der Dinge*, a. a. O., S.462.

제—어떻게 인간이 자유로운 주체로서 자기의 삶을 자율적으로 조직할 수 있는가의 문제로 수렴되기 때문이다. 철학이란 근본적으로 기성의 규범에 대한 문제제기라고 푸코는 말했다. 고대 희랍 윤리학과 관련하여 그가 특히 말년에 보여준 것은, 그때의 도덕이, 비록 재산 가진 소수의 자유로운 남자로 국한되긴 했지만, 강제적 규범체계를 억지로 따른 데 있는 것이 아니라 자기를 제어하고 인식하면서 자기 생활을 꾸려나가는 '삶의 기술'—자기 삶의 양식화에 있었고, 주체의 이런 자기양식화 속에서 윤리적 실천이 이루어졌다는 사실이었다.

자기양식화란 위에서 말한 자기주제화와 다르지 않다. 이것은 자기를 성찰의 대상으로 삼음으로써 스스로 자기행동을 규정하는 일이다. 즉 주체가 자유롭게 되는 능력—자유로운 주체의 능력을 기르는 일이다. 삶의 양식화란 반성을 통한 자기형성이고, 이 형성성 속에서 자유로운 인간으로 살아가기 위한 연습이며, 이 자유의 연습에 의해 이루어지는 문화의 축적이다. 우리는 이 점에서 '삶의 윤리적 변형'을 말할 수 있다.

예술은 반성을 통한 자기양식화 작업이다. 예술경험은 반성 속에서 진리를 실천하며, 바로 그 점에서 윤리적이다. 그리고 이런 윤리적 실천이 곧 자유의 행사가 되게 하는 자기형성의 활동이다. 우리가 벨라스케스의 「시녀들」을 감상하는 것은, 그리고 생각에 생각을 증폭시키는 이 그림에 대한 푸코의 글을 읽는 것은, 그리하여 결국 내가 이렇게 적게 된 것은 이 때문—지식의 윤리적 변형, 이 변형을 통한 자유의 실행, 그리고 이런 실행 속에서의 자기 삶의 양식화를 갈망하기 때문이다. 그것은 근본적으로 심미적이다.

푸코는 한 인터뷰에서 바로 이 점을 토로하고 있다. "자기 자신의 지식에 의한 자기 자아의 이런 변형은, 내가 생각하기로, 심미적 경험에 가까운 것이다. 자기 그림을 통해 변형되지 않는다면, 화가는 왜 작업을 해야 하는가?"[15] 주체의 자기양식화에 이어지지 않는다면, 예술의 경험이란 과연 무슨 소용인가? 셰익스피어를 잘 알 수 없다고 해도, 우리는 그를 읽으며 자기자신을 키우려고 한다. 그 점에서 그것은 계몽적이다. 결국 반성의 빛은 계몽주의의 빛이고, 그 점에서 이성적이며, 그러면서도 감성적이다. 이제 남은 것은 무엇인가?

우리는 우리가 관찰하는 것만큼 관찰되며, 묘사된 작품을 보면서 이 작품이 묘사한 삶의 일부를 우리 역시 살아감을 깨닫게 된다. 화가의 시선을 통해 보는 것은 결국 우리 자신의 삶이다. 이것은 화가가 그리는 모델의 자리에 관찰자—우리가 서 있다는 사실에서도 확인되는 것이었다. 관찰하는 주체와 관찰되는 대상, 화가와 감상자, 주체와 객체의 관계는 언제라도 바뀔 수 있고, 언제라도 역전될 수 있다. 그러나 이 관계를 가능하게 하는 것—역전과 변화의 심급 혹은 가시성 자체는 볼 수 없다. 마치 그림 속의 거울을 아무도 쳐다보고 있지 않듯이.

가시성 자체, 그것은 신적 주재자가 아닐까? 모두가 놀란 채 앞을 바라보지만 이 앞에는 자리하지 않은 왕과 왕비처럼. 혹은 그것은 무한영역이 될까? 아니면 모든 것을 보이도록 만들지만 자기 스스로는 보이지 않는 빛처럼. 그렇다. 태양을 맨 눈으로 볼 수 없다. 궁극적인 것은 직접 재현될 수도 경험될 수도 없다. 그저 추측될 수 있을 뿐.

명백하지만 없는 듯 자리하는 것이 삶에는 무척 많다. 그림 속 거울이 그러하듯이, 많은 것은 드러내는 것보다는 더 많은 것을 감추고 있다. 존재와 부재, 있는 것과 없는 것, 실상과 허상은 뒤엉켜 나타나는 것이다. 존재와 부재, 실상과 허상은 분리될 수 없다. 무한한 것—말할 수 없고 그릴 수 없으며 보이지 않는 것은 곳곳에 있다. 그것은 화실 안에서와 마찬가지로 화

. . . . . .
15 Michel Foucault, "An Interview by Stephen Riggins"(1982), in *Ethics, Subjectivity and Truth*, 1997, p. 131.

실 밖에도 있고, 사람의 시선을 떠나서도 있듯이 그 시선 안에서도 암시된다. 어떤 영역 혹은 시선 혹은 재현의 경계선 위에 자리하는 것들, 이 비가시적이고 유동적인 지점이 모든 표상을 가능하게 한다. 그것은 모든 것을 보이게 하면서 자기는 보이지 않는 것, 혹은 모든 것을 움직이게 하지만 자기 자신은 움직이지 않는 것과 같다.

이 점에서 그것은 궁극원인이다. 통로에 선 저 방문객이 여기에 어울릴지도 모른다. 화실로 들어오려 하는지 아니면 나가려 하는지 모호한 정체의 그는 이 화실의 국외자로서 사건의 문지방──교차와 운동과 전환 가운데 있는 것이다. 예술 그리고 문화는, 이렇듯 자명한 것들의 지각지평으로부터 얼마나 벗어나서 낯선 관찰자의 시선을 어느 정도까지 갖는가에 따라서만, 그 의미를 드러낸다. 참된 예술가는 낯선 관찰자다. 그는 경계선 위에 선 주체이기 때문이다.

인간의 삶은 이런 무한하고 비가시적인 영역 위에서, 이 영역의 극히 작은 일부를 기호화하는 가운데, 그리고 이렇게 기호화된 체계 중에서 극히 작은 것을 다시 이해하면서 살아간다. 그러니 이 영역 중 그 어떤 재현·서술·지식의 활동도, 그것이 회화건 문학이건, 어떤 다른 것으로 환원될 수 없다는 사실은 명백하다. 재현할 수 없는 것이 삶의 형식과 내용과 모습과 정체성이라면, 그 이유는 이때의 형식과 내용과 모습과 정체성이 시시각각 변하기 때문이다. 그렇다면, 형식과 내용과 모습과 정체성의 변화란 우리 자신의 변화에 다름 아니다. 재현과 그 한계를 생각한다는 것은, 이렇게 재현된 것을 보고 느낀다는 것은 재현의 감상자──수용주체의 삶의 가능성을 생각한다는 뜻이다.

그러므로 필요한 것은 그림 안에서 그림 밖 현실을 상기하는 일이고, 이런 상기를 통해 그림 안의 현실이 재현되는 가운데 얼마나 뒤틀리면서 협소하고 불완전할 수 있는가를 잊지 않는 일이다. 우리는 눈에 보이는 여하한의 것들을 의문에 붙여야 하고, 기호와 진리의 친숙한 유사관계를 질의해야한다. 그 유사관계란, 적어도 근대 이후의 그것은 붕괴되었기 때문이다. 그러나 비반성적 지식의 한계는 고전시대에만 해당되는 것이 아니다. 그것은 마땅히 오늘날의 현실에도 적용되어야 한다. 모든 재현은 재현의 불가능한 나락을 관통해 가야 한다.

그 무엇에 대한 전망과, 이런 전망이 적어도 온전한 형태로는 불가능하리라는 것과, 이 불가능성 속에서도 그러나 다시 전망해야 한다는 현실적 요청 사이에서 우리는 어디쯤 자리할까? 우리는 어떤 방법을 선택하고, 어느 선에서 우리의 사고와 언어와 행동의 방향을 결정할 것인가? 내가 그리는 종이 위의 형상은 어떠할 것이고, 이 종이가 놓일 자리는 어디일 것이며, 여기서 일하는 나의 태도는 어떠할 것인가?

우리는 우리 자신의 위치와 캔버스와 주체 자신을 늘 다시 분해하고 그 사고방식과 서술원리를 늘 새롭게 재구성할 준비가 되어 있는가? 우리는 재현 속에서 그 너머를 잊지 않으며, 언어 속에서 침묵하고, 시선 가운데 시선 밖에 존재하는 것들을 떠올릴 수 있는가? 우리는 나락에서 나락으로 오가며 언어와 사고와 표현과 표상의 심연을 관통할 수 있는가? 그렇게 관통하고 있는가? 아니 관통하려 하는가?

하나의 진술은, 이 진술을 타당하게 만드는 조건의 발생경로를 그 뿌리에까지 추적하지 못한다면, 그래서 그 의미가 어떻게 발생하고 구성되어 유지되다가 사라지는가를 묻지 않는다면, 결코 옳은 것일 수 없다. 이 물음이 생략된다면, 진술은 분류학적 재현질서의 강제체제에 포박되어버리기 때문이다. 그러므로 보이는 무대의 밖—시선과 표현의 너머로 우리의 사고를 작동시켜야 한다. 모든 재현·서술·지식은 이 좁은 무대에서 일어나는 잠시 동안의 꿈적임인 까닭이다.

우리는 우리가 가진 지식형식을, 세상을 비추는 거울로서만이 아니라 이 거울을 바라다보는 자기 자신까지 비추는 거울로서 매일매일 닦아야 한다. 나는 그림의 안을 쳐다보며 그 밖을 상상한다. 예술의 안과 그 밖은 무엇일까? 나는 나의 안에 머물면서 그 밖을 응시하고 있는가? 이 물음이 없다면 나는 사이비 자아일 것이고, 이 글은 사이비 예술론이 될 것이다. 벨라스케스의 「시녀들」을 보면서 내가 되뇌는 것은 바로 이런 것들이다.

여행, 편력하는 삶의 토포스

성지순례에서부터 지드와 레비-스트로스까지

이광주 인제대학교 명예교수 · 서양사학

" 우리는 왜 여정에 오를까. 일상으로부터 일탈,
　들뜬 호기심, '저편'을 향한 기약할 수 없는 방랑과
　표박의 충동? 막연히 마음먹고 집을 나서는 길은
　또 다른 자기를 만나는 길, 자기로의 귀환이다.
　우리는 저마다 순례의 땅을 지니며
　그 토포스를 향해 길을 떠난다. "

여행하는 자, 호모 비아토르

출발이건 탐색이건, 그리고 만남이건 이 모두는 에로스의 비밀에 속해 있음이 분명하다. 끝없이 이어지는 길을 떠날 때 우리는 우리의 의지를 따르는 것만이 아니다. 언뜻 그 길 어디선가 잠복해 기다리는 듯 보이면서도 잠시 숨겨진 무엇인가에 홀려 떠나곤 한다.

• 호프만스탈, 「길과의 만남」

어린 시절, 우리는 어린 마음에 저도 모르게 집을 나선다. 얕은 여울에 흐르는 물소리가 좋아 강가를 오르내리며 한참 멈추어 서기도 하고 불안한 호기심에 산속을 헤매거나 무서운 동굴 깊숙이 꾀어들기도 한다. 커서는 홀연히 자기를 괴롭히며 부유(浮游)의 길을 꿈꾼다.

우리는 왜 집을 나서는 것일까. 일상적인 것으로부터 탈출을 하기 위해? 미지의 세계에 대한 호기심에서?

입신(立身)이나 자기 정화(淨化)를 위해 우리는 저마다의 몸짓으로 길에 오른다. 동기야 어떠하건 여정(旅情)의 근저에는 길을 떠나야 한다는 막연하면서도 절박한 일탈의 정열이, 육체의 강박관념이 도사리고 있다. 만물유전, 인간이란 그 본성과 원체험에서 호모 비아토르, 여행하는 자!

그리스 신화는 신들이 표박(漂泊)하는 이야기이며, 호메로스의 주인공은 모두 편력자이다. 삶은 길을 떠나 길 위에서 다듬어지고 만남과 이별, 삶의 이야기 또한 길 위에서 씌어진다.

중세인은 정처 없는 나그네

"세계는 철학하는 자에게 유배의 땅이다."

"세계를 유배의 땅으로 생각하는 자는 완전한 자이다."

유배의 충동이 어찌 철학자만 흔들었을까. 동서를 가리지 않고 먼 옛날 사람들은 토지에 예속되었다고 생각하기 쉽다. 그러나 유럽의 중세사회는 끊임없는 이동과 교류의 과정이었으며 12세기는 '대이동의 시대'로 기록되고 있다. 대이동의 시대는 방랑자의 시대. 성직자 · 기사 · 학생 · 학식자 · 상인 · 장인 · 광대 그리고 국왕과 귀부인에 이르기까지 신분의 고하를 가리지 않고 집과 고향을 등지고 나그네 길에 올랐다.

뒤르켐은 중세 사람들의 일상적 관행이 된 '이동'을 그리스도교 세계의 세계주의적 경향과 결부시키는 한편, 당시 사람들은 개인적 불안에서 혹은 더 나은 삶을 찾아, 때로는 영혼의 갱생을 기원하며 혼자 혹은 무리를 지어 집이나 고향을 떠났다고 말한다. 그러나 그 모든 것에 앞서 사람들은 먹고 살기 위해 집을 나섰다.

중세 유럽의 일반 농가에서는 보통 10명 정도 아이를 낳았다. 그중 절반은 해를 넘기지 못하고 죽었다. 그런 탓에 중세 때는 아이의 죽음을 슬퍼하는 감정을 몰랐다. 그들이 유아의 죽음보다 두려워한 것은 농사나 목축에 피해를 입히는 이상한파 같은 자연현상이었다. 언제나 기아선상에 허덕였던 농촌에서는 일을 할 수 있는 사내 한둘만 남고 나머지는 성년이 되면 집을 떠나야 했다. 중세 유럽에는 집 혹은 가정이라는 관념이 존재하지 않았다. 그들에게는 정주의 땅이 없었으며 중세인은 정처 없는 나그네였다. '태초에 길이 있었다.' 인간은 먼 옛적부터 숲에 바다에 사막에 길을 만들었다.

인간 존재의 표상인 동시에 문명의 시작을 의미한 길. 길은 또한 입신을 위해, 지(知)의 탐구를 위해서도 오르는 곳. 중세의 학생들은 '방랑하는 학생'으로 일컬어질 만큼 이 지역에서 저 지역으로, 이 도시에서 저 도시로 옮겨 다녔다. 그들의 목적지는 주교좌성당의 소재지이거나 큰 수도원이었는데, 거기에는 훌륭한 스승과 많은 책이 있었다. 오늘날에도 지식인의 특성으로 자유로운 부유성이 지적되듯이 유럽 지식인의 원형인 고대 그리스의

순례길에 나서는 중세 귀부인. 베네치아의 화가 카르파초, 1495년.

소피스트나 중세의 음유시인, 그리고 중세의 학생과 교사는 정처 없이 떠도는 보헤미안이었다.

장차 '주의 전사'가 될 학생들(그들 대부분은 성직을 지망했다)에게는 교권과 왕권에 의해 많은 특권이 주어졌다. 그중에는 편력하는 학생들에게 숙식을 제공해야 한다는 규정도 있었다. 방이 여러 개 있는 집은 그 수만큼 문에다 별 표지를 해야 했다. 이것이 오늘날 호텔 등급을 별로 표시하는 기원이 된다.

1533년, 프랑스의 왕 프랑수아 1세는 파리의 루브르 궁전에서 새해 아침을 맞았다. 그는 지난 세밑부터 시작해 1, 2월을 그곳에서 지냈다. 왕이 3개월 동안이나 같은 곳에 머물다니! 전에는 없던 일이었으므로 파리 시민들에게는 놀랄 만한 '사건'이었다. 3월, 따뜻한 봄이 시작되면서 왕은 지방순회에 나섰다. 대개는 한 곳에서 하루, 기껏해야 3~4일 정도 머무르는데 이례적으로 리옹에서 한 달 가까이, 그리고 아비뇽에서 12일 동안 머물렀다. 리옹은 파리에 이은 큰 도시, 유럽 최대의 금융도시였으며 아비뇽은 14세기 70년 동안 프랑스 왕이 옹립한 교황청의 소재지였다. 왕이 리옹에 머문 한 달을 프랑스의 어느 역사가는 '기적'이라고 표현했다. 그러면 왕은 왜 유대인처럼 방랑을 했던가.

16세기에 이르도록 유럽에서는 토지소유권이 확정되지 않았으며 봉건영주들도 일정한 땅에서 밀착된 생활을 하지 않았다. 987년 카페 왕조의 성립과 더불어 파리는 프랑스 왕국의 수도가 되었다. 그러나 다른 도시와 마찬가지로 수도 파리는 오랫동안 왕이 순력하는 땅 중 한 곳에 지나지 않았다. 파리가 왕의 고정된 거주지가 된 것은 13세기 말에서 14세기 초에 이르러서였다. 필리프 4세가 파리 체류를 선호하면서 파리는 유럽에서 왕도로 정착되는 첫 케이스가 되었다. 그러나 왕이 전국을 순회하는 전통은 왕권 중심의 중앙집권제도가 뿌리를 내리는 16세기까지 이어졌다. 그 이전에는 왕이라 해도 많은 제후 가운데 최고의 한 제후나 다름이 없었다. 그런 까닭에 왕은 여러 지역의 제후 및 그 영민들과 친교를 돈독히 해야 했다. 대를 이어 지속된 왕들의 전국 순회는 정치적·전략적인 행차였던 것이다.

파리가 왕도가 아니었다면 궁정은 어디에 어떤 모습으로 존재했을까? 궁정은 왕의 순회를 따라다녔다. 왕이 머무는 곳이 바로 궁정이었다. 왕후와 귀부인의 행렬이 국왕의 뒤를 따랐다. 한 역사가는 당시 궁정 귀부인들에게 여성적 아름다움이 결여된 원인을 국왕을 따라다녀야 했던 고된 순회생활과 결부시켰다.

유언장을 써놓고 떠나는 성지순례

나그네 길에 오르는 동기 중 하나는 인간의 원초적 호기심이라고 해야 할 것이다. 로마 최고의 교부인 아우구스티누스는 편력에 대한 호기심 때문에 "사람들은 구원을 위한 자기 자신을 소홀히 한다"고 경고했으나 12세기를 가로지른 방랑과 편력의 관행은 순례자 사이에서 절정에 달했다. 동서를 가리지 않는 믿음의 정열은 여기저기에 순례의 길을 펼쳤다. 이슬람교도의 메카 순례, 힌두교도의 갠지스 강 성지순례. 고대 인도인은 인생의 만년을 유행기(遊行期)라고 하여 해탈을 위해 홀로 떠돌아다니며 탁발을 했다.

그리스도교 세계에서는 11세기 말경부터 성당 참례가 가장 좋은 종교적 근행이 되었다. 순례자 그리스도를 본받아 행해진 순례는 때마침 성했던 성체 및 성유물 숭배사상과 깊이 결부되었다. 그리스도와 성모 마리아, 그리고 성인의 유적지에 얽힌 '성스러운 것을 향한 발걸음'의 마지막 소원은 3대 성지인 로마, 예루살렘 그리고 산티아고 순례였다. 순례란 들판을 지나는 자라는 뜻이며 순례자란 이방인 방랑자를 뜻했다.

반듯한 길이라고는 전무한 당시 험한 환경과 허기진 몸에 몰아치는 비바람, 거기다가 순례자를 호시탐탐 노리는 도적떼, 그리스도의 수난을 추체험

순례길 도처에 작은 예배당과 십자가를 순례자의 길잡이처럼 세워놓았다.
예배당은 날이 궂을 때 순례자들이 쉬었다 가는 피난소 역할도 했다.

하는 고행이라고는 하지만 순례길은 실로 목숨을 건, 모든 것과 그리고 자신과의 싸움의 길이었다.

'바야 콘 디오스'(신과 함께 가라). 순례자는 길을 떠나기 전에 할 일이 많았다. 그들은 가난해야 했다. 한 기사는 재산을 수도원에 기부하고 빈자가 된 뒤 순례길에 올랐다. 그는 성지에서 죽기를 마음먹고 떠났으나 살아서 돌아오자 수도사가 되었다. 빚이 있는 자는 모두 갚고 떠났으며 도둑질한 자는 주인에게 돌려주고 떠났다. 길일을 택하고 출발에 앞서 유언장을 썼다. 그리고 출발 직전에 미사와 고해의식을 치르고 배낭과 지팡이에 축복을 받았다.

12세기 최대 순례지는 유럽의 땅끝인 스페인의 서남단 산티아고였다. 이곳 콤포스텔라에서 사도 성 야곱의 묘가 발견되는 기적이 일어났다. 그 소식은 곧 콤포스텔라로 향하는 순례자의 끝없는 행렬을 낳았다. 산티아고로 향하는 순례길은 피레네 산맥을 넘어야 했다. 순례자들은『산티아고 순례 안내서』라는 가이드북을 지녔는데, 순례길 도중에 들를 곳, 식수나 식량사정, 주민들의 인심, 위험성 등이 자세히 서술되어 있었다. 그런 대로 '정보'가 마련된 것이다. 안내서에는 그밖에도 여러 지역의 성지와 성인 이야기, 산티아고와 대성당을 찬탄한 글도 실려 있었다.

순례자 중 종자를 거느린 귀족이나 부자는 노새를 이용했으나 도보로 가는 것이 원칙이었으며 특별한 고행자는 맨발이었다. 하루 행정(行程)은 20~30킬로미터 정도였으며 15세기 말 이후 교통혁명이 일어나면서 하루 48~64킬로미터가 된다. 파리에서 산티아고까지 1천 킬로미터였으니 왕복에는 2개월, 때로는 3개월이 소요되었다. 그리고 파리에서 고향에 돌아가는 데 또 그만한 시일이 가산되었다.

동반자가 없는 여성의 순례는 법으로 금지되었다. 그러나 예외로 전설적인 이야기가 전해진다. 이탈리아 피사의 소녀 보나는 어렸을 때 성모와 성

야곱에 둘러싸인 그리스도의 꿈을 꾸었다. 그리스도는 보나의 어머니 앞에 순례자의 모습으로 나타나 13세의 보나를 순례에 보내라고 말했다. 보나가 처음 떠난 순례길은 예루살렘이었다. 거기서 돌아오자 그리스도가 다시 꿈에 나타났다.

"스페인에 있는 성 야곱의 묘소로 가라!"

보나는 아홉 번이나 그곳을 찾았다. 이 순례 여인은 순례자 모두 그녀를 따라 순례에 오르는 기적을 낳았다.

순례자들은 순례길에 오를 때 해당 교구의 사제에게 신원증명서를 받고 여비와 함께 여러 성지에 바칠 헌금을 준비했다. 그리고 순례자 모습을 한 성 야곱 상을 본받아 긴 지팡이와 가리비를 들었다. 그들은 성가와 고향의 민요를 부르면서 서로 격려를 나누며 길을 재촉했다.

순례자 중에는 믿음과 구원을 위해 아이들을 거느린 가족도 있는 반면 죄의 대가를 치르기 위해 순례길에 오르는 자, 심지어 금품을 받고 순례를 하는 대리 순례자도 있었다. 순례는 중세인이 반드시 치러야 했던 통과의례이며 삶의 완성을 의미했다. 『산티아고 순례 안내서』에는 순례자를 따뜻이 맞는 자는 그리스도를 맞이하는 자라고 강조되어 있었다.

12세기 이후, 로마나 예루살렘 이상으로 많은 순례자를 부른 산티아고의 순례자 수는 좋은 계절에는 하루 1천 명을 넘었다고 하며 연간 50만 명 정도로 추정된다. 당시 파리 인구가 2~3만 명에 지나지 않았음을 감안하면 엄청난 숫자라고 할 것이다.

온갖 어려움 끝에 성도(聖都)가 가까워지면 순례자들은 먼저 그곳에서 3킬로미터 떨어진, 숲으로 둘러싸인 라바 멘투라라는 곳에서 성스러운 의식을 올렸다. 목욕재개 뒤 비로소 성도에 입성하는 것이다. 그리고 '기쁨의 산'을 의미하는 몬테 델 고조 언덕에 올라 대성당의 종루를 우러러본다. 일행 중에서 제일 먼저 그 탑을 발견한 자가 일생의 '왕'으로 인정되었다. 귀족의 칭호와 같이 그 칭호는 자손대대로 자랑스럽게 전해졌다. 순례의 기쁨과 영광은 순례의 문을 지나 대성당에 이르렀다. 산티아고 순례는 대성당 안 성 야곱의 성스러운 유물에 예배드리고 직접 만져보는 의식에 이르러 절정에 달했다.

순례를 마치고 고향에 돌아올 때면 예루살렘 순례자가 야자수 가지를 몸에 품고 돌아오듯이 성당에서 주는 가리비를 지니고 돌아왔다. 이제 그들은 고향에서 찬탄의 대상이 되었다. 그 어려운 순례를 통해 사람들은 자기 자신과, 자신이 속한 공동체의 정체성을 운명적으로 확인했다. 유럽 중세란 그러한 시대였다.

귀공자들의 '그랜드 투어'

18세기 후반 영국에서는 귀족가문 자제들의 프랑스, 이탈리아 여행이 유행처럼 일어났는데, 그것을 '그랜드 투어'(Grand Tour)라 불렀다. 유럽 상류사회에서는 15, 16세기 이탈리아 르네상스 이후 "이탈리아에 가보지 않은 자는 인생에서 귀한 것을 체험하지 못했다는 열등감에 시달렸다"고 한 존슨 박사의 말처럼 이탈리아행이 교양을 위한 통과의례처럼 여겨졌다. 그러나 그랜드 투어의 첫 번째 목적지는 파리였다.

15, 16세기와 17세기 전반이 이탈리아의 세기였다면 그 후 18세기까지는 프랑스의 세기이다. 프랑스어는 유럽 교양인의 언어였으며 살롱 중심인 파리 사교계의 우아한 풍속은 유럽 귀족사회의 모범으로 여겨졌다. 그랜드 투어는 영국 귀족들이 아들을 프랑스의 오네톰, 즉 궁정풍 사교인을 본받은 젠틀맨으로 만들기 위한 교양 여행이었다.

귀족들은 가정교사를 초빙해 어린 아들의 가정교육을 시킨 뒤에는 옥스브리지보다 프랑스나 이탈리아에 보내는 편이 바람직하다고 여겼다. 교양을 위해서라면 대학보다 사교계가 바람직하다고 생각한 것이다. 그랜드 투어에는 하인과 가정교사가 따랐다. 트래블링 튜터, 베어 리더, 거버너라고 불린 가정교사의 첫 번째 과제는 대도시의 유혹에서 도련님을 보호하는 일이었다.

18세기 말 영국 인구는 900만 명, 그에 비해 프랑스는 2,600만 명의 큰 나라였으며, 호화롭고 사치스러운 파리는 젊은 이방인에게 유혹에 찬 도시였다. 영국의 젊은 귀족은 파리에서는 돈 많은 촌놈으로 취급되었다.

정치가 체스터필드 백작은 아들에게 보낸 1750년 4월 30일자 편지에서 파리에 체류하는 영국 젊은이들의 행실을 냉정하게 묘사했다.

그들은 아주 늦게 일어나서는 함께 어울려서 아침식사를 한다. 그러고는 마차 여러 대를 몰아 재판소, 폐병원(廢兵院), 노트르담 성당을 찾는다. 그러고는 무리를 지어 커피숍에 가서 점심을 먹는다. 식사가 끝나면 삼삼오오 흩어져 극장에 간다. 극장이 파하면 다시 음식점으로 가서 만취가 되어서는 끼리끼리 싸움질하지 않으면 거리에 몰려나와 소동을 부리고는 야경에게 잡힌다.

파리에서 영국 귀공자들의 집합장소는 생제르맹 거리의 카페였다. 본국의 부모가 바란 프랑스 귀족과의 접촉은 극히 드물었다. 그들은 유학생이 아니었으며 그랜드 투어는 수학(修學)과는 별로 관련이 없었다. 당시 유럽의 귀족이 바란 것은 사교적 교양이지 학식이 아니었다. 그만큼 그들은 느슨한 자유 시간을 누릴 수 있었다.

그랜드 투어를 학문연구를 위한 좋은 기회로 이용한 것은 그들을 따라간 가정교사들이었다. 그들 중에는 옥스퍼드나 케임브리지 대학 출신의 목사와 대학교수가 여럿 있었다. 당시 교수직보다 대귀족 가문의 가정교사직이 재정적 처우도 나았고 더 나은 공직에 진출할 수 있는 기회도 주어졌다. 그

중 특히 유명한 인물로 우리는 철학자 홉스와 경제학자 애덤 스미스를 들수 있을 것이다.

홉스는 옥스퍼드에서 수학한 뒤 백작 아들의 가정교사로 프랑스, 이탈리아에 세 번이나 동행하여 그곳에서 20년간 체재했다. 그는 그동안 프랑스어와 이탈리아어를 마스터하는 한편 파리에서는 수학자인 메르센, 물리학자이며 수학자인 가생디, 그리고 데카르트도 만났으며 이탈리아에서는 갈릴레이를 찾아갔다. 주저인 『리바이어던』(1561)은 그렇듯 많은 학자와 나눈 폭넓은 교류가 안겨준 업적으로 평가된다.

애덤 스미스는 한 공작의 가정교사가 되기 위해 모교인 글래스고 대학의 교수직을 사임했다. 그는 젊은 귀족을 따라 유럽 각지를 여행한 뒤 프랑스에 체류하면서 볼테르를 비롯해 정치가이며 경제학자인 튀르고, 경제학자이며 의사인 케네와 교류했다. 프랑스에서 착수한 『국부론』(1776)은 튀르고와 케네의 영향이 적지 않았다. 애덤 스미스야말로 그랜드 투어의 가장 큰 수혜자였다.

그렇다면 영국의 젊은 귀족들에게 그랜드 투어는 정말 보람이 없는, 잃어버린 나날이었을까. 그랜드 투어는 여행이 일반화되기 이전 75년 동안 영국 귀족사회에서 3세대에 걸쳐 지속되었다. 그 체험이 보람 있었다고 기억한 제1세대가 아들에게, 다음 제2세대가 아들을 위해 그랜드 투어를 마련해주던 것이다. 정말 무의미한 여행이었을까. 그렇지는 않았을 것이다.

그런데 교양을 위한 그랜드 투어나 믿음을 위한 성지순례는 개인의 바람에서 출발된 여행이라기보다 귀족사회 및 가톨릭이라는 공동체가 장치하고 부과한 통과의례와 같은 것이었다.

'저편'을 향한 편력의 충동

우리는 개인적인 여정(旅情)에서 출발한 여행을 반듯한 여행, 진정한 여행으로 이해하고 싶다. 그러한 나그네 길을 돌아보기에 앞서 몇몇 선구적 여행가, 탐험가를 떠올려보자.

서양 최초의 여행가는 그리스 역사가 헤로도토스였다. 그는 지중해 세계 전 지역을, 그리고 남쪽은 이집트 남단, 동쪽은 바빌론, 북은 흑해에까지 이르는 대여행을 감행했다. 그의 저작 『역사』(Historiae)에는 그 여행에서 얻은 각지의 자연·지리·풍속·역사에 관한 풍부한 지식, 정보가 가득 담겨 있다. 키케로가 지칭한 이 '역사의 아버지'는 '여행의 아버지'이기도 했는데, 『역사』는 최초의 여행기였다. 헤로도토스가 열어젖힌 지중해는 인류 최초의 여행무대였다.

그 뒤 『동방견문록』을 남긴 베네치아의 상인이자 동방여행가 마르코 폴로, 메카의 순례길에 올라 이집트·중근동·소아시아·남러시아·인도 그리고 북경까지 찾아간 14세기 이슬람 세계의 여행가 이븐 바투타, 영국의 선교사이자 아프리카 탐험가인 리빙스턴, 그들을 본받은 모험가·선교사·상인·학자들의 미지의 세계를 향한 치열한 정신은 모든 바다, 모든 대륙에 오가는 길을 열었다.

길은 사람들로 하여금 방랑과 편력, 집을 등지는 일탈과 표박의 충동을 일으킨다. 그 충동은 목적의식과는 상관없는 밑도 끝도 없는 '저편'을 향한 치열한 정열이면서, '약속의 땅'을 향한 전세(前世, Historiae)로부터의 꿈을 은밀히 잉태하고 있다.

> 내 아가, 내 누이동생아
> 저기 가서 같이 사는
> 감미로움 생각해보렴!
> 한가로이 사랑하고
> 사랑하다 죽고지고

" 베네치아의 상인이자 동방여행가 마르코 폴로, 메카의 순례길에 올라 이집트·중근동·소아시아·남러시아·인도 그리고 북경까지 찾아간 14세기 이슬람 세계의 여행가 이븐 바투타, 영국의 선교사이자 아프리카 탐험가인 리빙스턴, 그들을 본받은 모험가·선교사·상인·학자들의 미지의 세계를 향한 치열한 정신은 모든 바다, 모든 대륙에 오가는 길을 열었다."

너를 닮은 그 고장에서!

……

거기선 모두 질서 있고 아름다운,

호화로움, 고요함과 그리고 쾌락뿐

• 보들레르, 「여행으로의 초대」

'호기심이 있으면 여행을 하라.' 1683년 젊은 귀족을 위해 파리에서 출간된 책의 한 가지 주제이다. 17세기 후반에 이르면 여행은 상류사회에서는 생활의 한 부분, 교양이자 취향으로 자리를 잡았다. 교양과 취향의 본질이 그러하듯 여행 또한 뚜렷한 목적의식으로부터 자유로운 즐거움, 즐기는 놀이가 되었다.

17, 18세기는 취미의 시대, 그 키워드는 즐거움(délices). 시와 음악, 사랑과 미식에 붙어 다녔던 즐거움이라는 패셔너블한 말이 『이탈리아의 즐거움』(1706, 라이덴), 『덴마크와 놀이의 즐거움』(1706, 라이덴), 『잉글랜드와 아일랜드의 즐거움』(1707, 라이덴)이 『유럽 명소순례』(1702, 울음), 『세계 견문순례기』(1715, 런던) 등 여행책에도 다채롭게 쓰였다. 흥미로운 것은 왕명에 따라 여행기가 여러 나라에서 연이어 쓰이고 출간되었다는 사실이다. 왕과 측근들은 여행기를 읽는 즐거움 때문에 이국여행과 그 기록이 뿌릴 '독소'에 대해서는 미처 알아차리지 못한 것 같다.

인도, 페르시아를 여행한 프랑스의 보석상인 샤르댕은 여행기(1686)에서 페르시아인의 의복·풍습·종교·재판·법 등에 관해 기술했다. 그리고 "거리로 보나 풍습이나 준칙의 이질성으로 보나 진정 별개의 세계라고 불러도 좋은 이 나라들에 관해 유럽 사람들의 흥미를 이끌 모든 것"을 독자에게 전하고자 했다. 그리고 이 상인은 이방문화를 이해하기 위해서 독자들은 그와 함께 "별개라는 세계"의 존재와 그 정당성을 이해하고, 유럽이 우월하다는 편견을 버리고 '다양성'에 대한 감성을 지녀야 한다고 역설했다.

이국여행은 낯선 자연풍토나 풍습에 대한 엑조틱(exotic)한 호기심과 함께 그 나라의 신앙과 종교, 정치체제에 대해서도 관찰하고 관심을 갖게 한다. 여행자는 더 이상 선량한 미개인이나 이집트의 현자만을 보고자 하지 않았다. 여행은 사물을 편견 없이 관찰하는 안목을, 남과 자기의 세계를 비교하고 상대화하는 눈을 뜨게 했다.

"어떤 사람은 긴 여행으로 인해 타락해 남겨졌던 사소한 신앙심마저 없애버린다. 매일 새 종교를 보고 갖가지 풍속, 갖가지 의식을 봄으로써……." 샤르댕과 같은 시대의 문인 라 브뤼에르의 정직한 말이다. 유명한 신구 논쟁에서 고대파에 선 그의 두려움과 아랑곳없이 시대는 날로 제왕의 권위와 왕관의 체제에 대해 회의와 의의를 제기하는 방향으로 줄달음친다. 문학비평가 아자르의 이른바 유럽 의식의 위기에는 당시 바야흐로 시작된 유럽인에 의한 비유럽 세계에 대한 여행이 긍정적인 영향을 주었다고 할 수 있을 것이다.

일찍이 경험하지 못한 충족감, 이 지상에 눈을 돌려야 할 무엇인가가 존재한다는 벅찬 예감, 어떤 취미일지라도 성취할 수 있다는 무엇이.

1789년에 나온 여행기의 한 구절이다.

18세기 말까지 악마가 살고 있다는 알프스에는 위험 · 불모 · 공포라는 기호가 붙어다녔다. 그 알프스는 이제 새로운 모습으로 사람들에게 비쳤다. 여기에는 루소의 『신엘로이즈』(1761)가 크게 이바지했다. '알프스 산기슭 작은 마을에 사는 연인들의 편지'라는 부제대로 루소는 알프스 산기슭 레만 호수 일대를 배경으로 벌어진 순박한 사랑 이야기에서 프랑스 문학사상 처음으로 자연을 묘사하고 산악의 아름다움으로 독자를 끌어들였다. 18, 19세기 이후 이탈리아, 그리스를 향한 문인, 예술가 대부분은 그 작품을 떠올리며 신선한 친밀감을 품고 알프스를 넘었다. 그리고 알프스가 환기한 숭고한 이미지는 바로 그대로 그리스, 이탈리아 그리고 고전 고대를 찾는 열락(悅樂), 기쁨으로 이어졌다.

19세기 영국의 작가 기싱은 그리스·로마 고전문학의 열렬한 독자였다. "사람은 누구나 지적 욕구를 지니게 마련인데, 내 경우는 현실에서 도피해 소년시절의 꿈이던 고대세계를 떠돌아다니는 것이었다." 소년시절부터 그처럼 동경한 그리스, 이탈리아행을 실현할 수 있었던 것은 1888년 가을이었다. 막 탈고한 장편소설이 가난한 그에게 이탈리아행 자금을 마련해준 것이다.

"열차가 설 때마다 바다의 음악이 들려온다. 때로는 호메로스의 시 구절이, 때로는 테오크리토스의 시구가 메아리치듯. 이 먼 남쪽나라의 해안을 낮에 지나치면 무엇이 떠오를지 모르지만 밤이면 그대 그리스 시인들의 영혼으로 가득 찬다." 기싱이 이오니아 해변을 밤기차로 지나갈 때 해둔 기록이다. 그는 또 말했다. "이제까지 몇 번이고 마음의 눈으로 바라본 장소를 지금 나는 내 눈으로 쳐다보고 있다." 기싱과 마찬가지로 우리도 마음속에 새겨둔 지 오래된 갖가지 이미지와 그림을 안고 지중해로 향한다. 여행이란 그 쌓인 이미지와 그림을 확인하고 수정하는 여정일까. 이방인에게 서유럽행은 고뇌 섞인 길이기도 하다.

나는 당신들로부터 떠났습니다. 사랑하는 임이여, 나는 당신들로부터 떠났습니다. 나의 마음은 가장 고운 감정에서 당신들의 것입니다. 그러나 지금 나는 한발 한발 당신들로부터 멀어지고 있습니다. 오오, 나의 마음이여! 그대의 마음을 누가 알아주리까. 얼마나 긴 세월 이 나그네 길은 나의 가장 즐거운 꿈이었을까. 나는 기뻐 날뛰며 말하지 않았던가. 그대는 간다라고. 매일 아침 즐거움으로 잠에서 깨지 않았던가. 그대는 정말로 간다라고 생각하며 나는 기쁨에 가득 차지 않았던가.

러시아의 작가이자 역사가인 카람진이 서유럽 여행에서 돌아온 직후 발표한 『러시아인 여행자의 편지』(1791~92) 가운데 한 구절이다. 카람진은 일찍이 서유럽 문학에 매혹되어 번역과 창작에 종사한 뒤 서유럽 여행길에 올랐다. 『러시아인 여행자의 편지』는 그가 발행한 잡지 『모스크바』에 실렸다. 서유럽의 풍물이나 정세를 소개하면서 선진 서유럽 문화를 향한 러시아 지식인, 교양인의 진솔한 열정과 고뇌를 토로한 고백서이다.

이방 탐방, '저편'에 대한 열정이란 자기 귀환의 한 도정(道程)일까. 카람진은 또 러시아 역사소설과 방대한 러시아사를 쓴 높은 민족의식을 품은 역사가이기도 했다. 이러한 그의 경력에 비추어 그 여행기록은 더욱 우리에게 감동을 안기며 우리 자신을 돌아보게 한다.

빙켈만과 기번, 고전의 땅 아르카디아를 향하다

17세기 중엽 이후 근대적 개인주의의 태동 속에서 일기 시작한 개인에 의한 여행은 반듯한 여행가를 많이 낳았다.

교황 니콜라우스 5세는 로마의 재생과 교회의 평화를 축원해 1450년을 전 세계의 성년(聖年)으로 선언했다. 그리고 산 피에트로 대성당을 비롯한 로마의 4대 성당에 참배하는 자에 대해 면죄부를 부여하도록 했다. 면죄부를 받으려면 이탈리아인은 14일간, 알프스 저쪽의 이방인은 8일간 로마에 머물면서 매일 참배해야 했다. 전 유럽으로부터 순례자의 행렬이 그치지 않았다. 대의명분이야 어떻든 중세 때의 성지순례와는 딴판으로 그것은 바로 일종의 로마 기행이 되었다. 이후 여러 세대에 걸쳐 이어진 로마 기행의 길을 처음 연 인물은 『로마제국 쇠망사』(1776~88)로 이름 높은 영국의 역사가 기번이었다. 그는 20대에 로마에 체류한 감동을 훗날 자서전에 썼다.

25년의 거리를 넘어서 회상한다. 이 영원의 수도 로마를 처음으로 가까이하고 입성했을 때 마음의 약동을 일으킨 강렬한 감동을 잊을 수도 표현할 수도 없다. 잠 이루지 못한 밤을 지샌 뒤 나는 험한 비탈길을 올라 포룸 로마눔의 폐허로 들어가 있었다. 로물루스가 있고 키케로가 연설하고 카이사르가 쓰러진 하나하나의 기념비적 장소가 동시에 눈에 들어왔다. 그리고 며칠을 도취상태로 보냈다.

기번은 『로마제국 쇠망사』의 끝부분에 기록했다. "내 생애 20년 동안 나를 즐겁게 하고 힘을 보태준 이 저작의 구상은 바로 카피톨리노의 폐허에서 싹텄다." 기번이 카피톨리노 언덕에서 내려다본 고도는 몹시 황폐한 모습이었다. 그러나 1780년대만 해도 4만 명 이상의 영국인이 유럽 여행을 했으며 첫 번째 목적지는 로마였다. 그들 대다수는 『로마제국 쇠망사』의 독자였다.

산 피에트로 대성당과 바티칸이 있는 로마는 순례의 땅이었다. 그러나 순례가 아니더라도 이탈리아를 향한 발걸음과 열정은 오랜 역사를 지닌다. 이탈리아의 자연이 지닌 아름다운 경관, 혹은 태양이 빛나는 남쪽나라에 대한 인간 본능의 향일성(向日性)과 관련된 것일까. 로마는 바로 유럽 문명의 고향, 원풍경이다.

이탈리아는 로마를 통해 유럽을 세 번 지배했다고 한다. 첫 번째는 율리우스 카이사르에 의한 무력 지배이며, 두 번째는 그리스도교에 의한 종교적 지배, 세 번째는 로마법에 의한 사회적 지배이다. 그 위에 아니 그 이상으로 라틴어에 의한 고전의 지배, 교양의 지배를 강조하고 싶다. 라틴어는 몇 세기에 걸친 '로마의 평화' 속에서, 그리고 중세 1천 년과 르네상스 시대를 통해 유럽적 교양공동체를 창출했다. 라퐁텐은 "모든 길은 로마로 통한다" (Tous les chemins mement a Rome)고 했던가.

지금 나의 책상 위에는 『이탈리아에서 온 독일인의 편지』(1965)라는 서간집이 놓여 있다. 400쪽 정도 되는 이 책에는 1755년부터 1890년까지, 18세기 독일의 미술사가 빙켈만의 이탈리아 여행 이후 19세기 독일의 문인으로서 이탈리아 풍물을 사랑한 그레고로비우스에 이르기까지 70명이나 되는 독일의 시인 · 작가 · 예술가 · 학자 및 정치가가 이탈리아에서 보낸 몇백 통의 편지가 수록되어 있다.

그중에는 빙켈만 · 괴테 · 실러 · 훔볼트 · 헤르더 · 니체와 바이마르 공국의 대비 안나 아말리아, 프로이센 개혁을 주도한 슈타인 남작의 이름도 보인다. 남쪽나라 이탈리아를 향한 독일인의 치열한 정념에 불을 댕긴 인물은 빙켈만이었다. 그는 그리스 고전미술에 심취해 1755년 독일 북부 잿빛 어두운 하늘로부터 벗어나 푸른 하늘과 태양이 빛나는 로마로 이주했다. 빙켈만은 로마에 13년 머무는 동안 바티칸의 서기, 로마 고미술 감독관으로 활동하면서 그리스 · 로마의 예술작품을 연구하는 한편 폼페이를 비롯해 각지의 유적을 조사했다.

빙켈만이 전인적인 열정으로 끌린 로마는 약 7만이나 되는 입상 · 흉상이 널린 숲, 아류 예술가와 고미술상으로 떠들썩한 초목으로 덮인 와륵의 숲이었다. "세계 도처에 책이 범람하고 그로 인해 진정한 인식이 위협받고 있다. 그런데 아직도 누구 하나 예술의 본질에 다가가지 못하고 있다." 1756년 로마에 온 1년 뒤 빙켈만이 한 말이다. 당시 로마는 빙켈만이 경멸하는 호고가(好古家)들이 우글거리고 있었다.

빙켈만은 반듯하고 철저한 관찰자였다. 그가 가장 귀히 여긴 것은 자기 스스로 보고 관찰하는 정열이었다. 우리는 자기 자신이 본 것만 말하고 좋아하며 기록할 수 있다. 이것이 빙켈만의 확신이었다. 괴테에 의하면 빙켈만은 '관찰자'의 욕망을 품고 이 세상에 태어났다. 그는 보고 관찰하기 위해 고향을 등지고 로마에 머물렀다. 18세기는 서재 학자의 시대가 아니라 서재 밖 넓은 세상을 돌아보는, 특히 고전의 땅 지중해 세계에 눈 뜨기 시작한 교양인의 시대였다. 그 선구자가 바로 빙켈만이며 기번이었다.

장중함과 위엄은 빙켈만 언사의, 사람됨의 특징이었다. 그것은 아마 그가 생애를 통해 마음에 새긴 그리스·로마 예술의 본질과 깊은 관련이 있다고 할 수 있을 것이다. 우리는 좋아하는 것을 본받게 마련이 아닌가. 천생이 뛰어난 관찰자인 괴테에 의하면 빙켈만은 "말이나 펜으로써 표현할 수 없는 작품을 눈으로 보고, 감각으로 파악하고, 그리고 완성된 장려함, 그 형태를 낳은 이념, 관찰할 때 내면이 환기되는 감정을 듣는 사람, 읽는 사람에게 전함으로써 시인임을 입증한 인물"이었다.

디드로는 빙켈만에 관해 "그가 보지 않는 것이 있을까"라고 언급했다. 빙켈만은 그리스를 한 번도 찾아가지 못했다. 그러나 그리스는 그가 생애를 바쳐 흠모한 고전예술 속 가인(佳人)의 옛 땅 아르카디아. 그는 로마에서 그리스 작품을 관찰하고 연구했다. 그는 그리스 조형예술의 본질을 "고귀한 단순함과 고요한 위대함"(edler binheit und stille Grässe)이라고 표현했으며 라오콘 상에서는 그리스적 비극의 감정을, 신적인 고통과 영혼의 위대함을 보았다.

『그리스 미술 모방론』(1755)과 『고대미술사』(1764)를 저술해 미술사의 근본개념인 양식(style) 문제를 예술연구에 도입해 미술사학의 창시자로서 불멸의 업적을 이룩한 빙켈만을 따라 레싱·칸트·헤겔도 그리스 예술을 기준으로 미의 원리를 생각했다. 그러나 빙켈만으로부터 가장 깊은 영향을 받은 인물은 빙켈만을 '미술사상의 콜럼버스'라고 찬양한 괴테였다.

괴테는 빙켈만이 로마에서 귀국한다는 소식을 듣고 만나기 위해 밤낮을 가리지 않고 마차를 달렸다. 그러나 빙켈만이 국경도시 트리에스테에서 강

그리스적 비극의 감정을 잘 보여주고 있는 라오콘 상.
수많은 문인 · 예술가들이 그리스 · 로마의 고전미술에 심취했다.

도의 흥기에 쓰러지는 바람에 만나지 못했다. 두 인물의 만남이 실현되었더라면 하고 부질없는 상상을 해본다.

빙켈만 이후 이탈리아는 그리스와 더불어 독일, 아니 유럽의 교양인들에게 아름답고 영원한 고전의 모국으로서 특별한 의미를 지니게 되었다.

괴테의 이탈리아 체험, '나 자신의 발견'

9월 3일 새벽 3시에 나는 몰래 카를스바트를 빠져나왔다. 그렇게라도 하지 않으면 도저히 여행을 떠날 수 없었기 때문이다.

괴테가 지은 『이탈리아 기행』(1816~29)의 머리말이다. 1786년, 괴테의 나이 37세. 그는 행선지를 집사에게만 알려주고 요한 필립 베러라는 상인으로 위장하고 바이마르에서 도망치듯이 이탈리아 여정에 올랐다. 그 이전 괴테는 1775년 카를 아우구스트 대공의 초빙을 받아 바이마르 공국에 부임한 뒤 1782년에는 귀족의 칭호를 받고 내각수반에 올랐다. 그는 영명한 군주를 도와 인구 10만 명의 바이마르 공국을 독일 역사상 유례없는 시문학과 철학의 메카로 만드는 데 중심 역할을 했다. 그러나 바이마르에 머문 10년은 괴테의 문학 활동이 침체된 시기였다.

괴테의 바이마르 '탈출'의 직접적인 계기가 된 것은 소국의 완고하고 고루한 궁정생활에 대한 짜증과 혐오, 그리고 7세 연상의 귀족 미망인 슈타인 부인과의 사랑이었다. 당시 괴테는 한 인간으로서 그리고 시인으로서 바야흐로 중대한 전환의 기로에 놓여 있었다. 이탈리아행은 바로 자기 탈출, 재생을 위한 괴테의 몸부림이었다.

그대는 아는가, 레몬 꽃이 피는 나라
어두운 잎 그림자에 황금의 오렌지 빛

부드러운 바람 창공에서 불고
도금양꽃은 고요히, 월계수 높이 솟아
그대는 아는가, 저쪽
그곳에 그곳에!
그대와 함께 가고파
그리워라, 나의 귀여운 임이여

이탈리아는 유년시절부터 괴테에게 동경과 희망의 땅이었다. 그는 이탈리아에 첫발을 들여놓은 감격을 재빨리 편지에 담아 슈타인 부인에게 띄웠다.

나는 『이피게니에』를 동반자로서 아름답고 따뜻한 나라에 데리고 갑니다. 해는 길고 나의 사색을 방해하는 것은 없습니다. 그리고 주변의 훌륭한 광경은 시상(詩想)을 압박하지 않을 뿐더러 오히려 운동과 자유로운 공기와 더불어 사상을 더욱 북돋아줍니다.

1년 4개월에 걸친 이탈리아 여행과 로마에 체류하는 동안 괴테의 관심은 전적으로 고대와 르네상스 예술작품에 집중되었다. 괴테는 북방 독일의 잿빛 하늘과 대조적인 태양이 찬란히 빛나는 맑고 아름다운 자연을 만끽했다. 이탈리아 반도 남단 시칠리아 섬, 옛 유적이 깔린 팔레르모 항구의 풍물은 특히 그의 마음을 사로잡았다.

윤곽의 청려함, 전체를 감싸는 부드러움, 서로 나뉘는 색조, 하늘과 바다와 대지의 하모니, 이것들을 본 사람은 한평생 잊지 못할 것이다. 얼마 뒤 북쪽나라에 돌아가면 이 행복한 주거의 영상을 내 마음속에 되살리고 싶다.

티슈바인이 그린 로마 교외 캄파니아에서의 괴테.
흰 망토에 넓은 차양의 회색 모자가 이탈리아풍이다.

괴테의 이탈리아 여행의 궁극적인 목적지는 로마였다. 1786년 10월 29일, 괴테는 꿈에도 잊지 못하던 로마에 들어섰다. 그는 즉시 슈타인 부인에게 편지를 띄웠다.

나를 여기에 인도하신 하늘에 진심으로 감사드리고, 두 번째 인사는 그대에게 바쳐야 하리라.
(로마를 이해하기 위해) 사람은 새로 태어나야 한다.

로마에 온 며칠 뒤 괴테는 로마로 향했던 지난날의 열병 같은 동경의 정감을 다시 털어놓았다.

최근 몇 해 동안은 정말 병에 걸린 것과 같았다. 로마를 향한 그리움을 치유할 수 있는 것은 오직 이 눈으로 이 땅을 보고 이 몸으로 여기에 오는 것뿐이었다. 지금에야 털어놓지만 마침내 한 권의 라틴어책도 한 폭의 이탈리아 풍경화도 그리움으로 인해 도저히 볼 수 없을 정도였다. 이 땅을 보고 싶다는 욕망은 극도에 다다랐다.

12월 3일에는 로마 체류의 기쁨과 감동을 적었다.

여기 로마는 세계 전체와 결부되어 있다. 그리고 나는 로마에 발을 들여놓은 순간부터 제2의 탄생이, 진정한 재생이 시작되었다.

나는 여전히 같은 인간이기는 하나 뼛속까지 바뀌었다.

1788년 3월 17일에는 카를 아우구스트 공에게 편지를 써서 보낸다.

이 1년 반의 고독한 생활에서 나는 다시 나 자신을 발견했습니다. 그것은 무엇이었을까요? 예술가로서 나 자신입니다.

로마에서 1년 반을 머무는 동안 괴테는 고대예술을 순례하면서 벅찬 나날을 보냈다. 그는 "감상과 경탄의 연속으로 밤이 되면 피로에 지쳤다." 특히 빙켈만도 극구 찬탄한 벨베데레의 아폴론과 라오콘 상은 그를 "현실세계에서 납치했다." 이어서 괴테는 로마 체험을 술회했다.

이제 여기에 이르러 마음도 가라앉고 한평생 편안한 마음이 든다. 왜냐하면 부분적으로 알고 있던 것을 눈앞에 전체로 관찰할 때 새 생활이 시작되는 법이다. 청춘시대의 모든 꿈이 지금 눈앞에 생생하다.

진정한 여행가는 반듯한 관찰자이며 그는 고집스러운 선택하는 자이기도 하다. 그리하여 그는 모든 것을 보고자 하는 어리석음으로부터 자유롭다. 괴테는 아시시에 가서도 산 프란체스코 대성당에는 전혀 무관심하고 코무네 광장의 아무도 돌보지 않는 로마의 유적을 찾았다.

고대의 예술과 아침저녁으로 마주한 이탈리아 체험은 괴테를 고전적인 교양인으로 변모시켰다. 괴테는 빙켈만이 로마에서 보낸 고귀한 예술적 삶이 미술사가를 교양인으로 완성하고, 그가 빙켈만으로부터 얻은 것도 인식이 아니라 바로 교양이라고 말했다. 괴테는 이제 반사회적인 자아를 주장한 슈투름 운트 드랑, 질풍노도기의 기수로서 『젊은 베르테르의 슬픔』을 들고 나왔던 지난날의 자기 자신과 결별했다. 파숑, 정념의 시인은 인간성의 조화를 가장 귀히 여기는 휴머니스트, 고전적 교양인으로 재생된 것이다.

콩고 기행, 앙드레 지드의 자기 변신

우리는 왜 여정에 오를까. 일상으로부터 일탈, 들뜬 호기심, '저편'을 향한 기약할 수 없는 방랑과 표박의 충동? 막연히 마음먹고 집을 나서는 길은 또 다른 자기를 만나는 길, 자기로의 귀환. 우리는 저마다 순례의 땅을 지니며 그 토포스를 향해 길을 떠난다. 괴테가 신생의 땅을 이탈리아에서 찾은데 대해 20세기의 작가 앙드레 지드는 아프리카, 미래의 땅 아프리카에서 재생을 찾았다.

나는 쿠르티우스가 깊은 심연으로 뛰어든 것처럼 이 여행에 뛰어들었다. 비록 몇 개월 전부터 이 여행에 대한 강한 열망이 내 마음속에 자리잡고 있기는 했지만 내가 원했다기보다는 거역할 수 없는 어떤 운명에 의한 불가피한 것이 아닌가 생각된다.

지드가 지은 『콩고 여행』(1927)의 머리말이다. 인생에는 어떤 운명에 의한 '만남'이 있다. 이탈리아와 괴테의 만남이 그러했듯이 지드의 아프리카와의 만남 또한 그러했다.

요절한 시인 랭보는 1870년 자기를 이해하는 교사에게 보낸 편지에서 토로했다. "나는 타향 땅에서 병들고 미칠 것 같으며 무기력하고 머리가 혼란스럽습니다. 나는 바람입니다. 갖가지 여행을…… 아무것도 없습니다! 나 자신의 고향에서 유형을 당하고 있습니다." 이때 랭보의 나이는 16세. 그 무렵 그는 세 번 가출했다. 『지옥의 계절』(1873)을 발표하고 절필한 뒤 20년간 유럽 · 서아시아 · 아프리카 각지를 전전하고 교사 · 지원병 · 행상인 · 탐험가로서 짧은 생애를 마쳤다. 그에 의하면 "시인은 모든 관능을 분방하게 해방함으로써 미지의 것에 도달해야 한다. "나란 일개의 타자이다."

이러한 랭보에 지드는 맞장구치듯 말한다. "나는 정지하는 것에 공포를

" 지드의 치열한 휴머니즘 정신은 아프리
카의 '미개'를 경멸하거나 연민의 정을
보내기보다 그 혹독한 가난 속에서 유럽
식민정책의 죄악을, 그 자신이 뿌리내리
고 있는 부르주아적 부와 문명의 위선을
자책했다. "

품는다."

작가 지드의 본질은 방랑벽과 깊이 관련되었다. 지드는 어렸을 때 어머니에게서 받은 금욕주의적 교육의 고통을 극복하기 위해 24세 때 아프리카로 떠났다. 그 야성의 대지에서 지드는 자기를 얽매어온 지난날의 인연과 단절하고 그것들을 버릴 결심을 안고 돌아왔다. 그가 쓴 최초의 작품 『배덕자』(1902)는 원초적 생명에 넘친 아프리카 체험의 비극적 찬가였다.

아득한 대기, 아름다운 풀숲과 나무, 무심한 바람과 구름떼, "목걸이를 팔던 그 애, 그 애는 지금 내 어깨에 머리를 기댄 채 내 손을 꼭 잡고 선잠을 자고 있다." 웃음을 띠며 빈정거리는 아이와 말다툼하는 여인, 허벅지를 드러낸 사내, 그 모든 것에 지드는 따뜻한 시선을 보낸다. 아프리카는 루소나 디드로가 상상한 '선량한 야만인'의 땅이 아니라 '스무 살 때 마음의 울림'을 떠올린 '유혹하는 매력'의 땅이었다. 그것은 지드에게 "모든 것이 행복과 관능의 망각을 약속하고 있는 듯" 비쳤다.

인습적 도덕을 거부한 자유로운 행위를 열망해 동기가 없는 살인을 저지른 젊은이를 그린 『교황청의 지하도』(1914)을 발표할 무렵 지드는 자기에게 속삭였다.

사람이 거리를 떠나기 위해서는 정력적인 수단에 의지할 수밖에 없다. 급행열차에 의지할 수밖에 없다. 어려운 일, 그것은 교외(郊外)를 넘는 일이다.

넘어야 할 교외란 부르주아인 지드에게는 사유재산의 세계였다. 그가 혐오한 최대 타깃은 재산에 집착하는 자들, 그들을 부추기는 체제였다.

"사물을 생각하는 인간으로서 자기 자신만을 목적으로 할 때 무서운 공허에 시달려야 한다. 여행 따위도 하나의 현기증에 지나지 않는다."

"지금의 나는 무엇인가를 향해 걷고 있다. 나는 안다. 지금 어딘가에 있어 나는 막연한 바람이 사실이 되어 군림하고 있음을, 나의 꿈이 현실 되고자 하고 있음을."

나이 56세 때 그는 나비채집을 위해 다시 콩고 여행길에 올랐다. 그런데 프랑스 식민지 아래 원주민의 참상에 충격을 받고 지드는 사회문제에 눈을 뜨게 되었다. 작가 지드의 치열한 휴머니즘 정신은 아프리카의 '미개'를 경멸하거나 연민의 정을 보내기보다 그 혹독한 가난 속에서 유럽 식민정책의 죄악을, 그 자신이 뿌리내리고 있는 부르주아적 부와 문명의 위선을 자책했다. "이제 나는 자본주의의 패배, 또 그 그림자에 가려진 모든 것, 악습·부정·허위·추잡함 등의 파산을 마음으로부터 바라지 않을 수 없다."

아프리카 체험이 낳은 『콩고 여행』은 프랑스 내외, 특히 지식인 사회에 충격과 새 바람을 일으켰다. 지드는 좌경화되고 코뮤니스트가 되었으며 1932년에는 공산주의로의 전향을 선언했다(1936년 스탈린 체제 아래 소련 여행은 그를 다시 전향시켰다). 그 뒤에도 지드의 방랑은 계속된다.

"나는 더 이상 거기에 가만히 있을 수 없었다. 나는 출발한다. 나는 여행을 떠난다. 어디로? 나도 모른다."

지드는 그의 한 작품에 나오는 카페 개르송의 입을 빌려 토로한다.

"그분은 아직 찾지 못했으므로 여행을 하고 있습니다."

아프리카에서 캐러밴이 이끄는 낙타가 잠시 숨을 돌리다가 다시 일어나 사막 속으로 멀리 사라지는 광경을 보며 지드는 탄식한다.

"대상(隊商)이여! 왜 나는 그대들과 함께 출발할 수 없는 것일까. 대상
이여!"
"나의 벗이여. 가령 내가 어디로 가고 거기서 무엇을 하기 위해서인가를
알아차린들, 나는 나의 고뇌로부터 탈출할 수 없음을 그대는 알아줄까."

그러나 지드에게 하나만은 분명했다.

"사물을 생각하는 인간으로서 자기 자신만을 목적으로 했을 때 무서운
공포에 시달려야 한다. (그때) 여행 같은 것은 한 현기(眩氣)에 지나지 않
는다."

지드의 아프리카 체험을 생각하면서 『슬픈 열대』(1955)를 쓴 레비-스트
로스를 떠올려본다. 그는 『슬픈 열대』의 첫머리에서 말했다. "나는 여행이
란 것을 싫어하며 또 탐험가도 싫어한다. 그러면서도 지금 나는 나의 여행
기를 쓸 준비를 하고 있다." 이 말은 바로 다음 글로 이어진다. "여행이여,
그대가 우리에게 제일 먼저 보여주는 것은 인류의 얼굴에 던져진 우리의 오
물이다." 브라질의 오지 인디오 사회의 체험, 그리고 인도, 파키스탄에서 겪
은 경험으로 이 뛰어난 인류학자는 열대를 원점으로 현대문명을, 아니 인간
을 근원적으로 관찰하고 고발했다. 『슬픈 열대』는 21세기 인류사회의 앞날
을 고지하는 또 하나의 고전이라고 할 것이다.

"나는 더 이상 거기에 가만히 있을 수 없었다. 나는 출발한다. 나는 여
행을 떠난다. 어디로? 나도 모른다."

풍경이 풍경을 반성하지 않는 것처럼

김억의 국토 목판화 작업

박태순 작가

" 국토인문주의에서 국토문예주의로……, 김억의
국토미술 목판화는 새로운 패러다임이고 새로운 로드맵이다.
그의 목판화는 이 땅의 문화예술인과 학술인들의 게으름을
문책하고 이 땅의 정치 · 경제인들이 도대체 그동안
국토에서 무슨 짓을 벌여온 것이냐고 질책하는
새로운 질문이고 메시지이다."

「절망」이란 시가 있다. 김수영 시인의 작품인데 1965년 8월 28일에 쓴 것으로 기록되어 있다. 누구든 절망을 느낄 적이야 있겠으나, 시 제목으로 내세울 정도로 통각(痛覺)하는 시편을 시인은 어떻게 쓰게 되었던 것일까.

> 풍경이 풍경을 반성하지 않는 것처럼
> 곰팡이 곰팡을 반성하지 않는 것처럼
> 여름이 여름을 반성하지 않는 것처럼
> 속도가 속도를 반성하지 않는 것처럼
> 졸렬과 수치가 그들 자신을 반성하지 않는 것처럼
> 바람은 딴 데에서 오고
> 구원은 예기치 않은 순간에 오고
> 절망은 끝까지 그 자신을 반성하지 않는다.

이 시가 씌어지던 1965년 여름은, 이른바 일본과의 굴욕외교 문제로 대단히 무더웠다는 기억을 나는 갖고 있다. 실은 1960년대 자체가 대단히 무겁기만 하던 연대기였다. '근대화만이 살 길'이라던 제3공화국의 지배담론에 대해 특히 김수영은 이를 수굿수굿 받아주는 것이 아니라 '드디어 파시즘이 한국에 상륙하는가' 하고 통역하는 대항담론의 시와 산문과 시론을 쓰기 시작했다. 시민사회는 개발독재를 양해해달라는 정치적인 강요를 받고 있었으나 시인의 문학적인 저항은 "개발독재는 허수아비 간판이고 본질은 독재개발이야" 하고 받아치는 쪽이었다.

"풍경이 풍경을 반성하지 않는 것처럼"이라는 시의 첫 구에서 "절망은 끝까지 그 자신을 반성하지 않는다" 하는 마지막 구에 이르기까지 이 시가 전개시키고 있는 담론의 서사성이 참으로 통렬한 바 있다. 시인은 이미 한국에 상륙해 맹위를 떨치기 시작하는 파시즘의 온갖 광풍을 목도하면서 이를 중계하려고 하는 중이다.

시인은 절망조차 할 수 없다. 절망은 끝까지 그 자신을 반성하지 않는다고 하지 않는가. 이 완강한 절망을 이 나라 백성들이 어찌 감당해야 하느냐고 시인은 온갖 관찰과 궁리를 다해보지만 해답은 마련하지 못한다. 속도가 속도를 반성하지 않는 것처럼, 졸렬함과 수치가 그들 자신을 반성하지 않는 무지막지한 불도저 사회와 시대가 다가오고 있다고 시인은 우선 진단한다. 그러나 아무리 반성할 줄 모르는 현실상황이라 해서 아무런 변화마저도 일어나지 않는 것은 아니라고 알려준다. 엉뚱한 데서 바람은 불어오고 예기치 않은 순간에 구원이 온다. 그러니 절망이 끝까지 자신을 반성하지 않는다는 것에만 괘념할 까닭은 없는 것이라고 시인은 선지자의 목소리로 일깨워주려 하고 있었다.

그때로부터 50년 가까운 세월이 흘러, 나는 김수영의 「절망」이 그 시절이 아니라 바로 지금 시대의 상황을 읊고 있는 것 같은 착각 속에서 이 시를 다시 읽게 된다. 이 시의 첫 구절, "풍경이 풍경을 반성하지 않는 것처럼"이라는 진술의 절박성을 환기한다. 그렇다, 풍경은 풍경을 반성하지 않는다. 최소한의 성찰도 없고 염치도 없고 수치도 없다. 무지몽매하기보다는 무지막지하다. '대운하 건설'이라 하더니 '4대강 하천정비'라 하고, 미심쩍었는지 다시 '4대강 살리기'라고 말을 바꾸고 있다. 이런 말 바꾸기는 작문의 말씨름 차원이 아니라 아예 언술의 기본 개념조차 없는 무뇌어(無腦語)의 되풀이일 따름이다.

풍경은 이미 그 풍경이 어떻게 왜곡되고 오염되고 파괴되어버렸는지를 구체적으로 생생히 보여주고 있다. 그런데도 풍경이 풍경을 반성하지 않는 것처럼 이명박 정권의 네오파시즘적 토건자본주의는 그 투기이득을 위한 시장경제를 전혀 반성하지 않는다. 반성을 위한 가장 초보적인 망설임이나 고민 · 가책 · 불안의 예후조차 삭제되고만 있다.

'남한강 뱃길 따라 문경새재 옛길 따라'라는 제목으로 지난 5월에 1박 2일 일정으로 국토 답사를 해본 일이 있다. '국토학교'의 현장 강의로 이루어진 것인데 자연경제시대의 남한강 수운이 산업경제시대의 산업화로 인하여 완전히 그 수로가 막혀버린 것을 단순 비판할 수는 없는 일이고, 영남대로의 문경새재 옛길이 일종의 박물관 도로로서 자동차 없는 보행 길로 존치된 것에 대해 무조건 예찬만 하자는 것도 아닌 답사 길이었다. 그러나 참가자들은 구체적으로 보고 느낀다.

모든 것이 발전했다고 주장하는 세상 환경이 왜 이다지도 처참하게 박살이 나버렸는가. 서울의 한강을 경강(京江)이라 했는데, 지금 서울시장의 한강 녹색사업에는 오래 된 미래가 전혀 없고, 다만 한여름 밤의 짧은 꿈만 꾸려 한다. 양평 · 여주 · 충주가 강항(江港)의 구실을 모두 놓친 것은 안타깝지만 나랏돈 타먹을 궁리와 땅값 부풀리기에만 바쁠 따름이고, 수질오염과 생태계 교란으로 식물과 어류, 그리고 주민들이 어떠한 위기 국면에 있는지 미처 관심을 가질 겨를이 없다. 하물며 강변도시의 문화역사 특성을 어찌 살려나가야 할지 전혀 무지몽매일 뿐이다.

한강은 발원지에서부터 하류에 이르기까지 상수도와 하수도의 수자원 순환 기능일 뿐인데, 강바닥을 파헤치고 방죽을 콘크리트로 처바르고 더 이상 댐을 만들 수 없으니 여기저기 보를 놓아 강물의 흐름마저 또다시 막아버리려 한다. 주민들은 벙어리 냉가슴이어서 도무지 해볼 수 있는 역할이 없다. 개발시대의 산업문명이 삼천리 화려강산을 얼마나 상처투성이로 만들어버렸는지, 실로 풍경이 풍경을 반성하게 할 기회라도 주어야 할 터이다. 그럼에도 국토산하로부터 개발이익과 투기이익을 다시 착취하려는 제2차 난개발의 광풍이 휘몰아치고 있다.

문학과 예술, 인문학과 사회과학은 어디서 무엇부터 성찰을 해야 하며 반성을 해야 하는 것일까. 절망이 끝까지 그 자신을 반성하지 않는다 할지라도, 반성하지 않는 그것의 정체가 곧 절망이라는 사실을 알려야 한다. 그래서 새로운 바람이 불어오게 하고 구원의 기회를 찾아내야 하는 것은 동시대인의 의무이자 권리다.

김억의 국토판화, 나의 새로운 미적 체험

전체 국가예산 중에서 이른바 국토건설사업 또는 사회간접자본이나 기반시설에 투입되는 직·간접비용을 합산하면 70퍼센트를 상회할 것이라 추론하는 글을 본 적이 있다. 국토개조론을 외쳐대는 소리는 날로 커져왔지만, 국토는 이미 차고도 넘쳐날 지경으로 충분히 개조되었다. 국토건설을 내세우지만 실제로는 국토파괴였고, 개조를 주장하지만 개선이 아니라 어이없는 개악이었음이 드러나게 되었다.

개발만능주의는 여전히 한국인의 심성 속에 깊이 침윤되어 있다. 한국 지배층의 치부 과정이 어떠한지를 살펴보면 그 이유를 대번에 알 수 있다. 거의 전적으로 부동산 투자와 투기자본의 축적으로 상류층들의 재산불리기가 이루어져오고 하류층들의 천민화가 가속되었던 것이 아닌가. '부동산 국토'의 부가가치 기준을 무시한 채 국토문화를 운위할 수 없을 지경에 이르렀다. 그럼에도 국토로 하여금 국토를 반성케 해야만 한다.

반성하는 국토의 문화작업을 어떻게 전개시켜나갈 수 있을까. 정치가 결코 반성하지 않고 있음은 명백하고, 경제도 전혀 반성할 수 없을 터이다. 저들을 향해 "반성하라" 외쳐대는 것만이 능사는 아니니, '절망의 문예학'에서 탈출해보고 싶고 문화국토작업을 보다 구체화시켜야 하겠음을 일깨운다.

이러한 나에게 새로운 안목과 관찰을 갖게 해준 그림 전시회가 있었다. 지난 3월부터 2개월 동안 파주 헤이리 예술마을에서 열린 「김억 목판화전:

'국토백경」이었는데, 국토 현장을 누비고 그 풍경을 담아낸 1백여 편의 목
판화 작품들은 실로 대단한 국토 거대담론들이었다.

몹시 놀라거나 믿어지지 않는 일을 당하여 두 눈이 화등잔만하게 커지게
되는 것을 가리키는 우리말이 있다. '휘둥그레지다'라는 단어다. 두 눈이 동
그랗게 되는 정도를 넘어서 아래 위만 아니라 옆으로도 커지고 아울러 놀라
움에 겨워 번쩍거리기조차 하는 이상 현상의 안목을 가리킨다. 두 눈이 이
와 같이 휘둥그레지는 미적 체험을 나는 겪었다. 김억 화백의 국토 목판화
와 내 두 눈이 처음 마주쳤을 때부터 나의 안목에 이와 같은 이상 현상이 일
어났다.

예술 일반을 분류할 적에 시간성과 공간성의 잣대로서 그 예술성을 확인
해보려는 방식이 있다. 시간예술은 문학 · 음악 · 연극 등을 포함하고 공간
예술은 회화 · 조각 · 건축 등을 포함한다. 물론 이러한 잣대가 반드시 명확
한 것은 아니지만, 문학인인 나의 눈으로 살펴보아도 김억 화백의 목판화가
담아내고 있는 '공간성'이 도무지 심상치 않다는 것을 대번에 번쩍 일깨운
다. 문학의 국토답사 언어묘사가 아무래도 추상적 · 관념적인 성격을 지니
게 된다면 공간예술인 목판화의 조각 · 조형은 아주 구체적이고 사실적으로
국토풍경을 형상화하고 있다. 그의 목판화는 카메라 워크와는 다르다. 광학
렌즈의 사실성과 구체성을 포용하지만 화가의 눈은 입체적인 목각에다가
구륵법 · 몰골법 등의 화법과 원근법 · 투시법의 당돌한 변화를 구사한다.

목각과 판화의 창작기법으로 화폭에 담아내고 있는 것은 우리 국토의 명
장소 · 명장면들이다. 대형 스크린과도 같은 거대 화면이면서 동시에 아주
치밀하게 세부적인 풍경들을 묘파해놓고 있다. 그림의 제목들은 대상 장소
의 지명을 명기해놓았는데 나로서는 이미 익히 잘 알고 있다고 여겼던 곳들
이다. 그럼에도 도대체 웬 노릇일까. 낯설고 눈 설기 그지없다. 내가 꼼꼼히
찾아보았던 장소임에 틀림없으련만 내가 살펴보았던 국토산하와는 도무지

" 「도산구곡」이라는 제목을 붙인 판화를 본다. 얼마나 치밀하게, 아울러 치열하게 거대 서사담론과 세밀 서정의 미시담론을 한 화폭에 뭉뚱그려 엮어 넣었는지 처음에는 어리둥절해하다가 차츰차츰 경악하게 된다. 퇴계의 강호문학과 유교산수의 완성을 이처럼 총체적으로 통찰하는 미술작품을 나는 본 적이 없다."

색다르게 보이기만 한다.

화가의 매서운 눈, 부릅뜬 눈은 문학인의 그것과는 너무도 다른 것일까. *Armed Vision*이라는 문학비평서가 있었다. '무장된 안목'이라 번역해볼 수 있을 것인데, 캐나다의 문학교수이던 스탠리 에드거 하이만(S. E. Hyman)이라는 이가 쓴 책이다. 문학인은 무장된 눈으로 남들이 못 보는 현실과 현상들을 투시해야 한다는 내용이다. 그러나 그 책은 무장된 눈으로 살펴보아야 하는 인식 대상을 구체적으로 어떻게 지각하여 자각하게 되는가 하는 미학체험 방법론에 대해서는 관심을 두지 않았다. 미술서적이 아니라 문학비평서였으니, 사회갈등이라든가 인간관계의 모순을 제대로 읽어야 한다는 등의 테마에만 치중했다.

개발독재시대에는 아예 풍경이 풍경을 반성할 기회를 박탈해가면서 난개발을 일삼았다. 이에 대해서 문학은 무허가 난민촌 르포라든가 광주단지소요사건 현장답사라든가 신도시개발의 투기현상 보고서 등의 작업을 해오기도 했다. 물론 피카레스크 편력소설이라든가 문화국토기행문을 써오기도 했다. 그런데 김억의 국토백경 목판화들은 현실고발의 앙가주망 예술성을 추구하는 쪽은 아니다. 그의 미술작업은 풍경으로 하여금 풍경을 반성하게 하는 새로운 눈뜸으로 이루어지는 것은 분명하지만, 그의 줄기찬 노력을 통해 충분하게 반성되어 새롭게 형상화되고 있는 풍경은 전혀 예상하지 못한 공간성의 미학을 이루어낸다.

공간(space), 장소(place), 풍경(landscape). 우리가 '공간성'이라 하는 것은 이러한 세 요소를 모두 구비해야만 구체적으로 완성된다. 다시 문학언어로 풀이하자면 거대담론·서사담론·서정담론·미시담론·내면담론과 같은 것들을 포괄해야 한다. 김억의 목판화는 우선 거대담론의 국토공간 미술이다. 이어서 서사담론의 장소미술, 그러니까 광역지역을 폭넓게 담아낸다. 그런데 자세히 살펴보면 미주알고주알 '풍경미술'들을 포개고 또 포개놓는 극사실화의 구성이다. 가령 「도산구곡」이라는 제목을 붙인 판화를 본다. 얼마나 치밀하게 아울러 치열하게 거대 서사담론과 세밀 서정의 미시담론을 한 화폭에 몽똥그려 엮어 넣었는지 처음에는 어리둥절해하다가 차츰차츰 경악하게 된다. 퇴계의 강호문학과 유교산수의 완성을 이처럼 총체적으로 통찰하는 미술작품을 나는 본 적이 없다.

기시감(既視感)과 미시감(未視感), 익숙하게 눈에 담아보았던 장소가 전혀 생소한 장소로 돌변하고 있으니, 이는 공간의 확장이 되고 나아가서는 공간의 재창조가 된다.

국토공간에서 국토시간 끄집어내기

"내가 안성 서운산 기슭자락에서 사는데, 뒷등성이에 헬리콥터를 장만해두었다고 능청을 떨지요. 그러면 사람들이 실제로 그런가 하고 찾아보더라고요."

비행기에서 내려다보는 듯한 광각(廣角)의 공간 장소성을 어떻게 포착해낼 수 있느냐고 그의 판화를 대해본 이들이 신기해하더라는 것이었다. 물론 그가 자가용 헬리콥터를 타고 풍경사냥을 해왔을 턱이 없다. 발품을 팔고 또 팔면서 국토미술의 독보성을 개척해냈다는 것은 능히 짐작될 수 있다.

그의 판화는 조형미술이면서 디자인미술이라는 인상마저 갖게 한다. 어떻게 이러한 '구성작가'가 될 수 있었을까. 종합예술의 미술작업이라 할까, 그의 목판화는 문학과 역사와 음악과 연극의 서사를 견인해내고 있다. '이야기미술' '음악미술' '연극미술'을 함께 보고 그리고 '읽게 되는' '듣게 되는' 특수체험을 나는 누려보고 있다. 노피곰 돋아서 멀리곰 비추기를 바라는 달님의 문학 「정읍사」라든가, 천지인삼재(天地人三才)의 평화와 안녕을 한껏 누리는 「수제천」(壽齊天)의 무한선율 아악과 같은 음악, 또는 「빌헬름마이스터의 수업시대 · 편력시대」라는 괴테 소설의 세상 편력 문학성, 「벌

거슝이 산의 하룻밤」이라는 무소르크스키의 자아탐구 음악성과 같은 종합예술성이 그의 목판화 속에 있다.

겸재 정선의 「금강산도」와 「인왕산도」 또는 단원 김홍도의 산수화와 풍경화가 어떠한 예술성의 작품들이냐고 나는 묻는다. 그는 김소월의 스승이었던 서정시인 안서(岸曙) 김억(金億)과 한자 표기까지 똑같은 예명을 갖고 있는 동명이인이다. 그는 '억'(億)이라는 한자를 풀어놓으면 '인립일심'(人立日心)이 되더라면서, 똑바로 서서 해바라기 마음을 품고 있는 사람이라니, 아마 자신이 그런 '태양족' 성향의 위인일지 싶다고 했다.

그는 홍익대 미술대 및 대학원에서 동양화를 전공했다. 자연경제시대의 전통 동양화 화업을 산업기술문명시대의 작가로서 어찌 창조적으로 계승해낼 수 있을까. 옛 화가들은 시·서·화를 함께 익혔고 문(文)·사(史)·철(哲)에 능통한 이들이었다. 오늘의 화가들이 그러한 교양인, 지식인이 될 필요는 없는 것처럼 그 또한 자신이 전통 산수화·문인화를 계승하는 작가는 아닐 것이라고 했다. 진경산수화는 그에게는 아직 과람한 쪽이라 하고.

오늘의 시대정신이 어떻게 되는 것일까. 이미 '자연경제시대의 자연'은 속절없게 된 것이기도 하다. 하지만 그는 '오래된 미래'를 관찰하고 있다. 그는 '산업경제시대의 자연'에 대해서는 일단 흥미도 없고 어느 면에서는 구역질마저 일으킨 적이 있으나, 한국문화의 '문화원형'을 오늘의 국토에서 되찾고 되살리고자 한다. 그것이 어떻게 가능하다는 것일까.

그는 '걸어다니는 미술작업'이 시발점이 된다고 한다. 기술문명의 편의성 유혹을 일단 철저하게 물리쳐야만 한다. 15년이나 된 고물딱지 지프차를 작년에 어찌지 못하고 폐기처분하였다는데, 풍경 바깥까지는 운반수단이 될지언정 일단 풍경 안으로 들어서면 기필코 자연경제시대로 되돌아가야 한다는 것이다. "오늘도 걷는다마는 정처 없는 (아울러 정처 있기도 한) 이 발길"이라야만 한다.

1980년대 후반에는 동양 수묵화에 관심을 가졌던 적도 있었는데 중국과 수교를 맺으면서 그들의 작품 전시회가 빈번히 열리게 되었다. 한국 화가들은 문화제국주의와 오리엔탈리즘의 상투성 문제가 어찌 되는 것일지 생각해보게 되는 바가 있었다. 이러한 과정을 통과하자 입체성의 화업(畫業)이 그에게 보이기 시작했다. 목판(木板)의 판각과 목판(木版) 및 다색목판의 판화인쇄 작업은 인내의 한계에 부딪게 하는 끈덕진 노동이면서 자기수련의 터득과정이기도 하다.

한국 목판화의 전통이 한국의 출판·인쇄문화와 궤를 같이 한다는 사실은 흥미롭다. 고려시대에는 불교서적의 「변상도」와 같은 목판화로, 조선시대에는 「삼강행실도」와 같은 목판화를 통해 한국전통 목각예술이 자라왔다. 목각의 밑그림을 그리노라면 전통미술이 어떠한 구도를 잡아왔으며, 그 이유가 무엇 때문인지 깨우치게 된다.

판재는 외국산 마티카 재목을 쓰기도 하였으나 주로 은행나무를 즐겨 찾는다. 은행나무는 목질이 그리 단단하지 않으면서도 살결이 참으로 좋아서 사포질해놓은 상태만 가지고도 더할 나위 없는 '공간예술의 운동장'이 되어준다. 나무의 생명력이 그림의 생동감과 결합되는 것이니 목판화는 살아 숨쉬는 '생명예술'이기도 하다.

'자연성−인문성 국토'와 목판화업의 아름다운 만남을 위해 무슨 준비를 해야 하는가. '국토공간에서 국토시간 끄집어내기'이다. 국토시간은 지질학적 시간, 문화인류학적 시간, 역사사회학의 시간 그리고 인공적인 시간(시계에 의한 시간)을 모두 오늘에 닿도록 연장시킨다. 이런 다채색의 국토시간들을 한꺼번에 통시성(通時性)과 공시성(共時性)으로 수용하고 있는 국토공간이야말로 얼마나 대단한 아량인가. 화가로서는 국토의 재발견이고 목판화 작업으로서는 국토의 신발견이다.

개발근대화시대에는 국토 공간구조의 정치·경제적 개발을 위하여 국토의 입체성 시간구조를 송두리째 삽질해버렸는데, 그의 목판화는 그 시간층들을 끈덕지게 목각하여 돋을새김으로 부각시켜놓고 있다. 삽질의 국토와 돋을새김의 국토, 과연 누구의 힘이 센 것일까. 이는 산업국토와 생태국토의 편가르기 차원이 아니다. 끄집어낸 국토시간을 다시 국토공간에 심어놓는 모내기 작업과 같은 과정을 통해, 그 총체성의 국토미(國土美)가 곧 그의 작품으로 표현되고 있다.

태초의 대자연 국토와, 시베리아 벌판에서 달려온 천손족(天孫族)들의 하늘축제, '성곽의 나라'라 불릴 정도로 산성과 도성의 문화를 발전시킨 요녕성 길림성 일대의 고구려 유적, '백제의 미소'가 얼마나 세련되고 섬세한 고급문화인지를 알게 해주는 내포 지방의 문화유산들, 경주 남산에 어려 있는 맑고 밝은 신라인들의 감성, 하늘재와 월악산 송계계곡에서 살피는 고려인들의 풍수지리, 조선왕조의 강호문학을 완성시킨 이황의 유교산수, 자연으로 돌아가는 것이 아니라 자연 그 자체가 되고자 하는 심성을 표현하는 소쇄원·식영정 등 호남 누정 원림문화……

국토미의 모내기, 이앙된 국토미의 풍성한 결실, 그 수확이 되는 그의 판화 세계는 '놀라운 국토 신세계'의 출입구가 된다. 그 신세계는 가상공간이 전혀 아니다. 어디에 언제 어떻게 무엇으로 왜 누가 이 국토의 주민이 되어 오늘에 이르게 되었는지 그는 흡사 형사 콜롬보처럼 끈덕지게 추적한다.

그의 목판화는 초대작(超大作)과 대작, 그리고 소품으로 구분해볼 수 있다. 다양성과 종합성을 보여주는 소품 중에는 나팔꽃·연꽃·홍매의 꽃들도 보이고 강마을의 봄, 강변마을, 산골마을, 동강의 겨울, 수원 화성 밖 어린 소나무 등을 묘파한 정조(情調) 있는 풍경화도 있다. 대작들은 비유컨대 단순한 문화기행·역사기행이 아니라 문화역사지리학 필드스터디의 종합보고서 같은 장엄함이 있다. 초대형 대작들은 더 나아가 단편소설·중편소설 체계에 머무는 것이 아니라 연작소설·연재소설·장편소설의 대하로망이다.

오늘날 온갖 국토 가이드북은 물론이려니와 상세한 교통지도에 2만5천분지1 지도, 거기에 자동차의 내비게이션, 인터넷에 떠 있는 위성사진에 이르기까지 '국토백과전서' 유형의 지식과 정보들이 넘쳐나고 있다. 그렇지만 나는 김억 화백의 목판화를 국토문화의 '리더스 다이제스트'로 추천하고 싶다. 그의 작품들이 안내해주는 대로 국토대장정에 새롭게 나서보고 싶다.

국토문예학의 새로운 가능성

인문학의 위기를 발설하는 이들이 많다. 나는 그런 이들에게 권한다. 탁상 앞에서가 아니라 방방곡곡의 현지로 찾아나서야 한다고. 구체적으로 관찰하고 직접적으로 탐구하여 국토인문주의가 어떠한 위기인지(또는 기회인지) 파악해야 한다고.

국토인문학은 사회과학의 영역이기도 하지만, 김억의 판화는 '국토문예학'의 새로운 가능성을 보여준다. 인문학 아니라 문예학이 더욱 절실하게 앞장서야 함을 일깨운다. 그의 '국토미술'은 앞 세대가 가질 수 없었던 시대적 행운을 그가 누릴 수 있게 되었음을 보여준다. 가령 한국 근대문학은 임화의 표현대로 '도입문학'이었고 '이식문학'이었다. 전통문화의 폐기와 서구문화의 수입(관세를 지불하는 정식수입이든 밀수든 간에)으로 도대체 얼마나 건강한 '문화'를 세울 수 있었던가. 국토의 분단만이 아니라 문화역사의 분단(곧 전통과 근대 사이의 단절) 극복 명제는 맨입으로만 논의되어왔던 측면이 있다.

김억의 판화는 '육체언어'의 발성으로 다가온다. 그는 '전통이냐 근대냐하는 양자택일 유형의 고민에서 해방되어 있다. 그는 막연한 동양화가 아니라 동양 회화의 구도와 기법의 구체성을 자신의 창작에 확보하여 구사하고 있는 전통계승자이다. 그러하지만 그의 목판화는 산수화·문인화의 전통은 사양하고 있다. 아울러 그의 목판화는 한국 전통의 목판미술과 목판인쇄를 모두 수용하는 것이 아니다. 목판 공간구성 미술의 조형성과 목판 인쇄기술의 견고한 규격성·입체성을 창조적으로 승계한다.

국토인문주의에서 국토문예주의로……, 김억의 국토미술 목판화는 새로운 패러다임이고 새로운 로드맵이다. 그의 목판화는 이 땅의 문화예술인과 학술인들의 게으름을 문책하고 이 땅의 정치·경제인들이 도대체 그동안 국토에서 무슨 짓을 벌여온 것이냐고 질책하는 새로운 질문이고 메시지이다.

내가 너무 문학적으로만 그의 미술을 이해하고자 한 것에 대해 양해를 구한다.

※ 안성에서 작업중인 김억 화백은 지난 3월 28일부터 5월 3일까지
예술마을 헤이리의 북하우스 아트스페이스와 갤러리한길에서 '국토백경' 전을 가졌다.
여기 소개하는 작품은 이 전시회에 출품한 것이다.

통영 미륵산
한지에 다색목판 Woodcut ed. 12
104×74cm 2008

백두산 비룡폭포
한지에 목판 Woodcut ed. 12
62×152.5cm 2008

담양 명옥헌(부분)
한지에 목판 Woodcut ed. 14(relif)
34.7×102.6cm 1998

안동 하회마을
한지에 목판 Woodcut ed. 12
90.0×179.0cm 1999

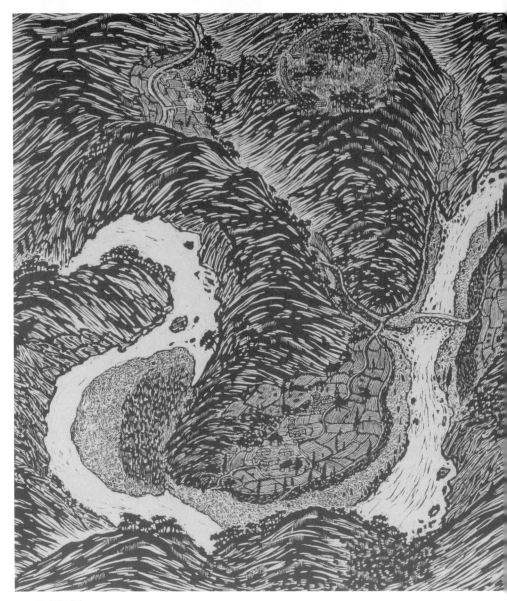

동강의 여정
한지에 목판 Woodcut ed. 7
121.8×64.8cm 2002

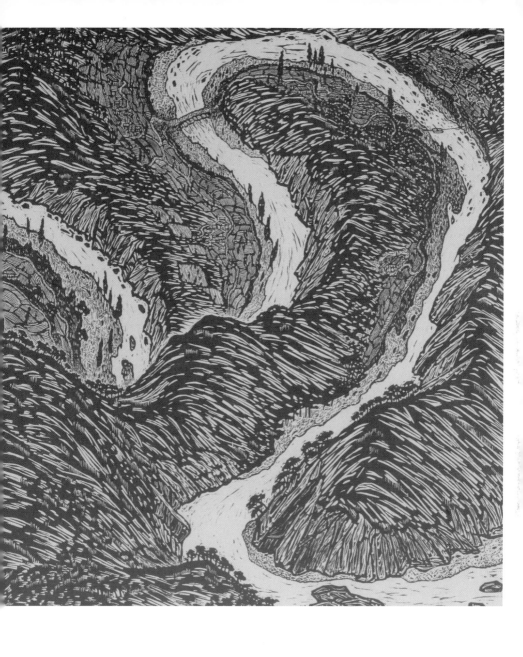

도산구곡(부분)
한지에 목판 Woodcut ed. 12
436.6×52.0cm 2005

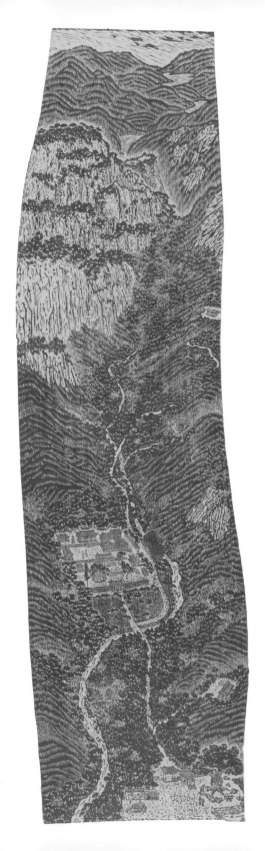

변산 내소사
한지에 목판 Woodcut(relif) ed. 9
37×128cm 1998

고창 선운사
한지에 목판 Woodcut(relif) ed. 12
45.0×183.6cm 1999

홍천 강변에서 20년

어느 지리학자의 주경야독 농촌생활기

최영준 고려대학교 명예교수 · 지리학

" 도시생활을 하던 사람이 농토를 소유하고자
한다면 우선 땅을 사랑해야 하고, 작물을 가꿀 체력이
있어야 하며, 누구에게나 농사일을 배울 겸손한 마음을
가져야 하고, 작물의 싹이 터서 자라는 과정을
애정을 가지고 지켜보는 인내력이 있어야 한다.
또한 농촌에 체류하는 동안에는 TV시청이나
요란한 음율 등 도시적인 오락 없이도 무료하다는
생각을 가져서는 안 된다. "

홍천강(洪川江) 중류의 협곡을 드나든 지 20년의 세월이 흐르자 내 기행(奇行)이 입소문으로 퍼져 여러 지인들로부터 글을 배운 자답게 소식을 전하는 것이 도리가 아니냐는 성화에 시달리게 되었다. 그러나 나는 문학도가 아니라 30년 이상 학생을 가르친 서생(書生)에 불과하여 주말을 시골에서 보냈다는 단조로운 신변잡기를 써서 남을 번거롭게 하지 않을까 두려워 망설여왔다.

그런데 대학 후배인 S대학의 류(柳) 교수가 보내준 라모트(A.H. de La Motte)의 『글쓰기 수업』을 읽으면서 '좋은 글쓰기는 진실을 말하는 것'이라는 구절을 발견하고 나서 20여 년간 써온 일기책을 살피던 중에 1993년 일기책 첫 쪽에 "계유(癸酉)년 정월 아내가 준 이 공책에 매일의 이야기를 쓰겠다, 그러나 사실이 아닌 것은 한 줄도 적지 않을 것이다"라고 적은 글 한 줄이 보였다.

주말을 홍천강 협곡에서 지내온 지난 20년을 돌이켜보니 어쩌면 내 삶이 이토록 단조로웠을까 하는 실망감도 없지 않아 일기책을 덮었다가 다시 펴기를 몇 차례 반복하였다. 학생을 가르치면서 동시에 내 공부를 하고 주말이면 어김없이 산골에 들어가 농작물을 가꾼 어설픈 농부의 생활 속에 흥미로운 모험담이나 극적인 사건이 담겨있을 리 없다.

내가 단조로운 생활에 빠져있는 동안 친구들 중에는 고관대작으로 또는 경제, 문화계의 저명인사로 성장한 인물들이 적지 않다. 또한 나와 같은 교수들 중에서도 대학의 보직을 맡거나 학회의 대표로 활약한 인재들이 많다. 그들 중 상당수는 폭넓은 사회생활을 하여서 고급스러운 취미생활도 즐겨왔음을 나는 알고 있다. 그런데 이제 은퇴하여 사회활동을 접게 되자 그들이 나를 부러워하니 이해하기 어렵다.

시골 생활을 처음 시작하였을 때 주변에서는 '정년보장을 받은 지 10년도 못 되어 벌써 안주하려 든다, 결국은 공부를 포기하는 것이 아니냐라고 우려하거나 '너무 일찍 은퇴준비를 한다'고 충고하는 이도 있었다. 학계의 선후배들로부터 '학회 참여를 기피한다'는 성토에도 시달렸다. 심지어 학생 중에도 내 연구실로 찾아와 '저서 한 권 출간하지 못하면서 왜 이 방을 차지하고 있는가?'라고 당돌하게 비난하는 녀석도 있었다.

그러나 나는 내 나름의 구실이 있었다. 만 49세 생일을 맞으면서 우연히 선친께서 조상님들 중에 마흔아홉 이상을 사신 분이 없다고 전전긍긍하시던 모습과 내가 벌써 그 나이에 도달하였다는 사실을 느끼게 되었다. 나는 이른바 '마흔아홉 고비'를 넘기고 나서 앞으로의 생애는 덤으로 사는 것이니 욕심을 버리고 좋은 글이나 읽으며 공부한 내용을 다듬고 사는 것이 바람직하리라는 생각을 갖게 되었다.

1990년 정초는 학생들을 인솔하고 전남 장흥군 방촌의 위씨(魏氏) 종택을 다녀온 지 불과 3개월이 지난 때였다. 높은 벼슬을 산 조상보다 5대 문집(文集)을 남겨주신 조상님들을 더욱 명예롭게 여기던 종손의 모습이 잊히지 않았다. 새해 덕담을 해주신 후 새해의 계획을 물으시는 스승님께 앞으로는 사회활동을 줄이고 조용히 살고 싶다는 생각을 말씀드렸더니 몹시 섭섭해 하시면서도 '설마 매달 한 번씩 가지는 학회모임에도 발을 끊지는 않겠지'라고 생각하시는 것 같았다. 그러나 나는 조용히 공부를 하기 위한 준비를 시작하였고 결심이 서는 즉시 은거지 탐색에 나섰다.

내가 둥지를 튼 강원도 춘성군(현 춘천시) 남산면 통곡리(내 아내의 건의로 개명하여 오늘날 산수리가 되었다) 논골은 홍천강 감입곡류(嵌入曲流)가 S자형으로 굽이치는 협곡 안에 자리 잡고 있다. 강을 경계로 한쪽은 춘성군, 건너편은 홍천군으로 나뉘지만 강변 사람들은 강의 양쪽을 오가며 농사를 짓고 있어 동일한 생활권에 속한다. 강 건너 산림도로의 가파른 고갯마루에서 내려다보면 삼면을 둘러싼 강줄기가 소의 혓바닥처럼 길게 남쪽으로 뻗어 있는데 이 U자형 물줄기에 갇힌 오른쪽은 다소 높고 서쪽과 남쪽은 경사가 완만하여 이쪽에 작은 논밭들이 분포한다.

우리 집은 이 서쪽 경사면의 작은 골짜기 안에 숨어 있다. 20년 전 나는 경춘국도로 김유정의 고향인 신남까지 와서 비포장도로로 홍천군 서면 사무소 소재지인 반곡에 이르러 하차한 후 약 2킬로미터의 농로를 걸어 홍천강에 도착하였다. 갈수기(渴水期)에는 여울을 걸어서 건널 수 있으나 평수위 때는 작은 마을 배를 타고 삿대로 강바닥을 찍으며 건넌 다음, 약 1.5킬로미터의 고갯길을 올라야 우리 집에 도착할 수 있었다. 이런 방식으로 나는 취사도구·식기·침구·식량 등을 등짐으로 나르며 2년 반을 다녔다.

고갯길을 내려오면 삼태기처럼 오목한 곳에 우리 집이 앉아 있고 오른쪽에 빈집 한 채, 그리고 이어서 노부부가 사는 작은 집 한 채가 있었다. 길은 이곳에서 끝나기 때문에 들어온 산길로 되돌아가든지 아니면 서쪽 여울을 건너 10여 리를 나가야만 큰 마을에 이를 수 있다. 그런 막다른 곳이라 낚시 안내지도에도 우리 집은 '외딴 집'으로 표시되어 있다.

우리 내외가 이 궁벽한 골짜기의 농토가 딸린 농가를 구입하자 친척이나 친구들 중에는 어리석음을 조롱하는 사람들도 적지 않았다. '장래성도 보이지 않는 궁벽한 오지에 아까운 돈을 쓸어 넣지 말고 차라리 이재(理財)에 밝은 아무개에게 맡기지 그러느냐'는 핀잔도 들었다. 그러나 이곳은 우리 내외가 개발의 가능성이 가장 없어 보이는 곳으로 점을 찍어 선택한 곳이다. 이 협곡의 남쪽 언덕 위로 지나는 험한 산림도로에 서면 웅장한 홍천강의 협곡이 한눈에 조망(眺望)된다. 우리는 이 언덕 아래에 펼쳐지는 수려한 경관에 취한 상태에서 협곡 속의 한 부분을 취하기로 마음을 정하였으니 어느 누가 비판을 해도 들을 생각이 없었다.

신혼 초에 우리 내외는 서울 도심에서 20~30킬로미터 정도 떨어진 곳에 터를 잡아 아내의 작업실과 내 서재 그리고 침실 하나를 갖춘 집 한 채를 짓고, 작은 텃밭을 일궈 채소를 가꾸며, 마당 주위에는 아내가 좋아하는 화초를 심고, 한두 그루의 감나무와 모과나무를 키우며 살리라는 꿈을 가지고 있었다. 우리의 소망을 실천하려면 대지 면적이 적어도 100평은 되어야 하는데 서울지역 내에서 그 정도의 집터를 소유한다는 것은 지나친 욕망이었다.

강남시가지 개발의 초기인 1970년대 초 양재천 남쪽은 전답, 과수원 등이 그대로 보존된 시골이어서 몇 년간의 불편을 감수하면 우리의 작은 소망을 이룰 수 있었다. 다만 동대문구의 집에서 그곳까지 가려면 천호동을 경유하고 다시 하루 네 번 왕복하는 천호동~세곡동행 소형 버스를 타고 가서 또 도보로 30분을 걷는 번거로움이 문제였다. 한 번 왕복에 꼬박 한나절이 소요되지만, 혹시 시내까지 연결되는 직선도로가 개통되지 않을까 하는 희망을 가지고 느긋하게 지켜보기로 하였다. 그런데 나는 서울시 도시계획 입안자들의 웅대한 계획과 안목을 간파할 능력이 없었다. 그들은 양재천 유역 일대를 생산녹지로 정하고 거의 20년간 개발제한조치를 시행했다. 강남시가지가 양재천 북안까지 도달한 1989년 여름, 서울시는 생산녹지 규제를 해제하는 동시에 모든 토지를 수용하여 아파트 단지로 개발하기 시작하였다.

이로써 우리는 텃밭이 딸린 작은 집을 갖겠다는 꿈을 접을 수밖에 없었다. 우리 내외는 20여 년간 꾸준히 꾸며왔던, 우리의 꿈을 실천할 수 있는 새로운 장소의 탐색에 나섰고, 드디어 홍천강 중류의 협곡에서 우리의 이상향(理想鄕)을 찾았다.

세상이 혼란스럽고 삶이 번거로울 때 인간은 흔히 이상향을 그리워한다. 이상향은 신이 인간을 위해 마련해놓은 땅이 아니다. 사람마다 이상향에 대한 기준이 다르니 신인들 그 많은 이상향 탐색자들의 욕구를 만족시킬 수 있겠는가! 그래서 서양인의 유토피아(utopia)는 세상에 존재하지 않는 땅일 수밖에 없고, 우리 선조들의 이상향은 이중환(李重煥)의 『택리지』(擇里志)에

우리 집은 홍천강 감입곡류가 S자형으로 굽이치는 협곡 안에 자리하고 있다.
사진 왼쪽 도로 밑 숲에 가려 우리 집은 보이지 않는다.

서 언급한 바와 같이 지리 · 생리 · 인심 · 산수의 네 가지 조건을 참작하여 복지(福地), 길지(吉地) 등으로 판단할 수밖에 없었다. 결국 동서양 어느 쪽에서나 인간을 완전하게 만족시킬 만한 이상향은 없다는 결론을 내리는데, 다만 전자는 인간 스스로 자연을 개조해서라도 이상향을 창조하겠다는 의지를 보이는 반면 후자는 가능한 한 자연을 훼손하지 않으면서 기(氣)가 허한 곳에는 나무를 심거나 못을 파거나 작은 동산을 만들거나 또는 탑을 쌓아서 스스로 구상한 이상향을 창조하는 것이었다. 우리나라 시골 어느 곳에서나 쉽게 볼 수 있는 작은 숲, 인공 못, 조산(造山), 돌탑 등은 한국적 이상향과 관계가 깊은 비보문화경관(裨補文化景觀)이다.

나의 홍천강 협곡 출입에 또 하나의 구실이 따랐음을 밝히지 않을 수 없다. 1980년대부터 1990년대 초까지 대학은 민주화운동으로 조용한 날이 드물었다. 교내 어느 곳이나 최루가스에 찌들어 숨을 쉬기가 불편하였고, 화염병에 그을린 앙상한 관목들과 교정에 굴러다니는 깨어진 시멘트 블록을 보노라면 서글픈 생각이 들었다. 더욱 쓸쓸한 일은 공부에는 게으르면서도 투사인 체하며 좋은 성적을 구걸하던 한심한 운동권 학생들을 가르치는 것이었다. 나는 군부독재를 지지하는 속칭 보수 골통은 물론 아니지만 그렇다고 헤프게 성적을 평가하는 너그러운 선생도 아니었다.

중등학교 교사생활을 접고 늦은 나이에 외국 유학을 마치고 돌아와 어렵게 교수직을 얻었을 때 나는 최선을 다하여 제자를 양성할 것이며 부지런히 공부하여 좋은 글을 쓰리라고 다짐했었다. 그런데 1990년 초 문득 오래 전에 읽었던 토머스 하디(T. Hardy)의 『광란의 속세를 떠나서』(*Far from the madding crowd*)라는 소설의 제목이 생각났고, 교직에 대한 회의도 갖게 되었다. 나의 건강검진을 했던 어떤 의사는 여러 부문에서 검사 결과가 음성으로 판정되었으므로 방역차원에서 여러 가지 예방주사를 맞아야 한다고 권한 바 있는데, 그 탓인지는 몰라도 나는 유독 최루가스나 도시의 매연을 견디기 힘들었다.

그러나 대도시에서 평생을 살아온 내가 도시를 완전히 탈출한다는 것은 불가능하였다. 소로(H.D. Thoreau)도 월든(Walden) 호반의 생활을 2년 2개월 만에 접었고, 다니엘 디포(D. Defoe)의 로빈슨 크루소 역시 외딴 섬을 벗어나 문명세계로 돌아와서야 정상적인 인간이 되지 않았던가!

많은 갈등 속에서 내린 결론은 월요일부터 목요일까지 서울에 머물며 열심히 가르치고, 금요일부터 일요일까지는 시골에서 땅을 사랑하는 생활을 하기로 마음을 정한 것이다. 간혹 시골을 찾지 못한 주말도 있으나 방학 때나 연휴에는 체류일이 길었으므로 연평균 120일 정도를 시골에서 보낸 셈이니 19년분을 합산하면 6년이 넘는다. 더구나 최근에는 우리 내외가 함께 강원도민이 되었으니 아무리 내 생활이 단조로웠다 할지라도 간단한 입출협기(入出峽記)정도는 적을 수 있을 것 같다.

지난 해 어느 날 우연히 다산(茶山)의 『여유당시집』(與猶堂詩集)의 「천우기행권」(穿牛紀行卷)에서 「협곡을 나오며」(出峽)라는 시를 읽게 되었다. 이 시는 다산이 춘천 여행을 마치고 북한강(옛 이름은 신연강新淵江이다) 협곡을 내려오면서 쓴 것인데, 홍천강은 북한강의 큰 지류로 두 물길의 지형이 비슷하고 수년간 내가 다닌 길도 북한강변의 도로였기 때문에 느낀 바가 적지 않았다.

협곡을 나오니 하늘과 땅은 웅대하고
배를 비끄러매니 초목은 고요하다
먼 산봉우리의 솔방울은 검고
맑은 물가에는 인동초 잎이 푸르다
물 위로 갔다가 다시 돌아가니
속세에 취해 깨지를 못하여

시절을 슬퍼한들 어쩔 것인가
머리 희도록 경전이나 파련다

出峽乾坤大　維舟草木停
遠峯松點黑　晴渚鷺絲靑
水上來還去　人間醉不醒
悵時竟何補　頭白且窮經

『택리지』에서 이중환은 영서지방은 산세가 웅장하고 수려하나 평야가 적고 협소하기 때문에 이 지방 사람들은 순박하지만 답답하고 어리석다고 평한 바 있다. 북한강 골짜기는 경승지가 많지만 해가 늦게 뜨고 일찍 질 정도로 좁다. 번잡한 속세를 벗어나 아늑한 자연의 품에 안겨 심신의 피로를 풀고자 자주 북한강 유역을 찾았던 다산도 결국은 고향인 마재(현 남양주 조안면 능내리)로 돌아와서야 비로소 넓게 열린 들과 드높은 하늘을 바라보며 가슴이 확 트이는 느낌을 받았을 것이다. 다산과 같은 현자에게도 협곡의 경승지는 나들이 공간에 지나지 않았으며 영원한 삶의 터전은 되지 못하였다. 송구스럽게도 나는 다산의 시에서 그럴듯한 구절을 찾아 나의 주말 나들이 기록을 '입출협기'라 부르기로 하였다.

다산의 춘천 나들이에는 적어도 열흘 이상이 소요되었을 것이지만 나는 자동차라는 문명의 이기 덕분에 처음에는 왕복 열 시간 정도를 소비하였으나 도로가 정비되면서 점차 여덟 시간, 여섯 시간으로 단축되었으며 현재는 네 시간 만에 다녀올 수 있게 되었다. 경춘고속도로가 개통되면 세 시간도 걸리지 않을 것이다. 마을 사람들은 내가 뜨내기처럼 들락거리기를 중단하고 영원한 협곡인이 되기를 갈망해왔던 바 금년 봄에는 용단을 내려 많은 불편을 감수하기로 하고 강원도민이 되었다. 최근 마을의 농지위원과 반장의 추천으로 농업경영인 등록을 마침으로써 퇴직 후 무직상태에서 당당하게 농민의 자격을 얻었다.

한문은 좀 아슈?

군복무 때나 유학시절이나 나는 어디를 가든 우선 주변 정찰에 착수한다. 마을 주변의 지형과 지명을 익혀두는 일은 험준한 고갯길이 많은 이 산골길을 안전하게 여행하는 데 많은 도움이 될 뿐만 아니라 여행을 지루하지 않게 하는 효과가 있다. 집중호우가 쏟아지거나 폭설이 내리는 날 고갯길이 막히는 경우가 잦아 나는 자동차에 삽·낫 등의 도구를 항상 싣고 다녔다. 1:1,200 대축적지도를 준비하여 마을 사람들을 만나면 지도상에 누락된 지명을 찾아 기입하는 일은 또 하나의 즐거움이었다. 이러한 과정에서 나는 자연스럽게 이웃을 사귀었다.

내가 가장 먼저 만난 이웃은 내가 구입한 밭을 경작해온 K노인이고 그 다음으로 마을 반장인 C씨와 그 옆의 L씨이다. 이장 및 농지위원들은 6킬로미터나 떨어진 큰 마을에 살고 있어 나중에야 만나게 되었다. K노인은 본래 강 건너의 홍천군 서면 개야리 주민인데 이곳의 빈집에 거주하면서 남의 땅을 빌려 농사를 짓는다고 하였다. 70대 초반의 나이에도 골격이 바르고 건장해 보이는 그는 내가 Y씨의 집과 토지를 구입한 사람이라고 했더니 방으로 불러들인다. 옛날 집이라서 허리를 구부리고 방안에 들어섰는데 천장이 낮아 쪼그리고 앉을 수밖에 없다.

그가 단도직입적으로 도지(賭地)에 대한 얘기를 꺼내기에 나는 도지 대신 우리의 부재 중 집을 보살펴줄 것과 봄에는 위쪽의 밭 300여 평을 갈아달라는 조건을 제시했더니 대만족이다. 임대 협상을 마치고 나오며 전화번호와 주소 그리고 K노인의 이름을 적어달라고 청하자 그는 메모지를 건네며 "한문을 좀 읽을 줄 아슈?"라고 묻는다. 아마도 그는 자기의 이름 석 자를 내가 해득하지 못할까 염려스러웠던 모양이다. '예, 조금은 읽을 줄 압니다'고 대답하고 그의 집을 나섰다.

이후 K노인은 우연히 내가 K대학 교수라는 것을 알고 난 후 마음이 불편했던 모양이지만 나는 내 신분을 드러내지 않고 조용히 지내려고 조심하였다. 시골에 갈 때는 작업복을 차려입었고 만나는 마을 사람들에게는 먼저 인사를 하였다. 이장이 거주하는 큰 마을에는 50여 호가 있고 홍천군 서면 사무소 소재지인 반곡리에 50~70호, 뒤뜰에 20여 호가 분포하고 우리 집 인근에는 서너 집이 있을 뿐인데, 몇 년을 지켜보아도 내 또래나 나보다 젊어 보이는 사람은 10여 명에 불과하고 대부분이 60~70대였기 때문에 그들에게 먼저 인사하는 것이 전혀 마음의 부담은 되지 않았다. 그러나 마을 사람들에게 나는 여전히 주말에 잠깐 찾아왔다가 돌아가는 젊은 서울 사람에 지나지 않았던 모양이다.

2~3년이 지난 어느 날 대학원 신입생과 대화를 나누다가 우연히 그가 우리 마을과 불과 6~7킬로미터 떨어진 어유포리(魚遊浦里) 출신이라는 사실을 알게 되었다. 더구나 그는 나와 동성동본이며 인근에 문중에서 설립한 서원이 있어 해마다 봄에는 홍천강변 언덕에 있는 입향조(入鄕祖)의 묘역에서 거행되는 시제에 참석한다니 더욱 반가웠다. 이후 대학원생 C씨는 수시로 가족과 함께 우리 집을 찾아왔고 때로는 자신이 지도하는 고교생들을 데려와 모내기를 돕기도 하였다. 그는 이 마을의 유일한 중학교인 K중학 출신의 수재였기 때문에 인근 10여 킬로미터 안에서는 많이 알려진 인물인지라 그를 통해 내 신분이 조금씩 알려지게 되었다. 이 사실은 내가 이 마을에 적응하는 데 큰 도움이 되었다.

K노인을 비롯한 몇몇 연장자들은 "나도 G리의 초등학교에서 교수생활을 해보았다"거나 "내 조카도 강원도의 양구에서 교수직을 맡고 있다" 하였고 "마을 입구에 C시의 중학교에서 교수를 하는 사람이 들어와 새로 집을 지었

다"는 말을 들려주었다. 이들은 초중등학교 교사와 대학교수의 차이점을 분간하지 못하고 있음이 분명하지만 내 스스로 그 점을 설명하고자 나선다면 오해를 불러일으킬 염려가 있었다.

시골 사람들은 도청이나 시청의 공무원들, 심지어 면 직원들에게까지 경외감을 가지고 있는 반면 선생은 어려워하지 않음을 나는 알고 있다. 그런데 우리 부부가 S대학 출신으로 외국 유학을 다녀온 교수 부부라는 사실이 알려지면서 마을의 어떤 분이 자녀의 진학을 의논하고자 했을 때 나는 C시의 K대학이나 H대학 외의 학교에 대해 전혀 모르는 그들에게 적절한 조언을 하기가 쉽지 않았다.

농사일 배우기

몇 해 전 사업에 실패한 어떤 선배가 입버릇으로 시골에 가서 농사나 짓겠다더니 남 보기가 민망했던지 어느 날 갑자기 부인과 세 자녀를 데리고 잠적하였다. 그런데 한 해도 못 넘기고 그는 완전한 빈털터리가 되어 서울로 돌아왔다. 오랜만에 다시 만났을 때 그의 손을 만져 본 나는 그가 낫이나 호미 한 번 잡아보지 않았음을 짐작할 수 있었다. 때때로 시골로 찾아온 친구들이나 지인들 중에는 내 농토가 넓으니 일부를 자기들에게 양도하라고 한다. 그런데 이해할 수 없는 일은 내가 가장 정성을 들여온 밭을 탐내고 또 자신들은 수확만 하고 밭갈이·파종·김매기 등의 관리는 내게 맡기겠다는 점이다. 다시 말하면 나를 마름으로 삼겠다는 것이다.

도시생활을 하던 사람이 농토를 소유하고자 한다면 우선 땅을 사랑해야 하고, 작물을 가꿀 체력이 있어야 하며, 누구에게나 농사일을 배울 겸손한 마음을 가져야 하고, 작물의 싹이 터서 자라는 과정을 애정을 가지고 지켜보는 인내력이 있어야 한다. 또한 농촌에 체류하는 동안에는 TV시청이나 요란한 음율 등 도시적인 오락 없이도 무료하다는 생각을 가져서는 안 된다.

토머스 모어의 『유토피아』를 보면, 모든 농산물은 시골에서 완전하게 다듬어 도시로 출하하기 때문에 도시에서는 쓰레기의 양을 줄이고 농촌에서는 채소의 잎·줄기 등의 폐기물로 퇴비를 만든다고 하였다. 나는 콩깍지·옥수수대·깻단 등은 물론 고구마·감자줄기·무잎 등을 모두 퇴비구덩이에 넣었고, 서울에서 음식물 찌꺼기까지 운반하여 퇴비에 섞었다. 다산은 "분뇨 한 말은 쌀 한 말과 같다"고 하였기에 분뇨도 모아서 퇴비간에 넣었다. K씨와 C씨는 몇 두의 소를 키웠기 때문에 봄에는 이 두엄을 밭에 뿌려 지력을 높이고 있었으나 이들로부터 거름을 얻어 쓸 생각은 감히 하지 못하였다. 시골에서 거름은 무척 귀한 것이기 때문이다.

나의 퇴비 생산 작업은 연중 계속되었다. 때로는 양계장에서 계분을 퍼오고 정미소에서 왕겨를 얻어다가 섞기도 하였다. 나의 승용차에서는 계분 냄새가 나고 좌석 구석에는 왕겨가 붙어 있어 내 차를 타는 사람들 중에는 역한 냄새 때문에 코를 벌름거리기도 하였다.

몇 해 동안은 왕겨와 계분을 얻을 수 있었으나 어느 날 갑자기 방앗간과 양계장에서 자신들이 발효퇴비를 만들 계획이라며 공급을 거절하였다. 이로써 나는 예초기로 밭둑의 잡초를 벤 후 이것을 퇴비원료로 사용하였다. 그러나 이 방법만으로는 필요한 양의 퇴비생산이 불가능했기 때문에 벼농사를 시작하였다. 소형 정미기를 구입하여 필요할 때 벼를 도정하니 일 년 내내 햅쌀 같은 밥을 먹을 수 있다. 왕겨는 퇴비를 만드는데 쓰고 등겨는 논에 직접 뿌렸다. 볏짚은 밭고랑에 깔아 저절로 썩어서 퇴비가 되도록 하였다.

퇴비는 수시로 뒤집어주어야 한다. 위의 것을 밑으로, 밑의 것을 위로 옮기며 뒤섞기를 되풀이하면 점차 썩어서 토양처럼 분해되는데, 퇴비간에서는 뜨거운 김이 무럭무럭 나며 메주 뜨는 냄새를 풍긴다. 처음에는 이 냄새가 역하게 느껴지더니 점차 구수하게 생각되었다. 내가 진짜 농부가 되는 과정에 들어선 것이다.

처음 K노인에게 밭갈이를 부탁했을 때 그는 토양이 너무 딱딱하다고 불평했었다. 소가 끄는 쟁기로 대충 간 밭은 큼직한 흙덩이가 부서지지 않아 괭이와 고무래로 잘게 부숴야만 파종이 가능하였으며 자갈을 골라내어야 호미질이 용이하였다. 그런데 몇 년 동안 퇴비를 투여했더니 토양이 부드러워지고 색깔도 검은 색을 띠게 되었다. 땅을 파보면 굵직한 지렁이와 굼벵이들이 와글거리니 이제는 땅이 되살아난 것이다. 이웃에서는 보통 밭 한 마지기에 발효퇴비 10~15포, 화학비료 몇 포씩 살포하는데 나는 농협에서 배포하는 2포 외에는 내가 만든 퇴비만 사용했다.

며칠 동안 폭우가 계속된 후 바로 폭염이 쏟아지면 습한 토양 속에서 젖어 있던 작물들이 찜통더위를 견디지 못하여 병에 걸리기 쉽다. 대표적인 작물은 고추와 참깨이다. 온 마을의 고추밭이 대부분 탄저병 피해를 입었는데, 다행히 우리 밭은 몇 그루의 고추만 말라 죽었고 참깨는 멀쩡하다. 이를 눈여겨 본 K노인과 C씨가 찾아와 무슨 거름을 쓰기에 몇 해 동안 피해를 입지 않느냐고 묻기에 내 자신이 만든 퇴비를 주었고 화학비료는 전혀 쓰지 않았으며 밭고랑에 묵은 김치 국물을 물로 희석하여 뿌렸을 뿐이라고 하였다. 그들은 상당량의 화학비료를 써왔으며 거의 매주 밭의 잡초를 제거하기 위해 제초제를 살포하고 있으나 나는 밭갈이 후 고랑에 볏짚을 깔아 잡초가 웃자라지 못하게 예방해왔다.

내 밭에는 아무리 김을 매도 늘 잡초가 무성하여 K노인은 우리 밭의 잡초 씨앗이 자기 밭으로 날아드니 제초제를 사용하라고 윽박지르지만 나는 못 들은 체하고 버텨왔다. 그러한 내 고집이 통하여 그들도 제초제 사용량을 줄이기 시작하였다. 우리 밭에는 지렁이와 토양의 미생물이 풍부하기 때문에 비료를 덜 써도 농사가 된다는 사실을 뒤늦게 깨달은 것이다. 나 같은 어설픈 농군에게는 탄저병이 별로 큰 타격이 되지 않는다. 그러나 농사가 생업인 이들에게 빨갛게 익어가던 고추가 시꺼멓게 변색하고 줄기가 썩으면서 역한 냄새까지 풍기는 광경은 가슴 아픈 일일 것이다.

평소에 K노인, C씨, 그리고 Y씨는 나의 농사 선생님이었다. 작물의 파종 적기를 몰라 6월에 심어야 할 콩을 4월에 심는 등 시행착오를 겪으며 그들에게 핀잔도 들었고 조언도 많이 받았다. 그런데 이제 나는 왕겨로 퇴비를 만들고, 볏짚으로 밭고랑의 잡초성장을 억제하는 효과를 얻었다. 효과가 있는지 모르지만 묵은 김치국물로 탄저병을 예방한다는 교육을 그들에게 시켜주었다. 더욱 중요한 사실은 제초제에 크롬이라는 중금속 성분이 함유되어 있는데 이것이 작물의 뿌리를 통하여 열매·줄기·잎 등에 축적되고, 이 농산물을 먹으면 인간의 몸에 쌓여 병에 걸리게 된다는 점을 이해시킨 것이다. 때마침 월남전 참전용사로서 고엽제 피해자(장애 5급)인 P씨가 최근 전입하여 제초제가 고엽제와 비슷하게 위험하다는 사실을 납득시킬 수 있었다.

대부분의 여성들은 피부를 보호하기 위하여 화장을 한다. 화장품을 잘 사용하면 화장효과를 보지만 잘못 사용하면 피부질환에 걸리기 쉽다. 마찬가지로 유기질 퇴비와 같은 좋은 화장품이 있는가 하면 제초제와 같은 해로운 화장품이 있는 것이다. 화학비료는 효과가 빠른 화장품이지만 오래 사용하면 토양을 노화시킨다. 다시 말하면 자기 농토를 사랑하는 농부라면 거름도 함부로 쓰지 않는다.

잡초 하나 없이 깔끔하게 정리된 밭은 보는 사람을 즐겁게 한다. 어느 날 인근 C시 소재 K대학 교수인 후배가 찾아와 내 밭을 보고 '엉성하다'는 평을 하였다. 나는 그의 말대로 엉성한 농부임을 부정하지 않는다. 호미로 밭의 잡초를 말끔히 정리한다면 더 이상 바람직한 일이 없을 터이지만, 그러나 제초제를 사용하여 밭을 깨끗이 할 의사도 없다.

우리가 재배하여 먹는 모든 농산물은 거의 대부분 잡초를 조상으로 한다. 신석기시대 이래 인간은 거주지 주변 쓰레기더미에서 싹이 튼 잡초 중에 우량종을 골라 재배해왔고, 그러다가 잡종교배종과 돌연변이종을 발견하여 농작물로 만들었다. 이 과정에서 인간에 의해 길들여진 농작물들은 유전인자가 바뀌어 원조인 잡초와 비슷하면서도 다른 모양을 갖게 되었다. 인간의 필요에 따라 열매가 큰 것, 잎이 탐스러운 것, 뿌리가 굵은 것 등의 각종 농작물이 탄생되어 보살핌을 받고 있는데, 이러한 농작물들은 잡초의 입장에서 보면 기형이자 나약한 존재에 불과하다. 때문에 농작물은 인간의 보살핌 없이는 제대로 자라지 못한다.

과잉보호 속에서 자란 인간은 성장하여 험한 세상에서 제대로 적응하지 못하는 경우가 많다. 바람직하지 못한 환경에서 아이들, 가난한 집 아이들, 품성이 바람직하지 못한 아이들과도 함께 섞여서 성장하는 가운데에서 아이들은 판단력·지혜·인내력 등을 길러 사회적응력을 높일 수 있을 것이다. 식물의 세계에서도 유사한 점을 발견할 수 있다. 나는 잡초가 적당히 섞인 밭에서 재배된 채소가 제초제로 잡초를 몰살시킨 밭에서 자란 채소보다 더 건강하고 맛이 있을 것이라고 생각한다.

내 아내는 텃밭 고랑에 자라는 참비름·돌나물·냉이·씀바귀·민들레 등을 채취하여 향기로운 밥상을 차린다. 논둑에서는 달래를 캐고 쑥을 뜯는다. 이러한 야생 잡초들이 재배한 채소보다 향이 짙다는 사실을 나는 간과하지 않는다. 15년 전 내 연구실을 찾아왔던 영국학자에게 들나물, 산나물로 차린 밥상을 대접했더니 맛있게 먹으며 냉이·달래·부추·두릅·취 등을 집어 들고 차례로 이름을 물으며 모두가 작물인가를 물었다. 그 많은 나물 중에 내가 영어 명칭을 아는 것이 몇 가지에 불과하지만 최근 재배되기 시작한 식물이 무엇인지는 알려줄 수 있었다.

달레(C. Dallet)의 『한국 천주교회사』를 보면 19세기에 한국에서 선교활동을 했던 프랑스 신부들은 우리나라에서 재배되는 채소의 종류가 적고 맛도 없다고 쓴 구절이 보인다. 고추·호박·감자·토마토 등은 본래 아메리

옛 어른들이 벼 이외의 농사를 허드레 농사라 했듯이
나도 논에 가장 많은 정성을 쏟는다.

카대륙의 원주민들이 재배했던 작물인데 17~18세기에 도입되어 우리의 식생활에 큰 변화를 주었다. 아마도 당근·양파·순무·양배추 등은 그 이후에 들어왔을 것이다. 1980년대 이후로는 샐러리·브로콜리·케일·아스파라거스·피망 등 이름도 생소한 서양의 채소들이 우리의 식생활 서구화와 보조를 맞추었다.

나는 외국 여행의 기회가 생기면 반드시 종묘상을 찾아 우리나라에서 구하기 어려운 채종을 구하였는데, 실크로드 지역의 멜론은 고온 건조한 중앙아시아만큼 일조량이 많지 않아 당도가 떨어졌으나 웬만한 채종은 거의 시험재배에 성공하였다. 그러나 씨앗을 받아두지 않아 버터넛(butter nut, 조롱박 모양의 단호박), 핑크색 샐러드용 무, 두 종류의 토마토를 제외한 대부분의 채종은 씨를 받아놓지 못하였다.

20년의 농촌 생활에서 전반 10여 년 동안은 마을 어른들로부터 기본적인 농사일을 배우는 기간이었다면 후반 10년은 우리나라 타 지역에서는 재배되지만 이 마을에서는 볼 수 없는 토란·순무·보라색 고구마·황색고구마(호박고구마)·양파 농사를 짓는 한편 외국종의 당근·샐러드용 무·토마토 등 10여 종의 신 작물을 시험재배 한 기간이었다. 해마다 나는 30여 가지나 되는 작물을 1,000여 평에 파종하니 밭이랑이 마치 모자이크처럼 복잡하다. 그러나 옛 어른들이 벼 이외의 농사를 허드레 농사라 했듯이 나도 논에 가장 많은 정성을 쏟는다.

농촌의 쓰레기와 환경 교육

도시에 사는 사람들이 시골을 찾는 이유 중의 하나는 쾌적하고 오염되지 않은 환경 때문일 것이다. 농촌이 도시보다 공기가 깨끗하고 수질이 좋다는 점은 나도 부정하지 않는다. 그러나 시골생활 20년을 돌이켜보건대 우리의 시골도 많이 병들고 망가졌다. 이는 산업화 및 도시화가 몰고 온 증세이다.

도시 사람들 중에는 시골을 마치 쓰레기 처리장 정도로 생각하는 자들이 적지 않을 것이다.

구미 선진국은 우리보다 먼저 환경오염의 확산으로 인한 피해를 경험하였으나 오늘날에는 쾌적한 환경을 되찾았다. 영국·프랑스·독일·스위스 등 선진국에서는 도시 주변 지역을 관광 및 휴양지로 활용하고 있으며 원시 환경이 잘 보존된 지역은 국립공원이나 자연보호지역으로 지정하여 관리하고 있다. 시민들은 지정된 길로만 통행하고 지정된 장소에서만 취사 및 야영을 하며 아무데나 쓰레기를 버리지 않는다.

나는 홍천강변의 협곡이 끝까지 한국의 오지로 남기를 기대했었다. 1990년 중반까지 강을 따라 아름다운 황금빛 모래밭이 길게 이어졌고 맑은 강물에 들어서면 물고기들이 발등을 간질이면서 놀았다. 황소가리·누치·종개·모래무지 등의 물고기들이 견지낚시에 걸려 은빛을 번쩍이며 몸부림치는 모습을 볼 수 있었다. 얕은 물가에는 다슬기들이 모래밭을 덮을 정도로 많았다. 이른 봄부터 초겨울까지 강물이 얼지 않는 계절에 청둥오리·원앙이·왜가리 등의 철새들이 계절을 바꾸어 찾아오는 이유는 아마도 먹이가 많기 때문일 것이다.

어느 날 몇 명의 제자들을 데리고 강변 모래밭에 누워 밤하늘을 바라보며 별 구경을 시켜주었다. 높은 하늘의 한가운데를 지나는 은빛 띠가 무엇인지 아느냐고 물었더니 서울에서 나고 자란 이 젊은이들은 그것이 은하수임을 전혀 짐작하지 못하였다. 그들은 초등학교에서 이미 교과서를 통하여 은하수에 대한 공부를 했으나 서울의 하늘이 오염된 대기로 덮여있는데다가 강한 불빛마저 은하수를 삼켜버리기 때문에 실제로 이 무수한 별의 강을 볼 기회가 없었을 것이다. 상당수의 학생들은 산야의 잡초는 물론 밭에 자라는 농작물 이름도 거의 모르고 있다. 그들에게는 이른바 '이름 모를 잡초'가 너무 많다.

나는 학생들을 인솔하고 답사를 할 때면 으레 밭에 서서 농작물의 이름을 물었기 때문에 이를 눈치 챈 그들은 나를 피해 먼 길로 돌아간다. 감자 잎을 보고 깻잎이라고 하는 녀석은 애교로 보아주지만 벼가 잘 자라고 있는 논을 보고 잔디밭이 좋으니 쉬었다 가자는 학생을 보면 한심한 생각이 든다. 심지어 벼를 쌀 나무라고 부르는 학생도 있다. 장차 우리 사회의 지도층 인재가 될 대학생들의 식물에 대한 지식수준이 이 정도로 박약한 점은 우려할 만한 일이다.

외국에서 경험한 몇 가정의 예를 생각해본다. 미국 사우스캐롤라이나의 작은 대학에 근무한 어떤 친구의 가족과 애팔래치아 산록으로 피크닉을 간 적이 있다. 10여 세의 교수 아들은 지적 호기심이 대단하여 숲 속의 나무와 풀에 관한 질문을 끊임없이 제 부모에게 쏟아놓는데, 음악과 교수인 소년의 부모는 거의 막힘없이 상세한 설명을 해주었다. 독일 프랑크푸르트의 은행에 근무하는 친구도 어린 딸들과 함께 개울 속에서 헤엄치는 물고기와 곤충을 관찰하면서 자기 가족들은 자연애호가라고 하였다. 그들은 야외로 피크닉을 갈 때 간단한 도시락을 지참하여 돌아올 때는 쓰레기를 모두 걷어가지고 왔다. 웬만하면 숲속에서 고기를 굽지 않는데 그 이유는 육식동물들은 바비큐 냄새를 맡고 달려들기 쉽고 초식동물들은 동료들의 살이 타는 냄새에 혐오감을 느낄 가능성이 있기 때문이라 하였다.

우리나라의 강변과 산과 바닷가는 주말과 휴일에 몰려드는 인파로 몸살을 앓는다. 홍천강 수위가 낮아지면 강가의 자갈밭까지 차를 몰고 들어가 천막을 치고 야영을 하며 물이 불으면 강변 밤나무 숲에 자리를 잡는다. 특히 춘천과 대명스키장 간의 도로가 포장된 후에는 봄부터 가을까지 강변의 빈 곳은 물론 농로까지 서울과 수도권에서 몰려온 차들이 진을 친다. 때로는 좀더 물에 가까운 자리를 잡겠다고 모래밭을 침범한 차들이 메마른 모래에 빠져 발버둥치는 광경을 목격하게 된다. 운전자는 액셀러레이터를 밟고

" 오염이 덜 된 이 비경을 찾는 이들이 늘면서 오지 중
의 오지였던 이 협곡은 이제 신비로운 베일이 벗겨진
것이다. 좁은 국토에 너무 많은 사람들이 살기 때문이
라고 말하는 사람도 있겠지만 나는 우리의 도시 사람
들이 자연에 대한 경외감이 너무 박약하기 때문이라
고 생각한다. "

일행들은 뒤에서 밀어보지만 차바퀴는 더 깊이 빠질 뿐이라 농민들을 찾아와 경운기로 끌어내주기를 원한다.

놀이패가 다녀간 강변은 온통 쓰레기더미가 된다. 이들은 먹고 남은 음식물쓰레기, 포장용 비닐 따위를 수거해가지 않고 밭 가장자리나 모래 및 자갈 속에 숨겨놓는다. 분뇨까지 그런 방식으로 처리하기 때문에 여러 종류의 파리 떼들이 몰려든다. 행락객들이 먹다가 내버린 수박에 수십 마리의 파리들이 붙어있는 광경을 보면 소름이 끼친다. 지정된 캠프장을 설치해주지 않아서 어쩔 수 없다는 사람들도 있으나 이 협곡은 본래 도시의 행락객들에게 개방된 장소가 아니었다. 그런데 이른바 여행전문가라는 신종 직업을 가진 모험가들의 과장된 선전으로 오염이 덜 된 이 비경을 찾는 이들이 늘면서 오지 중의 오지였던 이 협곡은 이제 신비로운 베일이 벗겨진 것이다. 좁은 국토에 너무 많은 사람들이 살기 때문이라고 말하는 사람도 있겠지만 나는 우리의 도시 사람들이 자연에 대한 경외감이 너무 박약하기 때문이라고 생각한다.

우리나라의 도시화는 불과 30~40년 전부터 시작되었다. 다시 말하면 수도권의 1,400여 만 인구 중 8할 이상은 시골 태생이거나 그들의 자녀들이다. 그들은 대부분 자기의 고향을 찾아갈 때 마을 입구에서부터 몸과 마음을 정돈하는 조심성을 보이면서도 남의 고향에서는 예절을 지킬 줄 모른다. 그들은 강변에서 고기를 굽고 술을 마시며, 노래방 기기까지 싣고 와 시끄럽고 템포가 빠른 유행음악을 틀어놓고 몸을 비틀며 고성방가를 한다. 자연을 이해하고 관찰하며 자연의 품에 안겨 잠시나마 복잡한 도시생활에 찌들었던 심신의 피로를 풀기 위한 수양의 공간으로 인식하지 않고 이곳을 하나의 놀이터로 착각하는 것은 서글픈 일이다. 그들의 위락행태는 도시 안에서는 어울릴지 모르나 이곳에서는 삼가야 할 일이다.

그들의 자녀들은 학교에서 환경교육을 받고 있다. 대기오염을 줄이기 위해 자동차 운행을 자제하고 수질오염을 방지하기 위해 음식물쓰레기를 강에 버리지 말 것이며 화학세제 사용도 삼가야 하고 야생동물도 보호해야 한다고 배운다. 인간이 자연을 보호한다는 발상부터가 가소로운 생각인데, 우리의 도시 사람들은 자연을 접하면 먹을거리부터 찾는 본성을 드러낸다. 이 협곡을 찾아오는 가족단위의 방문객들을 오랫동안 관찰해본 결과 나는 우리 민족이 아직도 수렵채취경제생활을 영위했던 중석기시대(中石器時代) 원시인의 습성을 가지고 있음을 확인할 수 있었다.

자동차에서 내리자마자 아내는 딸과 함께 칼과 비닐주머니를 들고 산으로 올라가며 쑥·냉이·취·머위·잔대 등의 나물을 캐고 남편은 아들을 데리고 강으로 내려가 투망을 던진다. 이들은 고기의 크고 작은 것을 가리지 않고 그물에 걸린 것은 모두 끓여 매운탕을 만든다. 만일 고기잡이에 실패하면 온가족이 물속에 두 손과 머리를 넣고 다슬기를 줍는다. 10년 전까지만 해도 강에는 팔뚝만큼 큰 누치를 비롯하여 쏘가리·모래무치·종개·빠가사리 등의 물고기가 많이 서식하였고 다슬기는 모래바닥을 덮을 정도로 많았다. 그러나 최근에는 개체수가 줄어 농한기에 주민들이 모처럼 천렵을 즐기려 해도 고기가 별로 잡히지 않으며 다슬기는 눈을 부릅떠야 몇 개를 건질 수 있다.

우리나라는 세계 13대 경제대국이라 한다. 비록 식량 자급률은 20퍼센트 정도에 불과하나 육류는 물론 해산물을 외국에서 수입하여 단백질 섭취에는 큰 문제가 없다. 채소와 과일종류도 풍족하다. 그럼에도 불구하고 시골을 찾아오는 도시 사람들 모두가 이처럼 굶주린 사람들처럼 물속과 산야를 헤집고 들추어 거둬간다면 우리의 금수강산이 얼마나 지탱되겠는가! 자녀들이 학교에서 받은 환경교육의 효과를 부모가 망치는 일은 없어야 할 것이다.

하도 교통이 불편한 오지였기 때문에 15년 전까지 이 협곡지대도 쓰레기

처리에 어려움을 겪고 있었다. 산 밑의 으슥한 곳이나 밭 가장자리에는 몇 년 동안 쌓인 폐비닐더미가 있었고 여기저기에 빈 농약병이 뒹굴었다. 우리 집 주변에서 수거한 수백 개의 술병도 문제였다. 비좁지만 농로가 뚫린 직후부터 나는 이 쓰레기들을 자동차 트렁크로 수십 차례 실어 인근 면사무소의 수거함까지 운반하였다. 1990년대 중반부터 다행히 마을마다 쓰레기 수집처가 설치되어 계곡은 다시 깔끔해졌는데, 불행히도 이곳이 유원지화 한 이후 해마다 봄이면 온 마을사람들이 강변을 뒤지면서 행락객들이 숨겨놓은 쓰레기를 거두느라고 농번기의 귀중한 시간을 빼앗기고 있다.

재작년 우리 집 뒤로 신작로가 열리자 더욱 많은 차량들이 몰려온다. 마을의 몇몇 집이 편의를 위해 농로를 만들어 놓았더니 비포장의 좁은 길로 승용차 · 지프차 · 모터사이클 등이 꾸역꾸역 몰려든다. 한여름이면 하루에 100여 대 이상의 차들이 지나기 때문에 길이 파여 노면이 고르지 못하다. 때로는 강변에서 놀던 자가 우리 밭까지 올라와 밭둑에 심은 나무와 작물까지 손상시킨다.

신작로가 개통되기 전까지 나는 정신적인 호사를 누리며 살아왔다. 밭에서 김을 매다가 아내와 함께 나무그늘을 찾아 쉬노라면 밭 아래의 푸른 강물에 한쪽 발을 담그고 정물처럼 서 있는 왜가리가 보이고 강 건너 잣나무 숲의 녹색 캔버스 위를 흰 선을 그으며 지나는 또 한 마리의 왜가리가 눈에 들어온다. 강물은 위에서 아래로 흐르고 철새는 강을 거슬러 움직이는데 그 움직임은 지극히 느리다. 그리고 소리가 없다. 아내의 말대로 적막강산이다.

어느 날 갑자기 찾아온 제자가 말없이 김만 매고 있는 내게 "이런 일을 하면서 무슨 생각을 하십니까?"라고 물었을 때 나는 망설임 없이 "아무 생각도 하지 않는다"고 답하였다. 나는 이 고요한 협곡에서 무의식의 시간을 가지는 것을 최상의 행복으로 여겼다. 그래서 7년간을 전화도 놓지 않고 지냈다. 다행히 이곳은 전파의 난시청 지역이어서 TV시청이 불가능하고 라디오

고교 교사인 제자가 학생들을 인솔하고 와서 모심기를 도와주었다.
계단식 논 아래쪽에 홍천강이 흐른다.

도 잡음이 심하여 듣기를 포기하였다. 낮에는 무의식 상태에서 들일을 하고 밤에는 맑은 마음으로 책을 읽고 글을 썼다.

　나의 첫 번째 저서인 『영남대로』의 서문과 결론, 『국토와 민족생활사』, 『한국의 짚가리』 원고를 이곳에서 집필하였다. 서울에서보다 강한 집중력을 발휘할 수 있었던 덕을 본 것이다. 그런데 신작로가 개통된 후로는 낮에는 나의 논밭 주변으로 놀이꾼들이 들락거리고 밤으로는 집 뒤에 놓인 도로로 크고 작은 차들이 밤새도록 질주한다. 방음벽이 있다고는 하나 바람을 가르는 소리와 육중한 차체의 무게에 짓눌려 신음하는 대지의 몸부림치는 소리에 마음의 평화가 깨지고 있다. 이처럼 눈과 귀를 통해 경험하는 환경파괴로 나의 이상향은 삭아들고 있다. 문득 김영동의 국악가요 「어디로 갈꺼나」의 가사가 떠오른다.

　어디로 갈꺼나
　어디로 갈꺼나
　내 님을 찾아서 어디로 갈꺼나
　이 강을 건너도 내 쉴 곳은 아니요
　저 산을 넘어도 머물 곳은 없어라
　……

　2009년 6월 어느 날 우리 내외는 화진포에 은거하며 서예를 하는 친구를 찾아보고 구룡령 고개를 넘어 집으로 돌아왔다. 이 짧은 여행에서 우리는 새로운 은거지 탐사에 약간의 기대를 걸었으나 포기하고 말았다. 최근 10여 년간 우리 강산 대부분이 개발이란 미명 아래 시뻘건 속살과 허연 뼈대를 드러내놓고 있으며, 그것이 치유되려면 적어도 십수 년이 걸릴 것으로 보였다. 역시 이상향이란 스스로 가꾸고 다듬어 창조하는 것이 아니겠는가. 70고개의 오르막에 올라섰으니 또다시 낯선 곳을 찾아 방황하지 말고 정든 장소에서 정성을 쏟아 타지 사람들이 와서 감히 환경을 망가트릴 생각을 갖지 못하도록 수수하면서도 경외로운 환경을 조성하는 것이 오히려 바람직할 것으로 사료된다.

우리 집과 전원주택

우리 집은 대한제국 말년에 경복궁에서 참봉벼슬을 살았던 한산(韓山) 이공(李公)이 낙향하여 지었다고 한다. 그분은 을사조약 당시 벼슬을 버리고 이곳으로 오셨다니 아마도 이 집의 건축연도는 1905년을 전후한 시기가 아닌가 사료된다. 안채는 안방(2간), 대청(1간 반), 건너방(반간), 부엌(1간), 광(반간)으로 구성된 ㄱ자형이고 사랑채는 방(1간 반), 부엌(반간), 광(반간)으로 이루어진 一자형 건물이다. 안채와 사랑채에 모두 툇마루가 놓여 있었다. 안방과 사랑방의 중간에는 각각 미닫이문이 있어 방을 둘로 나눠 사용하기도 하였다. 애초에 이 집은 초가였으나 1970년대에 함석지붕으로 바꾸었다고 한다.

내가 이 집을 구할 당시 안채는 벽이 거의 허물어진 상태였고 구들장도 몇 군데 꺼져 있었기 때문에 2년 후 크게 수리를 하였다. 수리 당시에 확인한 바로 안채가 화재를 입어 개축하였는데 그 연도는 대들보에 쓰인 상량문(1941년)으로 확인할 수 있다.

이공은 사랑채에 소상대(沼上坮)라는 소박한 현판을 걸어놓고 서당을 열어 인근의 소년들을 모아 글을 가르쳤다고 하는데, 70~80대의 노인들 중 상당수가 그의 제자였다고 한다. 작년 3월 초에 우리 집에서 15킬로미터 가량 떨어진 마을의 고로쇠 수액 축제장에 들렀다가 그 마을의 이장과 인사를 나누게 되었는데, 그는 선친이 이공의 제자였음을 명예롭게 생각하고 있었다. 일제시대에 강원북부 지방에서 독립운동 자금을 모금한 상해임시정부의 요인들이 이공의 집에 들렀으므로, 자신의 부친이 독립운동에 기여한 분의 가르침을 받았다는 것이었다. 아마도 사랑채의 주인은 소상대 툇마루에 앉아 바로 아래의 연못으로부터 밑으로 이어지는 다랑이논과 홍천강 물을 바라보면 우리민족의 독립을 염원했을지도 모른다.

이 집은 좌향(坐向)이 서향인데다가 동쪽과 남쪽이 산으로 막혀 있어 해가 늦게 뜨고 볕을 받는 시간도 짧은 단점이 있다. 게다가 서쪽으로 열린 삼태기 모양의 골짜기에 터를 닦아서 지었기 때문에 습한 편이다. 그러나 이집의 공간 배치와 주위 경관을 면밀히 살펴보면 이공이 양택풍수(陽宅風水)와 조경에 조예가 깊었음을 알 수 있다. 전통적으로 우리의 전통가옥들은 남향이 가장 많고 동남향이 그 다음이며 동향과 서남향이 뒤를 잇는다. 서향집은 새벽에 일찍 뜨는 해를 보지 못하면서 오후에는 늦게까지 비스듬히 스며드는 석양빛을 받기 때문에 여름에는 무덥고 겨울에는 춥다. 그럼에도 불구하고 이공이 이 집을 서향으로 앉힌 까닭은 홍천강의 흐름과 조화를 이루게 함이었다.

청평댐 건설 이전까지 소금과 새우젓을 실은 강배가 홍천읍의 구성포까지 올라갔다는데 제일 아래쪽 다랑이논 옆의 강변은 소금배의 기항지였다고 한다. 소상대에서는 강이 내려다 보이지만 강변에서는 소상대의 집이 숲에 가려서 전혀 보이지 않았다. 이는 이공의 탁월한 조경감각의 산물이었다.

사랑채 앞의 축대 아래에서는 연중 마르지 않고 샘이 솟는다. 샘의 수량은 건기에도 물레방아 하나를 돌릴 수 있는 정도로 풍부하며 깊은 땅 속에서 솟아오르는 샘이라 여름에는 시원하고 겨울에는 따듯하다. 이공은 10미터 정도의 둑을 쌓아 작은 보(洑)를 만들었는데 이 물광(水庫)의 면적은 약 70여 평 정도이고 깊이는 최고 1.5미터이다. 보의 물은 우측 수문을 통하여 가장 상단의 논으로부터 여덟 다랑이의 논을 무넘이 방식으로 차례로 적시며 내려가게 하였다.

보의 뚝 전면과 오른쪽에는 철쭉을 심었고 왼쪽과 사랑채 앞에는 벚나무를 심었다. 4월 20일부터 4월 말까지는 벚꽃이 만발하고 4월 말부터 5월 중순까지는 철쭉꽃이 피어 장관을 이루기 때문에 우리 연못은 인근에서 소문이 나 있다. 그런데 연못 주위의 꽃나무들은 단순히 조경 목적으로만 심은 것이 아님을 알 필요가 있다. 즉 소상대가 홍천강이 있는 서쪽으로 너무 열려있어 지기(地氣)가 빠져나가기 쉽기 때문에 우선 못을 만들고 그 주위에 수목을 심어 보허(補虛)한 것이다.

소상대 밑의 샘은 옛날에는 서당의 학동들이 수십 년간 마셔온 생명수였으며 보 안은 물고기와 패류의 생명수였고 동시에 보 밑의 논에 자라는 벼의 관개용수였다. 그러므로 우리 내외는 이 샘을 영천(靈泉)이라 믿었다. 한때 낯선 놀이꾼들이 내가 조성해놓은 잔디밭에서 캠핑을 하고 샘물 앞에서 식기를 씻거나 세탁을 하여 쫓아낸 적이 있는가 하면 연못가에서 개를 잡아 먹고 간 흔적도 발견되었다.

언젠가는 연못에 낚싯대를 드리운 자가 눈에 띄기에 혹시나 내 아들이 키운 비단 잉어가 피해를 입을까 염려되어 나무란 적이 있다. 그랬더니 "안 잡으면 될 것 아닙니까!" 하고 소리를 지르기에, 이 버릇없는 자에게 사유지 무단침입죄를 언급하자 슬금슬금 도망을 쳤다. 샘을 안전하게 보호하기 위해 아내는 흰 대리석으로 다듬은 성모자상을 구해왔다. 나는 샘 옆에 강돌을 주워다가 돌집을 지어놓고 그 안에 성모자상을 모셨다. 아내가 늘 촛불을 밝힌 이후로는 우리 샘을 더럽히는 자가 없다. 가물 때나 추울 때나 한결같이 솟는 이 샘을 본 빙부께서 내게 여천(如泉)이란 아호(雅號)를 주셨다.

우리 내외는 2년마다 양철지붕의 도색을 하였고 집 주변의 배수로를 정비하였으며 사랑채 밑과 큰 잔디밭의 축대도 쌓았다. 주방과 목욕탕 바깥벽의 벽돌도 쌓았다. 연못 아래에는 엉성하나마 작은 정원도 만들었다. 주말에만

눈이 내린 날 우리 집 사랑채. 외관은 허름할지 모르지만
대한제국 말년에 참봉벼슬을 지낸 한산 이공이 낙향하여 지었다는
유서 깊은 집이다. 지금은 도둑맞아 없어진 빙부의 유품
'창우헌'(菖愚軒)이란 현판이 보인다.

보살핀 탓으로 산뜻하게 손질을 못하였으나 능력껏 집을 가꾸어왔기 때문에 우리는 이 100년이나 된 농가를 원형에서 크게 차이 없이 보존해온 데대해 자부심을 가지고 있다. 그런데 우리 집은 일대에서 '허름한 집'이란 별명을 갖고 있다. 아마도 오막살이 아니면 후진 집이라고 부를지도 모른다.

아내의 제자들이나 내 제자들 중에는 우리가 마치 화려한 별장이라도 가지고 있으리라는 추측을 하며 이곳을 찾았다가 크게 실망을 한 예가 적지 않은 모양이다. 어떤 사람은 내 집 근처까지 왔다가도 우리가 이처럼 낡은 집에 살 것이라고 짐작조차 하지 못하여 되돌아갔고 또 어떤 사람은 강변에 늘어선 펜션 같은 집만 찾다가 어렵게 찾아들어왔다. 외관은 허름할지 모르지만 우리 집에는 냉장고 · 샤워시설 · 세탁기 · 조리기구 등이 갖춰져 있고 난방시설에도 문제가 없으니 주말만 보내기에는 전혀 불편함이 없다.

더욱이 이 집을 지은 분이 존경할 만한 분이었고, 어떤 건축 전문가의 평가에 따르면 사랑채는 영서지방의 대표적인 건축양식으로 지어졌으며 보존상태가 매우 양호하다니, 남들의 비하하는 평가를 섭섭하게 여기고 싶지 않다. 오히려 최근에 유행하는 서양풍의 조립식 건물보다는 품위가 있다고 믿으며 자부심을 가지고 있다.

우리 부부는 몇 차례의 유럽 여행 중 대도시 근 · 원교에 분포하는 도시주민의 주말용 주거를 관심을 갖고 살펴보았다. 영국에서는 세컨드 홈(second home), 독일과 오스트리아에서는 츠바이테보눙(zweite Bohnung), 동구권에서는 다차(dacha)라고 부르는 이 전원 주거들은 대부분 규모가 작고 소박하다. 몇 백 평에서 수천 평에 달하는 농경지에 들어앉은 세컨드 홈들은 방 한 간의 오두막으로부터 서너 개의 침실 · 주방 · 욕실 · 농기구 창고까지 갖춘 집에 이르기까지 규모가 다양하다. 런던 · 빈 · 시드니 등 선진국 대도시 중산층의 가장 큰 소망이 이러한 전원주택을 가지는 것이라 하는데, 중년까지는 주말마다 도시와 시골을 오가다가 노년이 되면 대부분 전원주택을 영구한 삶의 보금자리로 확정한다.

나는 강의 시간 중 자주 학생들에게 영국의 세컨드 홈에 관한 강의를 했고, 농촌경제연구소에 근무했던 후배에게도 이 제도를 우리나라에 도입할 필요가 있음을 강조했었다. 산업혁명 이후 영국의 농촌은 이촌향도(離村向都)로 인한 인구감소 현상이 발생하여 심각한 사회문제로 대두되었다. 가난한 소작농들은 도시로 모여들어 공장노동자가 되거나 식민지로 이주하는 길을 택했고, 지주 소유의 대농장들은 일손 부족으로 농토관리가 어려워졌다. 이를 극복하기 위하여 각종 동력 농기계가 발명되었으며 농지들은 대농화 및 광작화하였다. 이러한 대농화 계획에서 제외된 소규모 농지들은 폐농지화할 위기에 처하였다. 농업 인구의 비율이 5퍼센트 남짓한 상황에서 기계 이용이 어렵거나 통작 거리가 먼 농토가 방치되는 것은 불가피했던 것이다.

두 차례의 세계대전을 겪으면서 식량 자급률이 낮았던 영국은 독일 잠수함의 습격으로 신대륙으로부터 공급받던 곡물수송에 타격을 받게 되었다. 세계대전이 끝난 후 영국정부는 도시 및 농촌개발법령(Town and country planning acts)를 제정하여 유휴지를 줄이고 온 국민을 농민화하는 정책을 실시하기 시작하였다. 도시로부터 1~3시간권 내에 분포하는 소규모의 자투리땅을 도시 사람들이 소유·경작하도록 장려한 것이다. 즉 온 국민을 농사를 지을 줄 아는 준(準)농민으로 훈련시켜 유사시에 대비하는 동시에 노동의 중요성을 교육시키고자 한 것이다. 이러한 운동은 독일·프랑스 등 산업화 선진국으로 확산되고 동부유럽은 물론 미국·오스트레일리아까지 전파되었다.

우리나라에서는 1970년을 전후하여 산업화가 시작되고 1980년대에는 이촌향도에 따른 농촌 공동화(空洞化) 현상이 발생했음에도 불구하고 적절한 토지이용대책을 수립하지 못하였다. 근래 도시주민도 300평 미만의 농지를 소유할 수 있는 제도를 마련하였으나 시골의 토지 중 상당 면적은 이미 도시의 투기세력이 장악하였으며 그 토지 대부분이 황폐한 상태로 방치되고 있다.

금요일 오후 선진국 대도시의 외곽으로 나가보면 고속도로는 길게 꼬리를 이은 자동차의 행렬이 장관을 이룬다. 유럽에서는 철도역에도 근교의 농막으로 가기 위해 배낭을 멘 가족 나들이꾼들이 장사진을 치고 있다. 일요일 오후에는 과일·채소·화초 등 수확물을 싣고 도시로 돌아오는 행렬이 이어진다.

온가족이 함께 주말을 보낸다는 사실은 경제·교육·사회적으로 중요한 의미를 가진다. 주중에는 직장으로 출근하는 부모와 학교에 등교하는 자녀들이 낮 시간 동안 헤어져 지내고 저녁시간에도 TV시청·공부 등으로 가족 간의 대화 기회가 부족한데, 주말에는 온가족이 TV나 신문 같은 대중매체로부터 해방되어 어느 누구의 간섭도 받지 않으면서 조용히 지낼 수 있으니 이는 축복이 아닐 수 없다. 물 맑고 공기 좋은 시골에서는 게으른 아이들도 숲속에서 들려오는 새들의 지저귐 때문에 일찍 일어난다. 아이들은 부모를 따라 밭둑을 산책하며 야생 동식물과 사귈 수 있다. 낮에는 온가족이 함께 밭을 가꾸며 땀을 흘린다. 운동 부족으로 허약한 도시인들도 적당한 노동을 통해 근육을 강화할 수 있다. 저녁에는 자신들이 직접 재배한 신선한 과일, 채소 등으로 차린 저녁을 먹고 베란다에 나와 하늘의 별자리를 공부할 수 있다.

이러한 생활은 가족 간의 사랑을 두텁게 하고 자녀들의 건강한 삶을 보장해준다. 뿐만 아니라 책을 통하여 얻지 못하는 폭넓은 지식을 얻을 수 있으며 자연에 대한 이해와 사랑도 깊어진다. 아마도 다윈(C. Darwin), 훔볼트(A. Von Humbolt), 앤더슨(E. Anderson) 같은 세계적인 박물학자들은 이러한 분위기에서 탄생하였을 것이다.

도시 사람의 근교 농지 소유는 서양에서만 존재했던 것은 아니다. 일찍이 북송대(北宋代)에는 개봉(開封)·낙양(洛陽) 등 대도시 성 밖의 전야에 황토벽을 파서 지은 요동(窯洞)이라는 굴집들이 많았다. 이 중에는 성 안의 부호와 귀족들 소유지에 지은 장원별서(庄園別墅)들이 적지 않았다. 조선시대 한양의 근교에도 이러한 별서들이 적지 않았는데 대표적인 예로는 여말·선초의 학자 이집(李集)의 별서가 현 강동구 둔촌동(이집의 호에서 유래함)에 있었고, 대원군의 별서인 아소정은 한강이 내려다보이는 마포의 언덕에 있었다. 숙종 4년(1663)에 작성된 한성부『북부 장호적』(北部帳戶籍)을 보면 한양의 북교(현 자하문 밖, 연희동, 모래내 일대)의 16개 계(契)에 속했던 618호 가운데 53퍼센트가 도성 내에 거주한 양반 소유 농장의 노비들이었다. 이는 당시 한양 근교에도 수백 호의 전원주택이 존재했음을 보여주는 것이다.

오늘날의 세컨드 홈과 전산업시대의 별서는 약간의 차이를 가지고 있다. 우선 전자는 철도·도로의 발달에 힘입어 50~150킬로미터권 내에 존재하는 데 비해 후자는 도성에서 10킬로미터권을 넘지 못하여 거리상 현격한 차이를 보였다. 둘째, 전자는 근면성실한 도시 중산층이 직접 농경활동을 하는 작은 농장에 입지한 반면 후자는 상류 특권층의 소유지로 노비들이 관리를 하였다. 셋째, 전자는 소유자가 은퇴 후 정착하는 영원한 주거가 되는 반면 후자는 그렇지 않았다.

오늘날 서울·부산·대구 등 대도시의 근교에는 상업적인 주말농장들이 다수 분포하며 전원주택도 증가하고 있다. 그런데 우리나라의 주말농장의 운영상을 보면 시비, 밭갈이, 심지어 파종까지 관리인이 해주고 농장의 회원이 된 도시 사람은 수확만 하는 예가 적지 않다. 전원주택은 건물만 크고 화려할 뿐 주인이 땀 흘려 가꿀 농지가 거의 없다. 즉 전원주택의 주민 대부분은 시골에 거주하지만 도시 사람의 생활방식을 포기하지 않고 있다. 그러므로 한국식 주말농장이나 전원주택은 진정한 서구식 세컨드 홈의 개념에서 크게 벗어난다. 나는 우리나라에도 진정한 서구식 전원 주거가 도입되어 도시 중산층들이 노동을 사랑하며, 노동을 통하여 건강을 지키고 버려진 농토를 다시 아름답게 가꿀 날이 오기를 바란다.

도시에서 온 불청객들

1990년대 초 나의 시골생활에 대한 지인들의 평가는 참으로 다양하였다. 이를 신기하게 보는 사람들은 경탄하였고 측은하게 여기는 사람들은 어리석다고 조롱하였다. 어떤 이는 야생동물들이 우글거리는 오지의 오두막(!)에서 잠을 자는 것이 두렵지 않으냐고 묻고, 또 어떤 이는 마을 사람들이 텃세부리는 것을 어떻게 견디느냐고 하였다. 해외유학까지 한 인텔리 예술가 아내를 험한 시골까지 데리고 가서 고생시키는 짓은 너무 잔인하다고 비난하는 사람이 있는가 하면, 많이 배우고 좋은 직업을 가진 자가 귀중한 시간을 헛되게 보내는 것은 품위를 손상시키는 일이니 차라리 골프장을 출입하거나 예술애호가의 취미를 살리는 것이 옳지 않으냐고 충고하였다. 또 집을 비워두고 다니면 도둑이 들지 않으냐고 염려하는 이도 있었다.

그러나 그들의 우려나 비웃음은 내게 별로 영향을 주지 못하였다. 우리 시골의 주민들은 우리나라 어느 지방 사람들보다 순박하여 나를 힘들게 하지 않았다. 내가 서투르나마 농사일에 적응하기까지 지켜보다가 어느 정도 수준에 이르자 농지원부를 만들도록 해주었고, 최근에는 농업경영인 자격을 취득하도록 도와주었다. 우리 집 주위를 배회하거나 집 안에까지 드나든 동물들 역시 착하기 그지없어 말벌을 제외하면 먼저 공격하지 않았다. 심지어 독사조차 마당에 똬리를 틀고 앉았다가도 주인이 들어서면 슬그머니 산으로 올라갔다.

나처럼 시골을 드나드는 사람들 대부분이 아내의 동의를 얻지 못하여 이

산가족처럼 홀로 시골집에 머물지만 내 아내는 오히려 시골을 좋아하기 때문에 한 주일이라도 시골나들이를 거르면 안절부절이다. 마치 어린 아들을 홀로 남겨놓고 온 어머니 같다. 그러므로 우리 내외는 호화로운 생활이나 고급스런 취미에도 마음을 빼앗기지 않고 즐겁게 시골 나들이에 동행한다.

시골집을 비워놓고 다니는 데 대한 불안을 없애기 위해 우리는 전혀 귀중한 물건을 두지 않기로 작정했고, 그 점이 효과가 있었는지 거의 십 년 동안 마음 편히 지낼 수 있었다. 그런데 농로가 뚫리고 자동차들이 험한 강변길로 드나들면서 우리 집에도 불청객이 들기 시작하였다. 10여 년 사이에 집안의 살림살이도 늘어 주방의 살림살이 · 예초기 · 기계톱 · 농기계 · 탈곡기, 각종 농기구, 아내의 작품, 책, 몇 점의 미술품 등이 안방 · 거실 · 사랑방 · 창고 안에 들어찼다. 잔디밭에는 아내가 수집한 석물(石物) · 옹기 등이 놓이게 되었다.

어느 겨울날 대문을 열고 들어섰더니 안채의 출입문이 부서져 있다. 주방 안에는 여러 가지 조리기구와 식품들이 널려있고 방안에는 침구가 깔려있으며 온풍기는 작동 중이었다. 어떤 자가 침입하여 며칠간 묵어간 것 같다. 쌀을 남겨놓지 않았더니 면류와 냉장고의 식품, 그리고 통조림 등을 먹었는데 외국제 토마토 수프 등은 뜯어 놓고도 먹지 않은 것을 보니 서구적 식생활에는 익숙하지 않은 사람들 같았다.

두 번째 침입은 3~4개월 후인 이른 봄에 있었다. 이번에는 지난번에 눈여겨 보아두었던 물품을 가져갈 목적으로 방문한 것 같았다. 돌아가신 빙부의 유품인 현판, 몇 가지 도구, 고려시대 토기 한 점이 없어졌으며, 지난번에 파손되었던 문을 수리해놓았더니 쇠 지렛대로 시금 장치를 완전히 망가뜨렸다. 아내가 놀란 가슴을 진정하는 동안 나는 침입자가 어지럽혀놓은 방안을 정돈하고 주방의 식기들을 깨끗이 닦아놓았다. 분실물 가운데 현판은 빙부의 제자 중 한학(漢學)의 대가이셨던 분이 쓰신 글을 명장이 각(刻)을 한 큼직한 목판이었기 때문에 아내가 귀하게 여겼던 것이다.

우리는 양평·남양주·홍천 일대의 골동품상을 찾아다니며 살펴보았으나 끝내 이를 회수하지 못하였다. 나는 안채의 출입문에 "무단 침입한 자에게 고한다. 우리 집에는 그대가 취할 만한 귀중품이 없으니 출입을 삼가주기 바란다. 그대는 환영받지 못할 방문객이다"라는 경고문을 붙여놓았다. 그리고 크고 튼튼한 자물통을 매달아놓았다.

한동안 집안으로 들어온 침입자는 없었으나 2008년 가을에 또 도둑이 들었다. 대문의 자물통을 열쇠로 열었으나 문은 안으로 잠겨있어 뒤쪽 담을 넘어 들어가 보니 안에서 빗장을 걸어놓았다. 침입자가 집 안에서 안심하고 머물다가 우리의 자동차가 정차하는 것을 보고 탈출할 시간을 벌기 위해 대문을 안에서 잠그고 산으로 달아난 모양이다. 이번의 침입 루트는 목욕탕 쪽이었다. 분실물은 시드니에서 구해 온 부메랑 두 개와 독일제 칼이었다. 이 자는 사랑채 문의 창호지를 찢고 문짝까지 떼어냈으나 무엇을 집어갔는지는 알 수 없었다. 아마도 집 안까지 든 것은 다섯 차례쯤 되지만 현판 외에는 크게 아쉬워할 만한 물건이 없었으니 다행이다.

침입자는 집 안에만 있던 것은 아니다. 오히려 집 밖, 즉 우리의 산, 정원 그리고 밭 주위를 서성대는 자들이 우리에게 정신적으로 더 큰 피해를 주었다. 1995년인가 1996년경 아내는 학교의 조경기술자에게서 미삼 한 봉지를 얻어왔다. 우리는 이 어린 삼을 부엽토가 두툼하게 쌓인 우리 산 여러 곳에 심었다. 수시로 산에 올라가 삼의 잎이 돋고, 빨간 열매가 맺히는 것을 보며 기뻐했었다. 4년이 지난 후 부엽토를 조심스럽게 걷어냈더니 잔뿌리가 여러 갈래로 뻗은 가느다란 삼 뿌리가 드러났는데, 그 향기는 재배삼과 비교할 수 없을 정도로 강했다. 이 삼을 이끼에 싸서 세 뿌리는 우리 가족이 씹어 먹고 나머지는 사고로 부상을 입어 고생하는 지인에게 전했다.

씨가 다시 발아하여 우리 산의 삼포는 처음보다 배로 넓어졌기에 우리는 크게 기대했는데 6년이 지난 어느 날 우리 집에서 5킬로미터 정도 되는 철물점에 들렀다가 '어떤 사람이 논골(우리 마을)에서 산삼을 발견하여 큰돈을 벌었다'는 소문을 듣게 되었다. 가슴이 덜컥 내려앉는 기분으로 서둘러 집에 도착하여 살펴보니 우리 산의 삼들이 거의 사라져버린 것이다. 실망한 아내의 모습은 보기 딱하였다. 이듬해 봄 인삼 도둑의 손을 타지 않았던 몇 그루의 삼이 다시 싹을 틔웠을 때 우리는 기적 같은 일로 생각했다. 그러나 한번 맛들인 자들이 다시 찾아와 이것까지 모두 쓸어갔다. 이때 아내는 "인삼은 영약이어서 양심적인 인물이 먹으면 보약이 되지만 훔쳐 먹는 사람에게는 독약이 된다던데 그 사람들이 아무쪼록 무사했으면 좋겠다"고 한마디 하였다.

삼을 도둑맞을 조짐은 그 이전부터 있었다. 산의 아래쪽에 심어놓은 두릅에 싹이 돋자마자 어떤 자들이 모두 따가서 몇 해 동안 맛을 보지 못하다가, 어느 해에는 마침 주중에 공휴일이 끼어 시골집에 갔더니 산나물을 뜯으러 다니는 자들이 우리 정원에 자동차를 세워놓고 산으로 올라갈 채비를 하고 있었다. 이들은 차마 집주인 앞에서 두릅을 딸 생각을 못했기에 나는 큰 바구니 하나를 두릅 싹으로 채울 수 있었다.

좀도둑은 아내가 가꾸는 정원까지 들어왔다. 처음에는 튤립 몇 개가 없어지더니 아래 연못에 고운 꽃을 피웠던 수련들이 모두 사라졌다. 어느 금요일 오후 낯선 중년 사내들이 물이 뚝뚝 떨어지는 비닐봉지를 들고 봉고차에 오르는 것을 얼핏 보았는데 그들이 떠난 후 연못을 살펴보니 완전히 흙탕물 상태였다. 이후로 우리는 여러 차례 흰색·노란색·분홍색 등 여러 색깔의 꽃이 피는 수련을 구해다가 작은 연못을 꾸몄으나 번번이 도난을 당하였다. 심지어 연못 가장자리에 가득 자리 잡은 작은 노란색 꽃이 피는 어리 연까지 완전히 거두어가는 데는 기가 막혔다. 후에 우리 집에 나들이 왔던 손님의 말에 의하면 시골로 다니며 직접 금품을 털어가는 자들, 화물차에 작은 기중기를 싣고 다니며 돌확·연자방아·비석·옹기 등을 실어 가는 자, 그리고 잘생긴 수목·화초 등을 캐가는 자 등이 근래 부쩍 늘었다고 한다.

아내는 수련 가꾸기를 포기하고 창포와 붓꽃으로 정원을 채우기로 하였다. 10여 년 전만 해도 강변과 밭둑에는 여기저기에 붓꽃 군락들이 있었고 양지바른 언덕에는 할미꽃·은방울꽃·엉겅퀴 등이 무리지어 자태를 뽐냈다. 그런데 이러한 토종 식물들이 사라지기에 이상하게 여겼더니 봉고차에서 큰 함지박을 꺼내놓고 우리 밭둑에서 삽으로 붓꽃뭉치를 캐어 담는 자들을 발견한 후에야 그 이유를 알게 되었다.

나는 이들에게 식물은 제가 태어난 곳에 뿌리를 내려야 제대로 살 수 있으니 그대로 두라고 만류하였다. 그리고 이미 자동차에 실어 놓은 할미꽃도 내려놓으라 했더니 식물에 무슨 주인이 있느냐는 대꾸가 돌아왔다. 왜 이 식물에 주인이 없겠는가? 이들은 모두 조물주의 자식들이고 내 땅에서 자란 것이니 내 것이기도 하지 않은가. 양재동 화훼시장에서는 수련 한 포기가 2~3만 원, 붓꽃 몇 개 심어놓은 화분은 5천 원~만 원, 꽃창포는 1~2만 원에 팔린다.

내 아내는 여러 가지 화초를 양재동에서 사다 심는 동시에 들에서 야생화의 씨를 받아서 소멸되는 식물들을 정원에서 열심히 키우고 있으나 수도권에서는 몰려드는 수상한 자들에게 우리 정원은 좋은 표적이 될 뿐이다.

사라지는 야생동물들

모든 야생동물의 천적(天敵)은 아마도 인간일 것이다. 이 협곡에 들어와서 몇 년간 경험한 바에 의하면 대부분의 야생동물은 인간을 먼저 공격하는 일이 거의 없다. 이 협곡 내에 서너 가구밖에 살지 않았을 때에는 숲이 우거져 야생동물의 서식환경이 양호하였다. 사람들은 농사일에 바빠 숲속에 들어갈 시간도 없었고, 동물과 사람은 평화롭게 자기들 영역을 지키며 살 수 있었다.

이 마을 몇 가구 중에 숲과 가장 가깝게 접해있는 것이 우리 집이기 때문에 고라니·너구리·족제비·토끼·다람쥐·고슴도치 등은 수시로 우리 집 주위를 배회하였고 숲속으로 조금 더 들어가면 멧돼지도 있었다. 조류로는 청둥오리·원앙이·왜가리·후투티·동박새·수리부엉·박쥐 등이 자주 눈에 띄었다. 파충류나 양서류로는 개구리·두꺼비·도롱뇽·뱀 등이 많았다. 이러한 동물 가운데 어떤 놈은 한동안 우리의 가족처럼 동거하였고, 어떤 녀석들은 우리 집 부근에서 눈치를 보며 살았다. 일부는 우리의 사랑을 받았지만 나머지는 그렇지 못하였다. 그러나 뱀을 제외한 어떤 동물도 우리는 몰아내지 않았다.

고라니는 농작물에 피해를 주기 때문에 농부들의 미움을 받지만 그 미끈하게 잘생긴 모습을 보면 사랑스럽게 느껴진다. 이 녀석들은 때때로 고구마밭에 들어가 잎을 뜯어 먹고 뿌리까지 뽑아 몇 해나 수확을 포기하게 하였다. 콩·배추·무 역시 그들의 좋은 먹이이기 때문에 나는 밭 가장자리에 그물을 쳐놓지만 도약 실력이 뛰어난 이 녀석들을 막기가 쉽지 않다. 멧돼지는 수확을 앞둔 논에 들어가 벼 이삭을 배부르게 먹은 후 논바닥을 뒹굴며 진흙목욕을 즐기기 때문에 벼농사를 망치지만 나는 아직 피해를 입은 적이 없다. 다만 수확을 마치고 귀경길에 올랐다가 인적이 드문 길에서 송아지만한 멧돼지 세 마리와 조우한 적이 있는데, 내가 탄 차량을 막아서서 두려움 없이 버티기에 자동차 경적을 울려 비켜나게 하였다.

토끼와 다람쥐는 귀여운 작은 동물이라 내 사랑을 받았다. 땅콩을 수확하여 마당에 널어 놓았더니 동쪽 모서리에는 등줄무늬 다람쥐들이, 그리고 서쪽 모서리에는 회갈색 토끼가 차지하고 앉아 열심히 까먹고 있었다. 다람쥐들은 땅콩을 움켜쥐고 부지런히 들락거리는 데 반해 토끼는 천연덕스럽게 주저앉아 열심히 까먹었다. 그 모습이 하도 귀여워서 내버려두었더니 한 나절 동안 한 됫박 정도의 껍질을 남겨놓았다.

동박새는 봄마다 한두 쌍이 날아와 추녀 밑에 둥지를 틀고 새끼를 낳아 기른 후 초가을이면 빈집을 남겨놓고 홀연히 사라진다. 제비는 몇 해나 찾아왔다가도 집을 짓지 않고 가버려 우리를 서운하게 하지만 동박새는 한 해도 거르지 않으니 참으로 '신의를 아는 새'(信鳥)라 하겠다.

그런데 내가 겨울 추위를 막기 위해 마루에 유리문을 달고 난 후 투명한 유리에 부딪혀 부상을 당하거나 죽는 새가 종종 발견되었다. 무늬가 있는 커튼을 단 후 이런 변고는 사라졌다. 또한 다친 새 한 마리를 잘 보살펴주었더니 한동안 우리 손바닥에 앉아 놀다가 간 적이 있고, 박쥐는 아직도 사랑채 부엌과 툇마루를 떠나지 않고 있다. 수리부엉이는 8년 전 벼락이 떨어져 연못가의 벚나무가 쓰러진 후부터 볼 수가 없었다. 땅거미가 지는 저녁때가 되면 의젓하게 고목의 큰 가지 위에 앉아 연못을 내려다보는 그 부리부리한 눈망울은 아마도 개구리·뱀은 물론 작은 동물들에게 위압감을 느끼게 하였을 것이다.

그러나 우리 가족과 가장 인연이 깊은 새는 청둥오리이다. 자동차가 들어오지 않았던 1990년대 중반까지 홍천강이 결빙하기 전과 강물이 녹는 봄에는 수백 마리의 오리 떼가 찾아와 강변은 장관을 이루었다. 보름달이 뜨는 밤이면 오리들의 펄럭이는 날갯짓과 목청껏 외치는 합창으로 고요한 협곡은 요란한 재즈의 경연장을 방불케 하였다. 처음에는 이 녀석들을 안면방해꾼으로 생각하였으나 점차 익숙해져서 나중에는 자장가쯤으로 여기게 되었다. 그러던 어느 날, 이 고요하던 협곡에 총성이 울리기 시작하면서 오리들이 서서히 사라지기 시작하였다.

정부에서 수렵허가를 내주자 서울 번호판을 단 고급 지프차와 강원도 번호판을 단 화물트럭을 타고 온 자들이 사냥개까지 데려와 산탄총을 쏘아대기 시작한 것이다. 그러나 놀랍게도 몇 쌍의 오리들은 멀리 남쪽으로 달아

과거에 서당으로 쓰였던 우리 집 사랑채.
새들이 빠지는 것을 막기 위해 옹기 굴뚝 위에 아내가 손수 만든 연가를 얹었다.

나지 않고 우리 연못을 저희들의 영토로 삼았다. 이 녀석들은 일주일에 닷새 동안은 우리 대신 연못에서 평화로운 삶을 즐겼고, 우리가 머무는 주말에도 낮에는 어디로 외출했다가 밤이면 다시 찾아와 머물렀다. 십수 년을 우리 연못에서 살아온 이 녀석들과 사귀어볼 생각으로 연못가에 옥수수·콩·벼 등도 뿌려주었고 발소리도 죽이며 다녔으나 인간에게 놀란 탓인지 곁을 주려하지 않아 섭섭하였다.

오리들은 머리가 모자란지 연못의 물속이나 때로는 연못가의 풀밭에 알을 낳았다. 연못에서 알을 건져보았더니 이미 상했고, 풀밭의 것은 잡초를 깎다가 깨뜨리기도 하여 새들에게 미안한 마음을 금할 수 없었다. 그런데 초여름 어느 날 손님과 함께 잔디밭의 그늘에서 쉬고 있을 때 사랑채 굴뚝 속에서 부스럭거리는 소리가 들렸다.

이 소리는 한 시간 이상 계속되었다. 곡괭이로 굴뚝 밑 부분의 콘크리트를 깨뜨리고 손을 넣었더니 무엇인가 내 손을 물었다. 더 안쪽으로 숨기에 구멍을 더 크게 뚫어 이 녀석을 끄집어냈더니, 뜻밖에도 날개 깃털이 파랗고 등은 갈색이며 목에는 흰 테가 있는 아름다운 수놈 오리였다. 직경 30센티미터의 PVC 파이프 굴뚝에 앉았다가 미끄러져 밑으로 빠져 몇 시간을 그을음이 가득한 캄캄한 속에서 발버둥질을 쳤는지 오리는 구출된 후에도 한동안 일어서지 못한 채 비틀거렸다. 조심스럽게 안아다가 연못에 놓아주었더니 기력을 회복한 후 꽥꽥거리며 하늘로 날아올랐다. 우리 집 주위를 몇 차례 맴돈 후 저를 애타게 기다리던 짝과 함께 사라졌다. 그 후에도 두어 차례 굴뚝 밑을 파서 오리와 원앙이를 구출하였다.

사랑채의 구들을 수리할 때에 너덧 마리의 박제화된 오리 시신이 나왔기 때문에 아내는 이참에 오리가 비명횡사하지 않도록 배려하자고 하였다. 우리는 골동품상에서 옛날 전통가옥에서 쓰던 약 1미터 길이의 옹기 굴뚝 여섯 개를 구입하여 세 개씩 붙여 좌우로 3미터 높이의 굴뚝 두 개를 세웠다.

그리고 굴뚝 위에는 아내가 빚어 구운 연가(煙家)를 얹었다. 이로써 오리들의 추락사는 더 이상 발생하지 않았다.

전 주인 Y씨가 벼농사를 포기한 몇 년 동안 여덟 다랑이 중 연못과 가장 가까운 제일 위쪽의 논은 양서류의 천국이나 다름없었다. 밑으로 놓인 일곱 다랑이는 논둑이 무너져 물이 고이지 않았으나 위쪽 논은 둠벙처럼 물이 고여 산개구리·참개구리·두꺼비·도롱뇽 등이 한 모퉁이씩 차지하고 알을 낳았기 때문에 봄이면 수면 위가 묵 같은 끈끈한 액체로 덮였고, 바위 밑에는 염주알처럼 긴 도롱뇽의 알들이 숨어 있었다. 부화가 되면 개구리들은 도랑을 타고 습한 곳으로 들어갔고 두꺼비 떼는 산으로 엉금엉금 기어 올라갔다. 이처럼 양서류가 많기 때문에 왜가리들이 우리 집 주위에 몰려들었고 뱀 역시 우글거렸다. 한여름 장마 때는 큼직한 두꺼비가 마루 위까지 올라왔는데, 그 우툴두툴한 피부는 징그럽지만 우리는 느리면서도 듬직한 이 미물을 진객으로 생각하였다. 그러나 뱀에 대해서는 호감을 가질 수 없었다.

사랑채에 책을 쌓아놓고 잘 사용하지 않았더니 뚫린 창호지 사이로 살모사가 침범하여 아랫목에 똬리를 틀고 앉아 혀를 날름거리는 모습에 질겁한 적이 있다. 때로는 마당의 잔디밭, 대문 앞에도 뱀이 진을 쳤고 연못의 샘 옆에서는 탈색된 백사가 목격되었다. 한때 뱀잡이들이 우리 집 주변을 다니며 뱀을 많이 잡아가기도 하였으나 우리가 명반을 자주 뿌린 후에는 거의 사라졌다.

지난 20년간 홍천강 협곡의 동물 생태는 크게 바뀌었다. 우선 지방도가 뚫리면서 우리의 산 1,400여 평을 포함한 수만 평의 임야가 소멸되었다. 도로공사 중 생태통로를 만들지 않아 길 때문에 끊어진 구릉지에 살던 동물들은 고립되고 말았다. 이로 인해 그 많던 동물들이 멸종하거나 다른 곳으로 이동하여 현재 남아있는 것은 몇 가지 되지 않는다.

어떤 사람들은 이 궁벽했던 산골이 몰라보게 발전하였다고 경탄한다. 그

러나 산을 허물어 골짜기의 논을 메우는 식의 지형적 개변(改變)은 야생동
물의 서식처 파괴를 가져왔다. 뱀을 제외한 대부분의 동물들은 우리에게 친
구 같기도 하고 자식 같기도 하였는데 이들이 사라진 데에는 내게도 약간의
책임이 있다. 동물들이 살기 힘든 환경은 우리 인간에게도 좋을 수가 없으
니, 이제는 이웃과 힘을 합쳐 우리의 터전을 깨끗하게 지켜보겠다고 다짐해
본다.

산골 생활 20년의 회상

평범한 인간은 한 가지 일에 열과 성을 다하지 않으면 성공하기 어렵다.
20여 년 전 나는 하는 일을 줄이고 단순하게 살고 싶다고 은사님 앞에서 호
언하는 어리석은 짓을 했으면서도 서울과 시골을 오가는 이중생활로 귀한
시간을 낭비하지 않았는지 반성해본다. H출판사의 K사장을 비롯한 몇몇
지인들은 영양가 없는 땅 농사는 그만하고 글 농사와 사람 농사를 지으라고
충고해왔다.

실제로 나는 20년 농사를 지으면서 수확물을 팔아 돈을 번 일이 없다.
벼·땅콩·고구마·옥수수·콩·무·배추·호박·고추 등 30여 가지의 작
물을 조금씩 재배하였으나 거의 대부분 집에서 소비하고 친척·지인·이웃
에게 조금씩 나누어주었을 뿐이다. 그러므로 농삿일은 나같은 서생에게 경
제적으로는 거의 실속이 없는 일이었음을 부인하지 못하겠다.

그러나 주경야독(晝耕夜讀)이 생활화된 터라 낮에는 열 시간 정도의 육체
노동을 하고도 밤에는 잡념 없이 책을 읽고 글을 쓸 수 있었기 때문에 20여
년을 허송세월했다고 생각하지 않는다. 만일 이 협곡 생활의 경험이 없었다
고 가정한다면 아마도 강도 높은 노동을 견뎌낼 만한 체력을 유지하지 못했
을 것이며, 몇 권의 연구저서와 논문도 쓰지 못했을 것으로 본다. 공부를 하
는 데에도 체력이 요구되며 잡념에 빠지지 않고 집중할 수 있는 정신적인

훈련이 필요한 것이다.

나는 학생시절부터 성적이 뛰어난 모범생과는 거리가 먼 공상가였기 때문에 틀이 짜인 철저한 훈련에는 잘 적응하지 못하고 진기한 것을 찾아다니고 잡다한 생각을 하며 살아왔다. 하루 일을 끝내고 자리에 누우면 과거에 경험했던 일들이 머리에 떠올라 그것들로 그림을 그리면서 얘깃거리를 정리하고, 이러한 과정을 반복하는 가운데 내용이 정리되어 글을 써나갈 수 있었다. 은행나무 책상이 놓인 시골의 작은 방은 이 의미에서 더 바랄 것 없는 공간이었다. 작고하신 빙부께서도 사랑채 축대 밑에서 솟아오르는 샘처럼 나의 상상력이 한결같으라는 의미에서 여천(如泉)이란 아호를 주셨을 것이다.

그러나 내 경험으로 볼 때 학문하는 자의 상상력과 그것을 정리하는 능력은 40대 중반에서 50대 중반까지가 절정기이고 그 이후로는 감퇴하는 것으로 생각된다. 다만 이 골짜기에 들어옴으로써 공부할 수 있는 기간을 다소 연장할 수 있게 된 것은 다행스럽다. 그러나 내가 이곳의 전야(田野)에 혼을 빼앗겨 지나친 일 중독에 빠지는 일은 경계해야 한다고 아내는 충고한다.

4년 반 전 나는 아내를 동반하고 현재 집필중인 글의 자료를 수집하기 위하여 서부 경남의 산간지역을 답사하다가 실족하여 오른쪽 다리의 골절상을 입었다. 시골 병원에서 큰 수술을 받고 병상에 누워서 가장 염려했던 일은 한동안 시골집에 갈 수 없게 된다는 점이었다. 4개월이 지난 후 목발에 의지하여 시골집에 도착하였을 때 비로소 나는 정상적인 생활을 되찾았다는 안도감을 느꼈다. 수술받은 다리를 죽 펴고 밭에 퍼질러 앉아 씨앗을 심으면서도 행복하다는 생각을 하였으니 이제 이 골짜기는 내 생활의 중요한 일부가 된 것이다.

우리 내외의 시골생활 20년의 흔적은 거칠고 투박한 손에서 잘 표현된다. 작고 보드랍던 아내의 손은 흙에 닿아서 사포(砂布)처럼 꺼슬꺼슬하다. 매끈하게 뻗었던 가는 손가락의 중간 마디가 굵어져 젊어서 끼던 반지도 낄 수 없는데다가 손등에는 주름이 져 쭈글쭈글하다. 나 역시 손바닥에 굳은살이 박였고 손등은 주름이 진데다가 손톱에는 비누로도 지울 수 없는 얼룩이 남아 있다. 때때로 학문하는 사람들을 만나 악수를 하면서 내 손에서 느껴지는 억센 힘에 놀라는 표정을 읽게 된다. 심지어 어떤 경우에는 비록 정장을 하고 출석하였으나 볕에 그을린 이 사나이가 과연 이 모임에 걸맞은 인물인지 의심을 받기도 한다.

정년퇴임 후 선배들로부터 자주 들어온 말은 '정년 후유증을 어떻게 극복하였는가?'라는 질문이었다. 한편 지인들은 여가를 어떻게 보내느냐고 묻는다. 60세 이전에는 학교 연구실을 떠나는 날이 다가올 것이라는 생각조차 해보지 않았기 때문에 막상 퇴임을 하고 나자 갑자기 늘어난 여유 시간을 효과적으로 이용할 방도를 세우는 일이 시급하다는 생각을 하게 되었다. 다행히 지난 20여 년간 지속해온 시골생활은 남들이 겪는 정년 후의 정신적인 고통을 경감시키는 데 큰 도움이 되었다. 재직 중 주말로 한정했던 시골 생활을 평일로 바꾸고 주말에는 서재에서 책을 읽고 글을 쓰기로 한 것이다. 그러므로 학교에 근무하던 때와 마찬가지로 내게는 여가라는 말이 사치스러운 어휘일 수밖에 없게 되었다.

퇴임을 전후하여 골프 클럽, 스포츠클럽에서 회원권을 구입하라는 권유를 여러 차례 받았으나 전혀 관심이 없었다. 젊은 시절에 즐겨왔던 수영과 등산은 이미 40대 초반부터 중단하였고 음악회 · 연극 관람 · 그림 그리기 등도 50대 이후로는 즐길 여유가 없었다. 많은 사람들이 지식인의 고상한 취미라고 평가하는 독서는 공부하는 사람에게 취미가 되어서는 아니 되고 오히려 가장 중요한 생활의 일부로 생각된다. 그러므로 어찌 보면 나는 몰취미한 인간으로 인식되기 십상인데 재작년 국제학술대회에서 사귄 외국 학자들 중 상당수가 원예(gardening)를 최상의 취미로 여기는 것을 확인하게 된 것은 다행이었다.

사실 조선 시대의 우리 선비들도 벼슬살이 외에 할 수 있는 업(業)으로는 오직 농사짓는 일 뿐이라 여겼다. 미국 유학 시절의 스승들 가운데 대여섯 분도 퇴근 후에는 채소와 화초를 가꾸었다. 그들 중 두세 분은 수천 평의 농토를 소유하였으며 트랙터를 비롯한 여러 가지 동력 농기계를 보유하고 있었다. 그러므로 그들은 많은 시간을 빼앗기지 않고 넓은 토지를 관리할 수 있었던 듯한데, 나는 관리기라는 소형 밭갈이 기계와 이앙기 외에는 동력 농기계를 갖추지 못하였으므로 삽·괭이·호미·고무래 등의 농기구로 땅을 파고, 긁고, 다듬을 수밖에 없었다. 어느 누구보다도 많은 시간과 노력을 들였으나 내 논과 밭은 다른 농군들의 것에 비해 잘 다듬어지지 않았고 잡초도 무성하다. 그럼에도 불구하고 나는 해마다 쌀·콩·깨·땅콩·옥수수·고구마·감자·무 등 여러 가지 작물을 거둔다. 이는 토양이 사랑을 헤아리고 베풀어주는 고마운 선물이다.

필자소개

김민웅 ▎ 한국외국어대학교 정치외교학과와 대학원을 졸업한 뒤 미국 델라웨어대학교 정
치학 박사 과정을 마쳤고, 뉴욕의 유니온 신학대학에서 「제국의 윤리와 투쟁」이
라는 논문으로 박사학위를 받았다. 20여 년 동안 미국에서 목회자 · 언론인 · 국
제문제 전문가로 활동했다. 2004년 귀국하여 성공회대학교 NGO 대학원 교수
로 재직 중이며, 『프레시안』 편집위원과 『시민사회신문』 편집주간을 맡고 있다.
지은 책으로 한길사에서 펴낸 『자유인의 풍경』을 비롯해 『밀실의 제국』『보이지
않는 식민지』『콜럼버스의 달걀에 대한 문명사적 반론』『패권시대의 논리』『사
랑이여, 바람을 가르고』『물 위에 던진 떡』 등이 있다.

도정일 ▎ 경희대학교를 졸업하고 미국 하와이대학교에서 영문학 석사, 박사 학위를 받았
다. 1983년부터 경희대학교에서 현대비평을 강의했으며, 문학 · 문화 · 사회에
관한 이론적인 글들과 평문들, 사회문화 칼럼들, 문학 담론들을 발표했다. '책
읽는 사회 만들기 국민운동' 상임대표와 문화연대 공동대표로 활동하면서 '기적
의 도서관'을 기획하기도 했다. 현재 경희대 명예교수이자 문학평론가로 활동하
고 있다. 지은 책으로 『시장전체주의와 문명의 야만』『시인은 숲으로 가지 못한
다』『대담』『사유의 공간』 등이 있다.

도종환 ▎ 교사와 시인의 길을 걸어오다 전교조 활동으로 해직, 투옥되었다. 1998년 10년
만에 복직하여 덕산중학교에서 아이들을 가르쳤고 지금은 충북 보은군 산속에
서 작품 활동을 이어가고 있다. 제8회 신동엽창작기금과 제7회 민족예술상, 올
해의 예술상, 거창 평화인권문학상 등을 받았다. 시집 『고두미 마을에서』『접시
꽃 당신』『지금 비록 너희 곁을 떠나지만』『당신은 누구십니까』『사람의 마을에
꽃이 진다』『부드러운 직선』『슬픔의 뿌리』 등과, 산문집 『지금은 묻어둔 그리
움』『그대 가슴에 뜨는 나뭇잎 배』『그때 그 도마뱀은 무슨 표정을 지었을까』
『마지막 한 번을 더 용서하는 마음』『모과』 등을 펴냈다.

문광훈 ┃ 고려대학교 독문과와 같은 학교 대학원을 졸업하고 독일 프랑크푸르트 대학에서 「페터 바이스의 소설 '저항의 미학'에 나타난 아방가르드주의, 정치 그리고 문화의미론」으로 박사학위를 받았다. 지금은 고려대학교 아세아문제연구소 연구교수로 있다. 지은 책으로 한길사에서 펴낸 김우창 교수와의 대담집 『세 개의 동그라미: 마음·이데아·지각』 『김우창의 인문주의: 시적 마음의 동심원』 『아도르노와 김우창의 예술문화론: 심미적 인문성의 옹호』를 비롯해 『구체적 보편성의 모험: 김우창 읽기』 『시의 희생자 김수영』 『숨은 조화』 『교감』 등이 있다.

박태순 ┃ 1964년 『사상계』 신인문학상으로 문단에 데뷔했으며, 소설 창작만 아니라 보고문학·현장문학에도 몰두했다. 지은 책으로 한길사에서 펴낸 국토기행문집 『나의 국토 나의 산하』(전3권) 『국토와 민중』을 비롯해 소설집 『무너진 극장』 『정든 땅 언덕 위』 『어느 사학도의 젊은 시절』, 역사인물기행 『인간과 역사』, 한국기층문화기행 『사상의 고향』, 중국기행 『신열하일기』 등을 발표했다. 그 밖에 『자유실천문인협의회 문예운동사』 『시인의 꿈, 민족의 꿈』 등 산문집과 『랭스턴 휴즈 시선집』 『팔레스티나 민족시집』 『프리덤 로드』 등 번역집을 발간했다. 한국일보 문학상·신동엽창작기금·요산문학상·한국출판문화상·단재상을 수상했다.

유초하 ┃ 민주화를 위한 전국교수협의회 공동의장, 한국사상사연구회 회장을 역임했으며, 현재는 역사문제연구소 연구위원, 한국철학사상연구회 고문, 한국철학회 연구이사로 활동하면서 충북대학교에서 철학을 가르치고 있다. 지은 책으로 『한국사상사의 인식』 『몸』(공저) 등이 있다.

이광주 ┃ 고려대학교 사학과와 같은 학교 대학원을 졸업했고, 지성사를 중심으로 유럽문화 전반에 대해 폭넓은 연구를 해오고 있다. 대학사연구회 회장을 지냈으며 지금은 인제대학교 명예교수이다. 지은 책으로 한길사에서 펴낸 『아름다운 지상의 책 한 권』 『동과 서의 차 이야기』 『편력: 내 젊은 날의 마에스트로』 『윌리엄 모리스, 세상의 모든 것을 디자인하다』를 비롯하여 『정념으로서의 역사』 『지식인의 권력: 근대 독일 지성사 연구』 『유럽사회 풍속 산책』 『대학사』 등이 있다.

이정우 ┃ 서울대학교에서 공학과 미학을 공부했으며, 같은 학교 대학원에서 아리스토텔레스 연구로 석사학위를, 미셸 푸코 연구로 박사학위를 받았다. 서강대학교 교수를 역임했고, 2000년부터는 대안철학학교인 철학아카데미를 세워 저술과 후학양성에 힘쓰고 있다. 전통·근대·탈근대의 문제를 천착한 『담론의 공간』 『가로지르기』 『인간의 얼굴』, 종합적인 존재론을 모색한 『접힘과 펼쳐짐』 『주름, 갈래, 울림』 『사건의 철학』 『신족과 거인족의 투쟁』, 교양서 『기술과 운명』 『개념-

뿌리들』『탐독』 등을 펴냈으며, 『시간과 공간의 철학』『지식의 고고학』『의미의 논리』『생명의 논리, 유전의 역사』 등을 우리말로 옮겼다.

이태호 ▮ 중앙대학교에서 회화를, 동아대학교 교육대학원에서 미술교육을 전공했다. 1981년 첫 개인전(원화랑, 부산)을 시작으로, '아트로드 77 : 9인의 발견'(2009, 헤이리 북하우스 아트스페이스), '부산미술 80년 : 부산의 작가들'(2008, 부산시립박물관) 등 단체전 · 기획전에 활발히 참가해온 중견 서양화가이다. 한지에 목탄과 먹으로 표현한 그의 '억새' 연작은 억새라는 단일 대상의 사실성뿐만 아니라 얽힘과 소멸, 있음과 없음, 풀림과 겹침으로 처리된 화면 안에서 미묘한 층위와 구성이 돋보인다.

주명철 ▮ 서강대학교 영어영문학과와 같은 학교 대학원 사학과를 거쳐 프랑스 파리1대학에서 박사학위를 받았다. 박사학위 논문을 번역하고 보완한 『바스티유의 금서』『서양 금서의 문화사』를 출간했으며 『지옥에 간 작가들』『파리의 치마 밑』『다이아몬드 목걸이 사건과 마리 앙투아네트 신화』 등 앙시앵 레짐과 프랑스 혁명기 관련 서적을 다수 펴내고 번역했다. 1987년부터 한국교원대학교 역사교육과 교수로 재직하면서 문화사학회, 역사학회, 한국서양사학회 종신회원, 한국서양사학회 회장을 역임했다.

최영준 ▮ 서울대학교 사범대학 지리학과를 졸업하고 미국 루이지애나 주립대학교 대학원에서 박사학위를 받았다. 고려대학교 사범대학 지리교육학과 교수를 지냈으며 현재는 명예교수로 있다. 지은 책으로 한길사에서 펴낸 『한국의 짚가리』『국토와 민족생활사』를 비롯하여 『영남대로』『용인의 역사지리』(공저) 『경기지역의 향토문화』(공저) 『경상남도의 향토문화』(공저) 『문화지리학 원론』(공역) 등이 있다. 주요 논문에 「풍수와 『택리지』」「'무카디마' 를 통해 본 이븐할둔의 지리학」「천수만지역의 어업환경 변화와 어촌」「18, 19세기 서울의 지역분화」 등이 있다.

한정숙 ▮ 서울대학교 역사교육학과와 같은 학교 대학원 서양사학과를 졸업한 뒤 독일 튀빙겐 대학교에서 혁명기 러시아의 경제사상사 연구로 박사학위를 받았다. 부산여자대학교(현 신라대학교)와 세종대학교 교수를 역임했고, 지금은 서울대학교 서양사학과 교수로 재직하고 있다. 지은 책으로 『여성은 이렇게 말했다』『한 · 러관계사료집 1990~2003』『유라시아 천 년을 가다』(공저) 등이 있으며, 옮긴 책으로 『봉건사회』『유랑시인』『노동의 역사』『비잔티움 제국사』 등이 있다. 그밖에 러시아 역사에 대한 논문을 다수 발표했다.

홍원표 ❚ 한국외국어대학교 정치외교학과를 졸업하고 같은 학교 대학원에서 「고전적 합리주의의 현대적 해석: 스트라우스, 보에글린, 아렌트를 중심으로」라는 논문으로 정치학 박사학위를 받았다. 현재 한국외국어대학교 사회과학대학 교수로 있으면서 아렌트 정치철학 연구와 번역에 힘쓰고 있다. 지은 책으로『현대 정치철학의 지형: 언저리에서의 사유』『정치의 대전환』(공저) 등이 있으며, 옮긴 책으로는『혁명론』『정신의 삶 1』『자연권과 역사』『데리다와 푸코: 동일성의 차이』 등이 있다.

황헌만 ❚ 서라벌 예대 사진과를 졸업했으며 중앙일보 출판사진부 기자와 서울문화사 사진부장을 지냈다. 현재 사진작업실 'M2'를 운영하며 사라져가는 우리의 옛 문화와 풍속을 사진으로 기록하는 작업을 하고 있다. 사진집으로 한길사에서 펴낸 『도산서원』과 사진동화 '민들레 시리즈'(전3권)와 『섬서구 메뚜기의 모험』을 비롯해 『하회마을』『장승』『초가』『조선땅 마을지킴이』『한국의 세시풍속』『퇴로리지』『옹기』 등이 있다.